I0540739

Viața Mea,
Credința Mea II

,, Scoală-te, luminează-te! Căci lumina ta vine,
şi slava Domnului răsare peste tine. "
(Isaia 60:1)

Viața Mea, Credința Mea II

Dr. Jaerock Lee

URIM BOOKS

Viața Mea, Credința Mea II, de dr. Jaerock Lee
Publicat de către editura Urim Books (Reprezentant: Kyungtae Noh)
73, Yeouidaebang-ro 22-gil, Dongjak-gu, Seul, Coreea
www.urimbooks.com

Toate drepturile rezervate. Această carte nu poate fi reprodusă sub nicio formă, păstrată într-un sistem de regăsire a informațiilor sau transmisă în vreo formă, fie electronică, mecanică, prin fotocopiere sau prin înregistrare fără acceptul prealabil, în scris, al editurii.

Citatele bilice au fost extrase din varianta de traducere pr. Dumitru Cornilescu.

Drepturi de autor © 2014 dr. Jaerock Lee
ISBN: 978-89-7557-931-8 04230
ISBN: 978-89-7557-725-3 (set)
Drepturi de autor pentru traducere © 2010 dr. Esther K. Chung.
Material folosit cu permisiune.

Carte publicată anterior în 2006, în limba coreeană, de către Christian Press, Seoul, Korea

Prima ediție apărută în iulie 2014

Editarea: Eunmi Lee
Designul executat de către editura Urim Books
Tiparul executat de Yewon Priting Company
Pentru informații suplimentare contactați-ne la: urimbook@hotmail.com

Dovada puterii
și existenței Duhului Sfânt

Timpul nu așteaptă după nimeni. Dumnezeu, însă, are răbdare și așteaptă până la sfârșitul omenirii ca noi să ne pocăim și să fim astfel mântuiți. Astăzi, oamenii lumii moderne nu prea cunosc această dragoste profundă a lui Dumnezeu. Chiar unii creștini și pastori urmează tendințele lumii și uită de dragostea și voia lui Dumnezeu. De ce nu sunt în stare să se apropie de Dumnezeu și de ce rătăcesc îndepărtându-se de biserică? Aflăm răspunsul în știința modernă.

Oamenii încearcă să-și rezolve problemele făcând apel la știință. Ei se încred în concluziile științei cu mai multă tărie decât în puterea credinței. La fel se întâmplă și printre creștini. În loc să accepte totul prin credință, chiar și pastorii au tendința de a crede doar ceea ce văd, ceea ce pot înțelege pe cale rațională, în limitele propriilor gânduri și păreri. De asemenea, impun credința bazată pe raţiune şi ştiinţă şi credincioşilor lor. Ei încearcă să sădească în oameni o credinţă în concordanţă cu doctrina confesională.

Creştinii lumii moderne de astăzi încearcă să Îl înţeleagă pe Dumnezeu şi să cunoască puterea Sa printr-o astfel de credinţă. Dar credinţa dobândită pe calea unei îndoctrinări greşite, duce la criticarea puterii Duhului Sfânt considerată misticism. Cu alte cuvinte, nu lumea este condusă de biserică, ci biserica este condusă de lume.

Multe lucrări ale Duhului Sfânt nu sunt considerate decât misticism. Dar dacă puterea lui Dumnezeu nu se manifestă în mod misterios, care este atunci valoarea acestei puteri? Toate lucrările lui Dumnezeu au o notă de mister într-un mod minunat şi aşa trebuie să fie. Doar astfel Dumnezeu este atotputernic şi mântuitor al omenirii.

Pastorul Jaerock Lee nu se apropie de această credinţă oarecum lumească, ci mai degrabă rămâne aproape de Duhul Sfânt, de Fiul Isus Cristos şi de Dumnezeu Tatăl. De fiecare dată, el ne arată lucrările lui Dumnezeu prin rugăciune şi prin Duhul Sfânt.

Autobiografia sa, „ *Viaţa Mea, Credinţa Mea* ", este o poveste emoţionantă, din care răzbate credinţa adevărată şi o viaţă trăită într-o astfel de credinţă. Se poate spune că această carte pune în evidenţă dovada vie a existenţei Duhului Sfânt, prezenţă pe care oamenii lumii moderne au uitat-o.

De fapt, credinţa şi ştiinţa nu sunt separate una de cealaltă. Dumnezeu a creat întregul univers şi tot ce ne-a dezvăluit nouă este ştiinţă. Prin urmare, atunci când pastorul Jaerock Lee vindecă bolnavii, rezolvă problemele acestora şi ajută oamenii să primească inspiraţia Duhului Sfânt, prin rugăciune, o face prin ştiinţă, deoarece această putere vine de la Dumnezeu. În acelaşi timp, o face şi prin credinţă.

Aceste memorii au apărut săptămânal în „*The Christian Press*" *(Presa Creştină)*, atingând inima atâtor credincioşi şi pastori. Acum au fost reunite într-o carte ce stă mărturie credinţei vii şi lucrărilor Duhului Sfânt celui viu. Cartea redă onest povestea vieţii sale, care atinge sentimentele omeneşti din noi. E de asemenea povestea slujirii sale ca pastor, incluzând înfiinţarea şi creşterea Bisericii Centrale Manmin. Poate fi aşadar considerată un bun ghid despre cum trebuie să arate slujirea adevărată pentru simpli creştini şi pastori deopotrivă.

Am auzit că această autobiografie a atins multe vieţi, având un impact puternic asupra multor pastori şi credincioşi. Pastorii au fost foarte interesaţi de creşterea bisericii şi de puterea

Duhului Sfânt. Creştinii simpli au fost mişcaţi de serviciile sale de vindecare şi de modul în care se arăta lucrarea Duhului Sfânt. Aceasta pentru că în zilele noastre bisericile coreene au pierdut puterea Duhului Sfânt. Multe biserici nu mai sunt cu adevărat vii deoarece au nesocotit puterea Duhului Sfânt considerând-o misticism. Duhul Sfânt nu este „misticism." Duhul Sfânt este real şi prezent.

Pot să afirm cu tărie că pastorul Jaerock Lee este unul dintre cei mai autentici slujitori ai Evangheliei din Coreea. Este pe deplin consimţit faptul că mulţi oameni au ajuns să-L iubească pe Domnul Isus cu o mai mare pasiune, iar puţina lor credinţa a fost întărită datorită autobiografiei „ *Viaţa Mea, Credinţa Mea.* " Numeroşi pastori vor putea înţelege ce este biserica adevărată şi în ce fel de biserică se văd lucrările Duhului Sfânt.

Mai mult, aş dori să menţionez că adevărul despre incidentul de la compania de radioteleviziune MBC este dezvăluit aici. Ni se relatează explicit de ce pastorul Jaerock Lee a suportat atâtea persecuţii din partea bisericilor din Coreea. Aceste biserici coreene trebuie să pună capăt chiar acum tuturor criticilor şi persecuţiilor împotriva pastorului. De altfel, cer ca MBC-ul să-şi ceară scuze faţă de Biserica Centrală Manmin.

Speranţa mea cea mai sinceră, după ce am citit autobiografia pastorului Jaerock Lee, este ca toţi pastorii şi credincioşii să citească această carte şi ca ea să îi îndrume pentru a le deschide ochii spirituali faţă de Duhului Sfânt.

Pastorul Jongman Lee

(Biserica Metodistă; Preşedinte permanent al Asociaţiei Misiunea Mondială de Trezire Creştină- World Christian Revival Mission Association)

Cuprins

Cuvânt înainte

Dovada puterii și existenței Duhului Sfânt

Capitolul 1
Așa cum pământul dă roade după ploaie

Capitolul 2
De cine să ascultăm?

Capitolul 3
Ce gândea Isus în timp ce urca pe Golgota cu crucea în spate?

Capitolul 4
Dacă aș putea să împlinesc voia Domnului

Cuprins

Capitolul 5
Aşa cum acoperă apele fundul mării

Capitolul 6
Doar prin numele lui Isus Cristos

Capitolul 7
Neamuri vor umbla în lumina ta

Capitolul 1

Aşa cum pământul dă roade după ploaie

După sădirea semințelor de credință

La doar câțiva ani după sosirea noastră în Guro Dong, biserica era plină din nou. Nu mai era loc suficient pentru parcarea mașinilor și pentru oamenii care veneau la biserică.

Trebuia să extindem repede lăcașul. În apropierea lui se găsea o proprietate imobiliară pusă în vânzare. Aceasta avea aproximativ 14.000 de metri pătrați, însă, fiindcă plăteam încă ipoteca pe clădirea de atunci nu ar fi fost deloc ușor să o achiziționăm.

Când m-am rugat pentru aceasta, Dumnezeu mi-a răspuns să o cumpărăm. Pentru a plăti terenul aveam nevoie de 20 de miliarde de woni, adică aproximativ 20 de milioane de dolari americani, dar pentru noi era greu să strângem și numai un miliard de woni – suma de care era nevoie pentru a semna contractul de cumpărare a terenului. Noi însă am văzut lucrarea Domnului ori de câte ori ne am supus dorinței Sale, chiar și în situații care păreau fără rezolvare. Aveam nevoie de credință și de această dată.

M-am hotărât să semăn 100 de milioane de woni, din cei 1 miliard de woni de care aveam nevoie pentru semnarea contractului, ca semințe de credință. Pentru a încheia antecontractul aveam nevoie de 100 de milioane de woni. Dumnezeu m-a binecuvântat mereu din abundență, dar fiindcă investeam foarte mult în donații, misionarism și acțiuni de binefacere nu aveam prea mulți bani lichizi. Ce este însă imposibil când Dumnezeu este cu noi?

Când m-am rugat ca Domnul să ne ajute în această situație, lucrările Sale au început să se arate de unde mă așteptam mai puțin. Cei care fuseseră vindecați prin rugăciunile mele și cei pe care îi ajutasem mai demult veneau acum de prin toate părțile să-mi mulțumească.

Astfel, în luna august a anului 1995, am reușit să adun suma de 100 de milioane de woni și am semnat antecontractul. Urmând exemplul meu, membrii bisericii, de la copii până la bătrâni, și-au adus contribuția. Nu am făcut niciun anunț propriu-zis pentru donații, dar Dumnezeu a mișcat inima fiecăruia. Credincioșii au făcut aceste donații de bunăvoie și cu multă bucurie.

Donațiile veneau din întreaga țară și chiar din alte țări. În curând am reușit să semnăm contractul. Imediat ce am dat ascultare cuvântului lui Dumnezeu, începând din săptămâna în care am semnat contractul, donațiile s-au triplat.

Uniți prin credință

În luna mai a anului 1996, structurile de oțel erau deja ridicate, iar construcția bisericii prindea contur. Era programată Întâlnirea specială de trezire spirituală cu durata de două săptămâni, pe data de 10 iunie. Doream să organizăm această întâlnire în noua biserică, unde ar fi încăput mai mulți credincioși, însă mai aveam nevoie de câteva luni ca să finalizăm lucrările. În această situație, membrii bisericii s-au oferit să ajute la ridicarea construcției.

Unii și-au luat concediu de la locul de muncă, iar alții veneau pe șantier imediat după ce ieșeau de la serviciu. Cărau ciment și nisip, așezau cărămizile și țiglele și văruiau pereții. Sute de credincioși au muncit împreună și astfel clădirea bisericii a fost ridicată chiar înainte de întâlnirea de trezire spirituală.

Cu toate că tavanul nu era finisat, am reușit să găzduim a patra ediție a întâlnirii speciale de trezire spirituală în noua biserică. Acesta era rezultatul umblării prin credință! Prima zi a întâlnirii a fost foarte emoționantă.

Dumnezeu ne-a trimis cincisprezece mesaje al căror pasaj central era din Ioan 3:6. Seria de predici a fost intitulată „Firea pământească și Duhul." Dumnezeu ne-a dat Cuvântul Vieții pentru ca membrii bisericii să poată discerne între firea pământească si Duh. Aceasta pentru a ne lepăda de firea pământească și pentru a deveni oameni care trăiesc insuflați de Duhul. Au avut loc și multe lucrări de vindecare pentru slava lui Dumnezeu.

O biserică din Japonia întemeiată prin binecuvântarea procreării

Când văd oameni bolnavi, cel mai adesea mă rog astfel:

- Doamne, lasă-mă să iau durerea acestui credincios ca astfel să se vindece.

Deoarece am experimentat dureri fizice dintre cele mai grele, pot să simt durerea celor bolnavi, adânc în inima mea. Dacă s-ar putea, aș vrea cu adevărat să fiu eu bolnav în locul lor. La fel se întâmplă cu credincioșii care păcătuiesc. Mi-aș sacrifica viața pentru ei dacă astfel Dumnezeu le-ar îndruma sufletele spre pocăință și le-ar mântui.

„Doamne! Dacă prin moartea mea ei ar înceta să păcătuiască, atunci ia-mă la Tine chiar acum. Fă ca toți să primească mântuirea."

Moise a dorit ca poporul lui Israel să primească mântuirea, chiar dacă aceasta însemna ca numele său să fie șters din Cartea

Vieții iar el să cadă în întunericul iadului (Exodul 32:32).

Apostolul Pavel a mărturisit dragostea sa, spunând că își dorea mântuirea poporului său chiar dacă aceasta însemna că el ar fi fost blestemat sau despărțit de Cristos. Doream și eu să fiu capabil de o astfel de dragoste spirituală. Dacă membrii bisericii și-ar putea câștiga viața veșnică prin jertfa mea, aș alege să mă sacrific.

La întâlnirea de trezire spirituală care s-a desfășurat după construirea noii biserici s-au înscris mai mult de o mie de oameni bolnavi. Zilnic aveau loc întâlniri speciale pentru cei bolnavi și mă rugam pentru fiecare dintre ei. Cum mă rugam pentru ei cu tot sufletul chiar mai bine de două ore, se apropia ora de începere a sesiunii de seară.

Cred că Dumezeu a răspuns rugăciunilor mele pline de ardoare, căci zilnic aveau loc multe lucrări mistuitoare ale Duhului Sfânt.

Au fost două săptămâni de muncă grea, dar cum eu mă rugam pentru vindecarea fiecărui bolnav cu speranță în mila lui Dumnezeu, boli rare și cele considerate incurabile au fost vindecate. Celulele canceroase au fost arse de focul Duhului Sfânt și cancere ale plămânilor, uterului și laringelui au fost vindecate. Trupuri înțepenite din cauza paraliziei cerebrale au fost eliberate de această boală.

La această întâlnire au fost prezenți Jekyoo Ju, secretarul general al Federației Rezidenților Coreeni din Japonia, prefectura Yamagata, împreună cu soția sa. Ei au trăit minunea lui Dumnezeu încă o dată, ca în anul precedent. Aveau propria lor mărturie, încă dinainte de a participa la întâlnirile noastre.

Familia Ju

În luna mai a anului 1995, soţia diaconului Ju a fost cuprinsă în toiul nopţii de febră mare şi de o durere puternică de cap. În ziua următoare, diaconul Ju s-a dus în Coreea pentru o întâlnire de afaceri. A luat-o cu el şi pe soţia sa, pentru a fi examinată de medici la Seul. Astfel a aflat că suferea de „otită medie însoţită de colesteatom." Doctorul a sugerat o intervenţie chirurgicală imediată.

Era posibil să-şi piardă complet auzul şi chiar ca boala să evolueze în meningită. Suferea de timpanită încă din şcoala primară. Avea mereu secreţii ale urechii şi întotdeauna luase medicamente.

La insistenţele mamei sale, ea a participat la serviciul duminical al bisericii noastre şi a venit la mine pentru rugăciune. A mărturisit că atunci când m-am rugat, întregul ei corp s-a umplut de o răcoare ca cea a mentei, iar durerile au lăsat-o. De atunci nu a mai avut secreţii auriculare, nici dureri de cap sau alte complicaţii.

Din ziua următoare, a participat împreună cu soţul ei la întâlnirile de trezire spirituală. S-au pocăit cu lacrimi şi au primit şi darul vorbirii în limbi. În luna iunie 1995, ea s-a întors în Japonia complet vindecată de otită prin harul lui Dumnezeu. Amândoi soţii erau plini de Duhul Sfânt şi aduceau mulţumiri pentru binecuvântările primite.

După ce s-a întors acasă, soţia diaconului a avut nişte simptome ciudate. Trei săptămâni mai târziu, s-a dus la un control, şi a aflat că era însărcinată. De când se căsătorise, în anul 1991, suferise o operaţie la inimă şi doctorul i-a spus că nu putea să rămână însărcinată, iar dacă ar fi rămas, viaţa ei ar fi fost în pericol.

Erau în al cincilea an de căsnicie şi trecuseră doar opt luni de la operaţia la inimă, însă erau convinşi că primiseră binecuvântarea lui Dumnezeu, care vindecase până şi boala ei incurabilă. În luna martie a anului 1996, s-a născut primul lor fiu, Shiyoung. Bucuria lor a fost de scurtă durată, deoarece el suferea de cretinism.

Era o boală ce împiedica formarea hormonilor astfel încât copilul putea creşte doar cu ajutorul medicamentelor hormonale. Dacă nu lua medicamentele partea inferioară a corpul său nu se dezvolta, iar capul îi creştea, deformându-se. Boala aceasta îi ameninţa viaţa.

În luna mai a anului 1996, cuplul a dedicat o perioadă de

timp rugăciunii pentru vindecarea fiului lor Shiyoung. În anul următor au revenit în Coreea pentru a participa la întâlnirile de trezire spirituală. Au fost mişcaţi de predici şi încredinţaţi că fiul lor se vindecase. Au oprit tratamentul lui Shiyoung şi şi-au pus nădejdea în Dumnezeu. Când au ajuns acasă, în Japonia, Shiyoung era sănătos şi se dezvolta în mod normal. După câteva luni, i s-a făcut un control la spital şi valorile hormonale erau perfect normale.

Acest cuplu primise din plin binecuvântarea lui Dumnezeu. Cei doi soţi au continuat să predice Evanghelia şi să se roage. În luna iulie a anului 1997, şase oameni s-au adunat în casa acestei familii şi au ţinut primul serviciu de închinare. De atunci, numărul credincioşilor a crescut şi ne-au cerut să trimitem un pastor misionar acolo. Astfel, în septembrie 1999, pastorul Kangsup Jang de la biserica noastră a fost trimis în Japonia. Acum, în Yamagata este o biserică mare, care slujeşte Domnului în mod minunat. Familia Ju a mai fost binecuvântată cu un fiu şi o fiică. Sunt o familie sănătoasă şi fericită.

Extinderea misiunii de peste hotare

Numele meu a devenit tot mai cunoscut în zona Washingtonului şi în fiecare an eram invitat în Statele Unite. În luna februarie a anului 1996, am fost invitat să predic în cadrul Campaniei unite de evanghelizare a coreenilor şi la Conferinţa pastorilor ambele organizate de către Asociaţia Bisericilor Creştine Coreene din Hawaii. Întâlnirea s-a intitulat „Reînnoieşte-ne" şi a avut loc la Biserica Baptistă Coreeană din Honolulu.

Deoarece primul preşedinte corean, Syngman Rhee, a fondat o biserică în Hawaii, am crezut că cei de acolo aveau o credinţă fierbinte. Când am ajuns acolo însă, am aflat că nu erau multe biserici, iar cele existente se confruntau cu nenumărate greutăţi. După spusele pastorilor, multe biserici au fost închise din cauza neînţelegerillor apărute între pastori şi credincioşi.

Asociaţia Bisericilor Creştine Coreene din Hawaii era condusă de către episcopul John Park al Bisericii Anglicane.

Acesta era poet şi părea un om tăcut. Încă de la prima întâlnire, el a primit mult har.

Biserică aflată în conflict transformată prin binecuvântarea Domnului

Timp de trei zile am predicat mesajele „De ce este Isus Mântuitorul nostru?", „Credinţa firească şi credinţa duhovnicească" şi „Viaţa veşnică prin trupul şi sângele Fiului

Campania unită din Hawaii

Omului."

Am auzit că, la început, membrii bisericii organizatoare nu au fost de acord să desfășurăm întâlnirea în biserica lor. Spre sfârșitul primei întâlniri însă, majoritatea credincioșilor au fost atinși de mesaj, iar atitudinea generală s-a schimbat. Ne-au oferit mâncare delicioasă și alte lucruri necesare și valoroase.

Când perioada pe parcursul căreia s-a desfășurat întâlnirea specială de trezire spirituală s-a încheiat, unul dintre pastorii bisericii a mărturisit printre lacrimi:

- Biserica noastră s-a confruntat cu probleme deoarece am

Marea campanie de evanghelizare din Washington

fost arogant. Este vina mea.

Cum pastorul şi-a asumat greşeala şi s-a schimbat, membrii bisericii s-au schimbat şi ei. Eram pe deplin încredinţat că Dumnezeu va rezolva toate problemele acelei biserici şi i-am mulţumit Domnului.

În această perioadă s-au desfăşurat două conferinţe ale pastorilor. Am încercat să sădesc în ei credinţa că puteau sluji spre binele credincioşilor. După conferinţă, un pastor mai în vârstă a mărturisit printre lacrimi:

- Nu turma mea a greşit. Este vina mea. Eu am fost cel răuvoitor.

Un alt pastor a spus:

- Nu ştiam încotro să mă mai îndrept şi credeam că voi muri, dar am primit binecuvântare şi putere şi acum am încredere. De această dată voi reuşi.

Altul a spus:

- Până acum am avut încredere în abilităţile mele de învăţător spiritual, însă acum o voi lua de la capăt şi voi învăţa din nou.

Era o mărturisire emoţionantă care izvora din smerenic.

La finalul întâlnirilor mi-am luat rămas bun de la pastorii prezenţi. Episcopul John Park a spus:

- Despre apostolii de acum două mii de ani doar am auzit, dar acum văd un apostol în dumneavoastră.

Mulţi pastori m-au însoţit la aeroport exprimându-şi tristeţea cauzată de plecarea mea. M-au emoţionat foarte tare.

Cel care a fost vindecat în vis

Între 26 – 28 septembrie 1997, Postul de Radio Creştin din Washington a organizat la o biserică din statul Virginia „Marea campanie de evanghelizare" cu tema „Doamne reînnoieşte spiritual oraşele Washington şi Baltimore."

Mulţi coreeni din Statele Unite au participat la această întâlnire venind din Washington, Maryland, Virginia, New York şi chiar de la Toronto, din Canada. Am predicat mesajele intitulate „De ce este Isus Mântuitorul nostru?", „Credinţa firească şi credinţa duhovnicească" şi „Viaţa veşnică prin trupul şi sângele Fiului Omului."

La conferinţa pastorilor, care a avut loc în timpul întâlnirii de trezire spirituală, am transmis mesajul intitulat „Secretul creşterii bisericii." Pastorii prezenţi aparţineau mai multor confesiuni.

Ziua următoare, în 29 septembrie, a avut loc Campania unită de evanghelizare Coreea – America organizată de către Asociaţia Bisericilor Coreene din Maryland la Biserica Prezbiteriană Coreeană Unită din Baltimore. La această întâlnire de trezire spirituală nu au participat doar coreeni, ci şi aproximativ o mie cinci sute de localnici non-coreeni, ea devenind astfel un festival care a unit oameni de naţionalităţi diferite.

Au intervenit însă câteva lucrări perturbatoare ale diavolului, pentru a mă împiedica să vorbesc la această întâlnire. Adunarea trebuia să aibă loc la biserica unui anumit pastor, dar din cauza unor zvonuri defăimătoare la adresa mea s-a produs o neînţelegere, iar el nu a mai vrut să mă accepte în program ca pastor predicator. A refuzat chiar să ne permită să organizăm întâlnirea la biserica sa.

Dumnezeu a dat însă la o parte uneltirile Satanei printr-un vis pe care l-a trimis pastorului. Acesta suferea de o boală cronică a coloanei şi avea mai mult de zece tije de metal pe şira spinării. Avea dureri de spate foarte puternice.

Înainte de întâlnire, i-am apărut în vis şi i-am oferit nişte aspirină. Când s-a trezit, durerea îi dispăruse. În chip miraculos, fusese vindecat şi era foarte surprins. Mai târziu a spus:

- Este voia lui Dumnezeu ca această întâlnire spirituală să aibă loc. Pastorul Jaerock Lee nu este o persoană obişnuită. El este un slujitor prin care Dumnezeu lucrează.

I-a convins şi pe ceilalţi pastori şi întâlnirea de trezire spirituală a fost o reuşită.

Întâlnirea a avut loc după cum fusese programată în minunata biserică din lemn de cedru a pastorului respectiv. A fost extrem de surprins să mă vadă deoarece eram una şi aceeaşi persoană cu cel care îi apăruse în vis. Ne-a primit cu foarte multă căldură.

Mesajul meu din ziua aceea s-a intitulat „Să fim una în Domnul Isus Cristos." Între coreeni şi afro-americani existau conflicte care puteau fi rezolvate doar cu ajutorul Domnului, aşa că i-am îndemnat să depăşească graniţele rasiale prin dragostea Domnului Isus.

Contribuţia mea la binele comunităţii locale şi la atenuarea tensiunilor rasiale a fost recunoscută de statul Maryland. Guvernatorul statului Maryland mi-a înmânat o plachetă onorifică, iar de la primarul din Baltimore am primit un certificat de cetăţean de onoare. Toate acestea au fost posibile prin harul lui Dumnezeu.

Pastori argentinieni însetaţi după spiritualitate

În anul 1996, în perioada 21 – 23 iulie, am transmis mesajul cu titlul „Secretul creşterii bisericii" la o conferinţă a pastorilor şi în cadrul unei întâlniri de trezire spirituală pentru coreenii din Buenos Aires. Aceste evenimente au fost susţinute de multe organizaţii creştine din Argentina.

Conferinţa pastorilor din Argentina (1996)

Inaugurarea bisericii cu primarul Barella

Campania de evanghelizare din Argentina

Mai bine de o mie de pastori au participat la această conferință și mulți dintre ei au fost atinși ascultând acest mesaj, iar conferința a avut loc și în anul următor, la cererea lor.

La Universitatea Națională Matansa din Buenos Aires, în perioada 15 – 16 octombrie, a avut loc cea de-a doua conferință a pastorilor. Organizatorii se așteptau la aproximativ trei sute de participanți, dar au participat mai mult de o mie de pastori și a trebuit să mutăm locul de desfășurare în cea mai mare biserică de acolo.

Dorința și setea spirituală a pastorilor a fost atât de mare, încât am continuat conferința până la ora trei după-amiază sărind peste prânz. Pastorii doreau atât de mult să asculte predicile încât nu m au lasat să termin până când nu le-am promis că mă voi întoarce pentru o altă conferință. La următoarea conferință a pastorilor și la întâlnirea de trezire spirituală au participat în total opt mii de oameni.

Ambasadorul coreean din Argentina, în funcție la acel moment, a participat la întâlnire și a spus:

- Îi mulțumesc pastorului Jaerock Lee pentru că a transmis Argentinei credința fierbinte a bisericilor coreene care propovăduiesc Evanghelia.

El a vorbit în termeni elogioși despre întâlnirea de trezire spirituală, afirmând că reprezenta o mare contribuție diplomatică din partea sectorului civil.

La această întâlnire, mulți oameni au fost vindecați prin lucrările mântuitoare ale Duhului Sfânt. Acest fapt s-a adeverit mai ales pentru pastorul Eduador Lecio, președintele Asociației Bisericilor Creștine Argentiniene. El a fost vindecat de cancer de piele și boli cronice ale stomacului și a dat slavă lui Dumnezeu.

Vieți întoarse de la disperare la speranță

În viață, fiecare avem suișuri și coborâșuri, dar dacă se întâmplă să suferim de boli incurabile, sau dacă anumite boli sunt descoperite prea târziu pentru a mai putea fi vindecate de medici, putem cădea ușor pradă disperării. Dragostea lui Dumnezeu însă nu frânge o trestie ruptă și nici nu stinge un fitil care abia fumegă. Dragostea Sa pentru oameni, face mereu minuni pentru cei ce umblă în credință.

Vindecarea unei tumori de trei kilograme

Diaconița Soonshim Kang a început să frecventeze Biserica Yeosu Manmin. În luna iunie 1997, ea a simțit o umflătură de mărimea unui ou. Când s-a trezit dimineață, avea corpul inflamat. Simțea o greutate în partea inferioară a abdomenului. Se deplasa cu dificultate și abia putea respira.

Pe data de 14 iunie a fost diagnosticată la spitalul Jeonnam. Avea o tumoră de trei kilograme numită miom uterin. Era faza finală a cancerului uterin. După spusele doctorului, chiar dacă ar fi îndepărtat tumora pe cale chirurgicală, mai existau în jurul acesteia mai mult de zece rădăcini mai mici, astfel că boala era incurabilă și letală.

Se putea deplasa doar cu ajutor, iar când se întindea în pat stomacul îi ieșea în afară din cauza tumorii. În loc să treacă printr-o operație fără șanse de reușită, ea a cerut mila lui Dumnezeu și a ascultat rugăciunea pentru cei bolnavi înregistrată pe sistemul de răspuns automat al telefonului bisericii.

Deoarece a văzut și a auzit despre lucrările lui Dumnezeu participând la serviciile Bisericii Yeosu Manmin, ea era încredințată că se putea vindeca dacă-și punea nădejdea în Dumnezeu.

Cu doi ani înainte, în luna mai a anului 1995, diaconița Soonshim Kang a evanghelizat-o pe mătușa ei, Eumjeon Kim și împreună au participat la cea de-a treia întâlnire specială de trezire spirituală. Această doamnă înaintată în vârstă avea două discuri vertebrale lezate. Spatele ei era încovoiat, într-un unghi de 90 de grade și de vreo zece ani umbla cu mare dificultate.

Deși nu exista soluție medicală pentru problema ei, spatele i s-a îndreptat după ce m-am rugat pentru ea o singură dată, în timpul unei întâlniri de trezire spirituală. De atunci, Eumjeon Kim a reușit să se deplaseze fără probleme, cu spatele drept.

În 25 iunie 1997, diaconița Kang a auzit că voi conduce o întâlnire de trezire cu ocazia inaugurării noii clădiri a Bisericii Ulsan Manmin și a venit la această întâlnire. Avea credința că putea fi vindecată dacă m-aș fi rugat pentru ea. Dumnezeu a vindecat-o după credința ei.

Când m-am rugat pentru ea focul Duhului Sfânt s-a pogorât asupra ei. De atunci nu a mai simţit tumoarea din abdomen şi toate simptomele au dispărut. A mers la spital după o lună, iar doctorul a fost foarte surprins.

- Când aţi fost operată pentru îndepărtarea tumorii?
- Nu am fost operată. M-am vindecat prin rugăciunea unui pastor. Dumnezeu m-a vindecat.

Sănătatea ei s-a restabilit în totalitate şi ea a devenit un slujitor devotat Domnului.

Vindecare în urma otrăvirii cu erbicide

La serviciul divin de la inaugurarea Bisericii Ulsan Manmin, Okja Kim a participat îmbrăcată în haine de spital. Are şi ea povestea ei.

Se căsătorise la 18 ani şi împreună cu soţul ei munceau la câmp pentru a-şi câştiga existenţa. După ce a suferit un accident nu a mai reuşit să rămână însărcinată şi trăia fiecare zi a vieţii sale cu un sentiment de vinovăţie.

Avusese multe probleme familiale iar în data de 17 iunie 1997, s-a certat cu cei din familia sa. Spre surprinderea acestora ea a băut o sticlă întreagă de Gramoxone, un erbicid. Au dus-o la spital.

Doctorul a spus că era o otravă puternică care putea cauza moartea cuiva doar atingându-i buzele. Nu exista niciun antidot şi mai avea de trăit vreo cincisprezece zile. Doctorul le-a spus membrilor familiei să se pregătească de înmormântare. Fratele ei însă frecventa biserica noastră şi i-a propovăduit Evanghelia, punându-i casetele cu predicile pe tema „Mesajul crucii." A avut grijă ca ea să asculte şi rugăciunea pentru cei bolnavi înregistrată pe sistemul de răspuns automat al telefonului bisericii.

Pastorul şi credincioşii de la Biserica Gwangju Manmin s-au ocupat de ea şi i-au sădit credinţă în suflet. Dorinţa de viaţă i-a revenit, iar în 25 iunie a venit la Biserica Ulsan Manmin. Când m-am rugat pentru ea, a transpirat din abundenţă.

Pe drumul spre Gwangju, după încheierea întâlnirii de trezire spirituală, ea a transpirat în continuare până ce i s-au udat toate hainele. Trupul ei a intrat într-o stare febrilă, iar durerea

Okja Kim a fost vindecată de efectele otrăvirii şi a născut primul copil după 21 de ani de căsnicie

a persistat. Mai târziu a aflat că starea ei era cauzată de faptul că otrava îi ieşea din corp. Era momentul în care focul Duhului Sfânt ardea acea otravă.

În dimineaţa următoare s-a întâmplat o minune. Durerea îi dispăruse, iar trupul ei era relaxat. Simţea şi linişte sufletească. Doctorii au fost foarte surprinşi şi i-au făcut un control amănunţit. Esofagul, plămânii, ficatul şi toate celelate organe grav afectate se refăcusеră şi funcţionau normal.

De asemenea, când a băut erbicidul, o picătură i-a căzut în ochiul stâng, iar globul ocular a fost grav afectat. Ar fi trebuit să-şi piardă vederea sau să aibă probleme grave, dar la câteva zile de la rugăciune, şi-a recăpătat vederea iar ochiul afectat arăta normal.

În luna noiembrie a anului 1997, ea a venit la Seul împreună cu membrii Bisericii Gwangju Manmin pentru a participa la serviciul divin de vineri noaptea şi m-am rugat din nou pentru ea. După o lună a avut nişte simptome ciudate. A mers la spital pentru investigaţii. Era însărcinată! Înainte nu putuse avea copii din cauza problemelor de sănătate, însă prin binecuvântarea lui Dumnezeu a rămas însărcinată după douăzeci şi unu de ani de căsnicie.

Avusese inima zdrobită şi suferise mult pentru că nu putea avea copii, dar când Dumnezeu s-a atins de ea, a fost vindecată într-o clipă. A născut un băieţel şi are acum o viaţă fericită.

Lucrările Duhului Sfânt prin rugăciunea înregistrată pe sistemul telefonic de răspuns automat al bisericii

Lucrările lui Dumnezeu cel Atotputernic s-au manifestat chiar prin intermediul aparatelor neînsufleţite, precum sistemul telefonic de răspuns automat pe care era înregistrată rugăciunea pentru cei bolnavi, sistem oferit bisericii de către Ilgon Cho.

După ce acesta a început să frecventeze biserica noastră, fiica sa a fost vindecată de otită medie, iar el a fost vindecat de o boală cronică de piele. Dumnezeu a făcut lucrări puternice prin Duhul Sfânt, folosind rugăciunea înregistrată pe sistemul telefonic de răspuns automat al bisericii.

A fost și cazul familiei lui Dalyong Lee, care a simțit puterea acestei rugăciuni în anul 1996. Sora sa, Boksoon Lee, avea grijă de nepotul ei de două luni, Jungtaek. O boabă mare de strugure a ajuns în gura bebelușului, a fost înghițită și a rămas blocată. Fața i s-a învinețit, iar bebelușul a început să și piardă cunoștința din cauza sufocării.

Boaba de strugure i-a blocat căile respiratorii. Boksoon Lee și mama bebelușului l-au dus la spital. Boaba a ajuns în plămânul drept și a provocat o hemoragie. Plămânul stâng s-a mărit, iar buna funcționare a creierului era periclitată.

La urgență, bebelușul a început să își piardă cunoștința, iar retina să i se deshidrateze. Nici masca de oxigen nu îl putea ajuta să respire normal. După ce i s-au aplicat șocuri electrice inima a început să-i bată slab, dar se oprea tot la treizeci de minute.

Când tatăl bebelușului i-a spus doctorului că își transferă copilul la un alt spital, acesta nu a fost de acord la început. Doctorul i-a explicat că și în situația în care bebelușul ar fi supraviețuit acestui accident, el ar fi rămas cu sechele mentale sau infirm pe viață, deoarece îi fusese afectat creierul. Doctorul l-a sfătuit să nu îngreuneze situația bebelușului și să nu-i sporească suferința.

Printr-un concurs de împrejurări bebelușul a fost primit la Centrul Medical Samsung, fără ca spitalul să-și asume responsabilitatea pentru viața copilului. Din cauza deshidratării a fost nevoie de tratament intravenos, însă doctorii nu au reuşit să localizeze nicio venă. Medicul a spus că bebeluşul era prea mic pentru a fi supus unei operaţii şi că nu ar avea mari şanse de supravieţuire în cazul unei asemenea intervenţii.

Pe atunci Dalyong Lee şi soţia sa nu erau credincioşi. Dar, la sugestia surorii sale, Boksoon Lee, au ascultat rugăciunea înregistrată prin sistemul telefonic de răspuns automat al bisericii. Boksoon Lee s-a rugat pentru bebeluş postind timp de trei zile. Şi Dalyong Lee a postit trei zile, ascultând zilnic rugăciunea înregistrată pe sistemul telefonic de răspuns automat. În cele din urmă, bebeluşul a început să-şi revină.

La sfârşitul celei de-a treia zile de post, bebeluşul a fost mutat

Dalyong Lee împreună cu fiul său Jungtaek reînviat prin harul Domnului (1996)

Jungtaek este acum un băiat sănătos

de la urgenţă într-un salon comun. Într-o săptămână, bebeluşul aflat în pragul morţii s-a refăcut complet. Era de aşteptat să aibă unele probleme mentale chiar dacă ar fi supravieţuit, dar creierul său funcţiona normal. Până şi seminţele boabei de strugure i-au dispărut din plămâni. Dumnezeu le-a topit prin focul Duhului Sfânt. Doctorii erau uluiţi.

Prin această întâmplare Dalyong Lee şi soţia sa au ajuns să creadă în iubirea şi atotputernicia lui Dumnezeu. L-au primit pe Domnul Isus în inima lor şi au devenit creştini. Fiul lor, Jungtaek, este un copil cuminte şi creşte înconjurat de dragostea Domnului la biserică şi la şcoală.

Serviciu divin prin satelit

Serviciile divine ale bisericii noastre sunt transmise prin satelit în toată Coreea. Lucrările Duhului Sfânt s-au manifestat în filialele bisericii noastre prin acest sistem de comunicaţii. În luna iulie 1998, când a venit pentru prima oară la Biserica Masan Manmin, Eunkyeong Shin a fost vindecată de boala pe care o avea.

Mama ei i-a spus:

- Eunkyeong, eu am participat la serviciul divin la Biserica Masan Manmin şi mi-am găsit pacea sufletească. Ce-ar fi să vii cu mine?

Eunkyeong era în clasa a opta pe atunci. A fost uimită să o audă pe mama sa, care nu era o persoană credincioasă, că o cheamă la biserică. Prin urmare a început să meargă la Biserica Masan Manmin. Încă din clasa a treia, Eunkyeong suferea de nevroză, anemie, lipsa poftei de mâncare, gastrită şi migrene. Pentru ea era foarte greu să se concentreze la studiu.

În clasa a patra a început să aibă dificultăţi respiratorii, din cauza cărora chiar şi-a pierdut cunoştinţa şi a ajuns la spital. După ce a ajuns la gimnaziu a făcut Zona Zoster. Avea mâncărimi şi înţepături pe tot corpul. Nu reuşea să adoarmă din cauza unei dureri foarte puternice de cap. Avea senzaţia că îi explodează capul.

Slăbise atât de mult că ajunsese doar piele şi os. Urma un tratament cu medicamente, dar îşi revenea foarte greu. Sufereau din această cauză şi membrii familiei ei. Mergea la biserică de mic copil, însă nu avea credinţă adevărată. Avea dureri tot timpul şi din această cauză nu vedea nicio speranţă.

În data de 12 iulie 1998, a participat la serviciul divin transmis prin satelit la Biserica Masan Manmin. După predică a urmat rugăciunea pentru cei bolnavi, iar ea a primit rugăciunea punându-şi mâinile pe partea afectată de boală. În acel moment Dumnezeu a vindecat-o de toate bolile prin focul Duhului Sfânt.

Toate durerile i-au dispărut într-o clipă. De atunci nu a mai luat niciun medicament. Acum duce o viaţă sănătoasă şi e solista corului de la biserica noastră.

Prevestirea crizei financiare înaintea FMI

În 2 noiembrie 1997, la serviciul divin de duminică dimineaţa, am anunţat că am aranjat ca la biroul de recepţie al bisericii să fie disponibile cartele de autobuz, pe care le putea folosi oricine pentru a veni la biserică.

Pe atunci, puţini coreeni auziseră de FMI, adică „Fondul Monetar Internaţional." Nici eu nu auzisem despre această organizaţie internaţională, dar pentru că Dumnezeu mi-a dezvăluit faptul că ţara noastră va trece printr-o criză economică, am pus deoparte nişte bani pentru acoperirea costurilor de transport pentru acei membri care se aflau într-o situaţie financiară dificilă.

Nici o lună mai târziu şi presa vorbea deja despre epoca FMI în Coreea. În 21 noiembrie 1997, Coreea se afla deja în criză financiară. Guvernul a cerut un împrumut de la FMI, iar economia coreeană a intrat în declin. Numeroase companii au dat faliment şi mulţi oameni şi-au pierdut slujbele şi au ajuns în stradă.

Am încercat şi eu să-mi restrâng cheltuielile. Am cerut membrilor familiei mele să nu pregătească mai mult de trei garnituri la masă, pe lângă orez. I-am rugat şi să meargă mai rar la cumpărături în piaţă. Trebuia să fiu eu primul care strânge cureaua, deoarece membrii bisericii erau afectaţi de criza financiară.

Eu însă aflasem despre criza economică cu mult timp înainte de aceste evenimente. În luna decembrie a anului 1995, Dumnezeu m-a înştiinţat că va fi o criză economică în Coreea şi mi-a spus să-mi restrâng cheltuielile.

Astfel, în 28 ianuarie 1996, am rostit predica cu titlul „Binecuvântări în austeritate" la serviciul devoţional al lucrătorilor bisericii. I-am sfătuit să reducă bugetul în fiecare sector. Nu am cheltuit niciun salariu sau banii alocaţi de biserică pentru activităţile pastorale. Am oferit aceşti bani lui Dumnezeu, aşa cum mi-au fost daţi.

Când cei vindecaţi, care primiseră binecuvântarea prin rugăciunea mea, şi-au exprimat mulţumirea, am strâns donaţiile lor şi le-am oferit lui Dumnezeu pentru acţiuni de caritate şi lucrări de misionarism.

Dumnezeu m-a binecuvântat financiar din abundenţă, însă unul din obiceiurile mele este să economisesc fiecare bănuţ. Aceasta pentru a mai putea ajuta încă o persoană săracă şi pentru a putea face mai multe lucrări misionare.

Nici biserica noastră nu avea o situaţie financiară strălucită, dar am reuşit să ajutăm alte biserici care aveau greutăţi, mai ales pe cele din zonele rurale, indiferent de confesiunea căreia îi aparţineau acestea. Biserica şi-a dat toată silinţa pentru a participa la acţiuni de caritate şi pentru a acorda burse, astfel ca niciunul dintre membrii săi să nu sufere de foame, ori vreun student să-şi întrerupă studiile din lipsa banilor pentru taxele şcolare.

Cea de-a cincisprezecea aniversare a bisericii

În data de 12 octombrie 1997, mulți oaspeți au venit la celebrarea celei de-a cincisprezecea aniversări a bisericii noastre. Am avut ca invitat un oaspete de seamă. Doamna Heeho Lee, soția domnului Kim Daejoong, președintele partidului New Politics People's Assembly (Adunarea Oamenilor pentru o Nouă Politică) și membru în consiliul Fundației pentru Pace Asia-Pacific, ne-a vizitat la celebrarea acestei aniversări.

Odată cu trecerea anilor, a trebuit să participăm la mai multe lucrări misionare organizate de către diverse uniuni ale bisericilor coreene și ni se cerea tot mai mult sprijinul. Astfel, echipele noastre de programe artistice cu mesaj creștin erau foarte solicitate. În 5 februarie a anului 1998, am fost invitat la Osan-ri Fasting Prayer Mountain (Muntele pentru rugăciune și post Osan-ri), în calitate de predicator. În 19 mai, am participat la campania „Fără violență în școli", în calitate de președinte administrativ al Comitetului pentru evanghelizarea procurorilor.

Diaconiţa Heeho Lee, fosta Prima Doamnă a Coreei, la cea de-a 15-a aniversare a bisericii

Orchestra Nissi, a bisericii noastre, a devenit foarte cunoscută în comunitatea creştină şi a fost invitată să cânte la multe evenimente.

Au cântat la conferinţa „Depăşirea crizei naţionale prin rugăciune", care a avut loc la stadionul olimpic principal din Jamsil, la „Concertul filantropic", la „Concertul de laudă" organizat de Comitetul pentru evanghelizarea procurorilor, la cel de-al cincisprezecelea festival de muzică pascală organizat de Reţeaua Creştină de Televiziune-CBS (Christian Broadcasting System), la cea de-a patruzeci şi patra aniversare a CBS şi la CBS

Mişcarea „Fără violenţă în şcoli"

Serviciul de inaugurare a Misiunii Cupa Mondială 2002

Orchestra Nissi în diferite evenimente creştine

Viziunea pentru secolul 21 (CBS Vision of the 21st Century Movement). De asemenea, au susținut numeroase concerte prin țară.

Predicile mele au fost transmise timp de 980 de minute pe săptămână la Centrul de Radiodifuziune al Orientului Îndepărtat -FEBC (Far East Broadcasting Center) și la CBS. Aceste predici au fost transmise și în alte țări, cum ar fi Statele Unite, Rusia, Canada și Australia.

În luna august a anului 1998, biserica noastră a început transmisiile în direct prin internet, în cadrul cărora au avut loc multe lucrări de vindecare. În bisericile locale din Coreea a fost posibilă transmisia simultană prin satelit încă din decembrie 1996.

Dumnezeu doreşte grâul curat

Extinderea câmpului nostru de misiune este un scop important, însă esenţa slujirii pastorale este transformarea credincioşilor în grâu curat, fără pleavă, aşa cum se specifică în Matei 3, versetul 12: *„Acela Îşi are lopata în mână, Îşi va curăţa cu desăvârşire aria şi Îşi va strânge grâul în grânar; dar pleava o va arde într-un foc care nu se stinge."*

Dumnezeu doreşte ca toţi copiii Săi să devină precum grâul curat, de aceea El continuă să desăvârşească omenirea până în prezent. Creştinii ar trebui să discearnă dacă se aseamănă grâului curat, dacă îl iubesc pe Dumnezeu şi trăiesc după cuvântul Lui sau dacă sunt asemeni plevei, iubind lumea şi facând compromisuri cu aceasta prin pofta firii pământeşti, pofta ochilor şi lăudăroşenia vieţii.

Cei ce se aseamănă cu grâul pot câştiga viaţa veşnică şi vor merge în rai, dar pleava va cădea în focul iadului, suferind pentru totdeauna. Cei ce vor ajunge în rai, vor avea sălaşuri diferite, după faptele și credința fiecăruia. Numeroase pasaje biblice ne arată aceasta.

Apostolul Pavel vorbește despre înviere în 1 Corinteni 15:41 *„Alta este strălucirea soarelui, alta strălucirea lunii, și alta este strălucirea stelelor; chiar o stea se deosebește în strălucire de altă stea."* După faptele noastre de pe pământ, ni se va da strălucirea soarelui, a lunii sau a stelelor.

A-L iubi pe Dumnezeu

În Evanghelia după Ioan 14:15, Isus ne spune: *„Dacă Mă iubiți, veți păzi poruncile Mele."* A asculta poruncile Sale înseamnă să facem ceea ce ne spune Domnul să facem, să nu ieșim din Cuvântul Său, să ne lăsăm de păcatele de care Domnul ne cere să ne lepădăm și să ascultăm de legea Sa.

În Proverbele lui Solomon 8:13 spune că frica de Domnul înseamnă urârea răului, iar în 1 Testaloniceni 5:22 ni se spune că cei care-l iubesc cu adevărat pe Dumnezeu se vor feri orice fel de rău.

Dacă trăim în lumină și după Cuvântul lui Dumnezeu putem avea o inimă transformată după inima Domnului Isus și astfel să devenim oameni duhovnicești. Mai mult, putem fi considerați vrednici de a intra în Noul Ierusalim dacă suntem credincioși în toată casa lui Dumnezeu și dacă devenim oameni cu duhul deplin.

Când eram copil mama mergea la piață purtând o încărcătură grea pe cap. Cea mai mică distanță pe care o avea de străbătut până la piață era de 12 kilometri, deci 24 de kilometri dus-întors. Aveam vreo cinci, șase ani și o însoțeam de fiecare dată până la piață.

Mergeam pe jos din zorii zilei şi până seara târziu, dar nu mă plângeam că mă dor picioarele, deoarece preferam să fiu cu mama în loc să stau singur acasă. Erau multe de văzut la piaţă, iar vânzătorul de dulciuri îmi capta mereu atenţia.

Salivam când vedeam atâtea dulciuri. Tot ce aveam noi pe atunci în loc de gustare erau cartofii dulci şi porumbul, însă nu-mi erau de ajuns. Mama nu putea să treacă cu vederea pofta mea de ceva dulce.

Îmi spunea:

- Jaerock, vrei nişte dulciuri?

Se pregătea să scoată din buzunar un won pe care îl păstrase acolo. Atunci, o opream spunându-i:

- Mamă, nu vreau, hai să mergem repede.

Cu un won puteam cumpăra multe dulciuri, dar mama mergea pe jos atâta drum pentru a economisi banii pentru biletul de autobuz. Un won însemna mult pentru ea, iar eu ştiind acest lucru încercam să-mi înfrânez pofta pentru dulciuri.

Mi-am dat silinţa să nu creez probleme părinţilor mei, ci să-i mulţumesc. De când l-am întâlnit pe Dumnezeu, Tatăl meu spiritual, singura mea dorinţă este să fiu plăcut în ochii Lui.

Dacă aş avea în mine vreun rău pe care Dumnezeu îl urăşte, cât de îndurerat ar fi El! Nu puteam să accept un astfel de rău şi am început să mă pocăiesc de păcatele din sufletul meu prin post şi rugăciune.

Capitolul 2

De cine să ascultăm?

Dumnezeu dezvăluie viitorul

După serviciul divin de Anul Nou din 1998 am vărsat lacrimi fără încetare. Deseori plângeam chiar în timp ce predicam la amvon. Situația aceasta a durat timp de un an. Mă rugam cu întristare, pentru că Dumnezeu îmi dezvăluise că biserica va fi pusă la încercare, iar unii mă vor trăda din motive egoiste.

Dumnezeu mi-a spus că prin aceste trei încercări va îndepărta buruienile, iar grâul va fi separat de pleavă. Era providența divină pentru îndeplinirea misiunii mondiale și construirea Marelui Templu prin copiii săi sfințiți.

În luna mai a anului 1998, după încheierea întâlnirii de trezire spirituală, Dumnezeu mi-a arătat într-o viziune Marele Templu ce va fi construit la sfârșitul lumii prin înțelepciune divină. Mi-a mai dezvăluit și o scenă care va avea loc imediat după Răpire. Am văzut o mulțime de oameni participând la serviciul de închinare din Marele Templu. Pe neașteptate, tavanul s-a deschis în formă de cruce şi mii de credincioşi au fost ridicaţi la cer. Aceştia au primit trupuri cereşti, înveşmântate în in alb.

Am văzut şi câţiva care nu s-au desprins de pământ. Când şi-au dat seama că nu sunt ridicaţi, au fost cuprinşi de disperare. Unii dintre ei au leşinat din cauza dezamăgirii, iar alţii se tânguiau şi loveau cu pumnii în podea.

Printre cei care nu fuseseră ridicaţi spre cer erau pastori asistenţi şi lucrători ai bisericii care slujiseră împreună cu mine. Bineînţeles, ştiam de ce se întâmplase acest lucru. Ei se credeau buni creştini, dar în ochii lui Dumnezeu nu erau grâu, ci pleavă.

Cei care au rămas pe pământ s-au întristat foarte tare şi s-au pocăit, însă uşa mântuirii era deja închisă. Ei s-au adunat în Marele Templu pentru a se ruga şi a-L lăuda pe Dumnezeu. Cu toate acestea, Duhul Sfânt fusese luat, iar ei nu mai puteau primi har de la Dumnezeu. Era lumea celui rău condusă de diavol, iar ei nu puteau primi niciun ajutor de la Duhul Sfânt.

Ospăţ de nuntă în rai, suferinţă pe pământ

Credincioşii care se aseamănă grâului curat vor fi ridicaţi la cer unde îl vor vedea pe Domnul Isus şi vor participa la Ospăţul nunţii cereşti de şapte ani. Ei vor trăi ca într-un vis în timp ce pe pământ vor fi şapte ani de mare suferinţă. După cum este scris în Apocalipsa, va izbucni cel de-al Treilea Război Mondial. Naţiunile puternice vor folosi armele de distrugere în masă şi armele nucleare. Pe pământ va fi suferinţă cum nu a mai fost niciodată.

Marele Templu construit de biserica noastră va fi ocupat de cei răi şi folosit ca loc de tortură. Unii ar putea supravieţui calamităţilor celui de-al Treilea Război Mondial, dar după apariţia anticristului nu vor putea să-şi continue viaţa fără a primi semnul 666, căci anticristul va interzice orice vânzare sau cumpărare celor care nu poartă acest semn pe frunte sau pe mâna dreaptă (Apocalipsa 13:16-18).

Semnul 666 reprezintă un bilet spre iad, iar cei care vor şti aceasta vor fugi spre munţi pentru a nu fi înfieraţi cu acest semn. Vor fi însă urmăriţi şi prinşi, iar dacă vor refuza să primească acest însemn, vor fi torturaţi.

Dumnezeu mi-a arătat scenele chinurilor. Echipamentul de tortură era de-a dreptul înfricoşător şi se baza pe o tehnologie sofisticată. Unii se leapădă de Isus în timpul schingiuirilor şi primesc însemnul 666. Ei erau conştienţi că nu pot fi mântuiţi dacă se leapădă de Isus şi poartă acest număr, dar nu pot îndura chinurile.

Încercaţi să vi-i imaginaţi pe copiii sau părinţii voştri dragi supuşi la chinuri îngrozitoare. Este foarte greu să treci peste durere şi să devii martir. Cei care vor supravieţui acestor torturi, devenind martiri, vor primi mântuirea mai puţin onorabilă a „celor rămaşi la urmă, după seceriş.”

Stăruind înaintea lui Dumnezeu cu durere şi lacrimi

Doamna „H” slujea în biserica mea. Dumnezeu i-a oferit multe şanse de a se pocăi şi de a se întoarce la El, dar ea nu a profitat de ele. Dumnezeu a înzestrat-o cu un dar preţios, însă ea a devenit trufaşă. A păcătuit şi a făcut greutăţi bisericii. Nu a renunţat la motivele sale egoiste până la final. În cele din urmă, Dumnezeu şi-a întors faţa de la ea.

Astfel, a devenit unealta lui Satan. Credea că va putea

controla întreaga biserică dacă m-ar fi distrus pe mine. A pus la cale un complot împreună cu alți câțiva membri ai bisericii și a oferit unui post de televiziune niște informații false, înșelând astfel mulți oameni.

La sfârșit, a ponegrit biserica și a părăsit-o. În aceea viziune, am văzut cum a rămas pe pământ și a fost chinuită în timpul celor șapte ani ai Necazului cel Mare. Am fost atât de îngrozit văzându-i pe cei care nu fuseseră ridicați la cer, încât am început să plâng cu amar.

M-am rugat:

- Doamne, Tată, nimeni nu ar trebui să rămână pe pământ. Cu atât mai mult cei care îi învață pe alții, pastorii și lucrătorii bisericii nu ar trebui să rămână pe pământ și să treacă prin cei șapte ani ai Necazului cel Mare. Te rog, dă-le șansa să se pocăiască și să primească mântuirea.

Nu izbucneam în lacrimi cu ușurință, dar de când avusesem această viziune, plângeam destul de des. Când mergeam să mă rog pe munte, stăruiam înaintea lui Dumnzeu plângând, și-L imploram să nu-i părăsească.

Revelație despre lumea spirituală

În perioada 4-14 mai, 1998, s-a desfășurat cea de-a șasea ediție a Întâlnirii speciale de trezire spirituală cu durata de două săptămâni, cu tema „Dumnezeu este Lumină." Majoritatea membrilor bisericii s-au pregătit pentru această întâlnire prin post și rugăciune. Când întâlnirea de trezire s-a încheiat, multora li s-au deschis ochii spirituali și s-au umplut de harul lui Dumnezeu.

Dacă îl iubim pe Dumnezeu, ne rugăm Lui fără încetare. Dorim să auzim cuvântul Său și tânjim să vedem tărâmul spiritual. Cu alte cuvinte, la fel cum dorim să ne întâlnim și să vorbim cu cei dragi în fiecare zi, când îl iubim pe Dumnezeu Tatăl ne dorim neîncetat să-L vedem și să-I auzim vocea.

Dumnezeu a văzut cum membrii bisericii noastre se străduiau să trăiască în lumină, după Cuvântul Său. A revărsat har asupra lor și mulți dintre ei au putut să vadă lumea spirituală. Mai mult, au avut loc numeroase întâmplări prin care aceștia au putut experimenta nemijlocit lucrările lui Dumnezeu. În Epistola sobornicească a lui Iacov 1:17 este scris: „*orice ni se dă bun și orice dar desăvârșit este de sus, coborându-se de la Tatăl luminilor, în care nu este nici schimbare, nici umbră de mutare.*"

În Faptele Apostolilor, capitolul 3, Petru vindecă un olog. Când Petru și Ioan au propovăduit învierea lui Isus, 5.000 de oameni L-au primit pe Isus în inima lor într-o singură zi. Aceia dintre conducători, bătrâni și cărturari care nu puteau accepta vestea bună a învierii i-au chemat pe apostoli și i-au avertizat să nu mai predice Evanghelia. În Faptele Apostolilor 4:18-20 se spune: „*Și după ce i-au chemat, le-au poruncit să nu mai vorbească cu niciun chip, nici să mai învețe pe oameni în Numele lui Isus. Drept răspuns, Petru și Ioan le-au zis: «Judecați voi singuri dacă este drept înaintea lui Dumnezeu să ascultăm mai mult de voi decât de Dumnezeu; căci noi nu putem să nu vorbim despre ce am văzut și am auzit.»*"

Cunoscând că aceasta este voia lui Dumnezeu, dacă apostolilor le-ar fi fost frică să propovăduiască Evanghelia doar din cauza persecuțiilor și suferințelor, creștinismul nu s-ar mai fi răspândit.

Datorită eforturilor apostolilor, care l-au iubit pe Dumnezeu din tot sufletul și nu s-au temut de moarte, creștinismul a înflorit și a adus roade până în zilele noastre.

Nu puteam nega ceea ce a fost văzut și auzit

Credincioșii ai căror ochi spirituali s-au deschis L-au văzut pe Dumnezeu, au văzut pe profeți și pe îngeri. Ei au auzit chiar şi voci spirituale. Umplându-se de har după ce au văzut lumea spirituală, ei le-au vorbit şi altora despre aceste experienţe. Dar, deşi fiecare a descris doar ceea ce a văzut, în mod firesc unele lucruri au fost omise sau adăugate, aşa cum se întâmplă când relatările se transmit prin viu grai, de la om la om.

A fost un lucru bun să vorbească despre viziunile lor, dar când au adăugat propriile gânduri la cele văzute, fără să fie capabili să distingă între ceea ce poate fi spus şi ceea ce nu, s-au ivit unele probleme. Nu puteam însă să-i opresc pe membrii bisericii de teama apariţiei unor asemenea efecte secundare. A trebuit să accept situaţia pentru a le întări speranţa în rai şi dorinţa de a creşte spiritual, ţinta finală fiind Noul Ierusalim.

În luna iunie a anului 1998, le-am spus lucrătorilor bisericii următoarele:

- Deoarece membrii bisericii pot vedea lumea spirituală, eu voi fi condamnat ca eretic. Va veni o mare încercare. Cu toate acestea, pentru că este voia lui Dumnezeu să ne arate lumea spirituală, nu am de ales decât să mergem pe această cale.

Am ştiut că la un moment dat se va stârni mare vâlvă, dar nu i-am împiedicat să vadă în lumea spirituală. Dumnezeu le-a deschis ochii şi le-a revelat lucruri spirituale, aşa că nu puteam îndrăzni să-i împiedic.

Cu cât cunoaştem mai multe despre lumea spirituală, cu atât vom tânji mai mult după Împărăţia Cerească şi vom fi capabili să alungăm întunericul din lume. Vom avea mai multă speranţă în venirea Împărăţiei Cereşti şi vom creşte în credinţă, privind spre Noul Ierusalim.

Vrăjmaşul diavolul l-a căutat mereu pe Mesia, chiar înainte de naşterea lui Isus. După naşterea Sa, diavolul a încercat să-L omoare prin Irod. La fel s-a întâmplat în timpul lucrării publice a lui Isus, iar când a venit vremea diavolul i-a stârnit pe cei răi care L-au crucificat.

Împărăţia lui Dumnezeu se câştigă prin luptă spirituală. Pastorii şi slujitorii Domnului trebuie să cunoască lumea spirituală. Fără cunoaşterea acesteia nu putem avea control asupra duşmanului diavol şi a lui Satan. Doar după ce le cunoaştem identitatea ne putem exercita mai bine autoritatea asupra lor şi să facem cunoscută puterea lui Dumnezeu.

În Faptele Apostolilor 16:16-18 vedem că o roabă s-a ţinut după apostolul Pavel mai multe zile, necăjindu-l. Era o ghicitoare posedată de diavol. Pavel însă nu a alungat duhul rău.

Ar fi putut să spună:

- Duh necurat, ieşi afară în Numele lui Isus Cristos! Şi demonul ar fi plecat.

De ce oare l-a lăsat în pace? A aşteptat pentru că el ştia că nu trebuie să facă acest lucru.

Dacă l-ar fi alungat, rămaşi fără venit, cei care câştigau bani de pe urma roabei ghicitoare l-ar fi persecutat. Când nu a mai putut suporta situaţia, a poruncit duhului să iasă. Şi ce s-a întâmplat? A fost târât înaintea fruntaşilor, a fost dezbrăcat şi bătut până la sânge, iar pe urmă aruncat în temniţă.

Biblia este o mărturie despre lumea spirituală. Duşmanului diavol şi lui Satan nu le place când oamenilor li se dezvăluie lumea spirituală, deoarece Evanghelia va fi propovăduită, iar Împărăţia lui Dumnezeu va creşte prin aceasta. În 2 Împăraţi 6:17 ni se spune că „*Elisei s-a rugat şi a zis: Doamne, deschide-i ochii să vadă. Şi Domnul a deschis ochii slujitorului, care a văzut muntele plin de cai şi de care de foc împrejurul lui Elisei.*"

Elisei a văzut caii şi carele de foc în jurul muntelui cu ochii săi spirituali. De asemenea, după ce Ştefan a predicat Evanghelia şi s-a umplut de Duh Sfânt a spus: *„Iată, văd cerurile deschise, şi pe Fiul omului stând în picioare la dreapta lui Dumnezeu"* (Faptele Apostolilor 7:56). Atunci, oamenii răi au început să răcnească şi şi-au astupat urechile, năpustindu-se toţi într-un gând asupra lui. L-au ucis cu pietre. Când Ştefan a propovăduit Evanghelia şi a arătat oamenilor păcatele lor, aceştia s-au mâniat. (Faptele Apostolilor 7:54).

Dacă Ştefan nu ar fi spus că poarta raiului este deschisă şi că îl vede pe Isus, nu ar fi fost ucis cu pietre. Ochii săi spirituali erau deschişi şi vorbea despre tărâmul spiritual, iar cei care-l ascultau îl urau deoarece el vedea ceva ce ei nu puteau să vadă.

Ei spun:

-Îngeri? E o iluzie! Se înşeală. Nu e decât o farsă!

Fac multe alte afirmaţii mincinoase asemenea acesteia.

Apariţii pe stâlpii locaşulul de închinare

În data de 21 iunie, 1998, după serviciul divin de seară, au apărut siluetele unor bărbaţi pe cei patru stâlpi ai altarului principal din biserică. Cred că Dumnezeu era mulţumit pentru că mă pregăteam pentru o sesiune de rugăciune la munte, după serviciul divin de seară. Prin Îngerii Săi, El a făcut ca pe stâlpi să apară aceste imagini care au putut fi văzute clar şi cu ochiul fizic de mai multe persoane.

Erau imagini cu Isus crucificat şi străpuns în coastă şi ale lui Pavel, Ioan şi Petru. Vestea s-a răspândit şi mai mult de 7.000 de oameni au venit în acea săptămână la biserica noastră să le vadă.

Pe insula Patmos se află un portret al apostolului Ioan.

Fruntea lui este umflată deoarece, în timpul rugăciunii, s-a lovit de mult ori cu capul de stâncă. Imaginea apostolului Ioan care a apărut pe stâlpul din biserică avea şi ea fruntea umflată. Petru avea o barbă lungă.

Când credincioşii îl vedeau pe Isus sângerând din cauza coroanei de spini de pe cap şi a coastei străpunse de suliţă, erau cuprinşi de emoţii. Aceste apariţii au rămas pe stâlpi mai multe săptămâni, zi şi noapte. Mulţi le-au filmat şi fotografiat. Un diacon care era şi pictor le-a desenat.

Dumnezeu a arătat lumina trupului duhovnicesc

Oamenii au trupuri, dar cel care le dă viaţă este duhul. Când Dumnezeu, care este duh, l-a făcut pe om, El i-a suflat în nări suflare de viaţă şi l-a făcut astfel un suflet viu (Geneza 2:7). După ce ne vom încheia viaţa pe pământ şi vom merge în rai, vom trăi în trupuri duhovniceşti. Intensitatea luminii pe care o emană fiecare dintre noi va fi determinată de măsura în care ajungem să ne asemănăm cu inima lui Isus şi să redobândim astfel chipul lui Dumnezeu.

Când Moise a coborât de pe Muntele Sinai cu Cele zece porunci, faţa lui strălucea atât de puternic încât oamenilor le era frică să se apropie de el. Moise însuşi nu era conştient de acest fapt şi doar mai târziu, când oamenii se temeau de el, şi-a acoperit faţa cu o maramă (Exodul 34:29-33).

Următoarea întâmplare a avut loc în data de 25 iulie 1998, în cea de-a doua parte a serviciului divin de vineri care ţine toată noaptea. Dumnezeul iubirii, care dorea ca credincioşii să aibă mai multă speranţă pentru Împărăţia Cerurilor, le-a dezvăluit lumina trupului duhovnicesc. Nu doar celor care aveau ochii spirituali deschişi, ci tuturor credincioşilor.

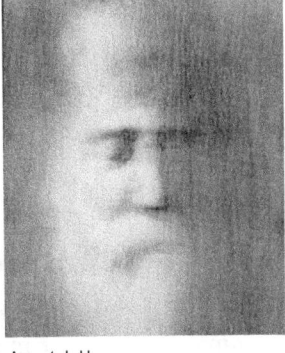

Apostolul Ioan

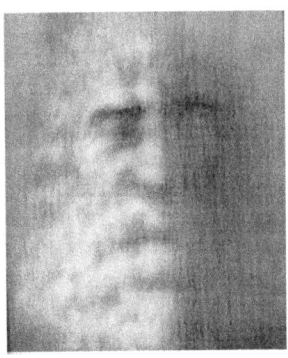

Isus pe cruce
Imaginile care au apărut pe stâlpi au fost desenate de un artist

Apostolul Petru

La un moment dat lumina a ieşit din trupul meu spiritual şi s-a răspândit în jur. Persoana care conducea grupul de laudă nu putea fi văzută din cauza luminii strălucitoare, iar coroniţa de flori pe care o purta s-a transformat într-o coroană. Când am ajuns la mijlocul altarului, hainele mele arătau ca o robă lungă până în pământ, iar eu păream mult mai înalt.

Evenimentul a fost surprins pe marele ecran din biserică, iar cei care luau parte la serviciul divin l-au urmărit cu mare atenţie. Lumina s-a răspândit în împrejurimi, iar cei care stăteau în faţă au trăit experienţe uimitoare, printre care dispariţia stării de oboseală şi chiar vindecări.

Kyeong-ok Kim a fost una dintre aceste persoane. Ea fusese victima unui accident rutier petrecut în luna octombrie 1996. A fost diagnosticată cu handicap motor de gradul cinci la ambele picioare. Abia putea să umble chiar şi cu cârje. Ea începuse să frecventeze biserica noastră cu câtva timp înainte de accident.

Când a văzut lumina apărută în timpul serviciului divin de vineri noaptea a crezut mai întâi că este vorba de reflexia unei surse de lumină. Dar, privind mai atent, a observat cum cei care erau învăluiţi de lumină dispăreau în ea. Ea a mărturisit că arătam mult mai înalt şi păream îmbrăcat în ceva alb, asemeni inului.

În cele din urmă, s-a convins că nu era nicio coincidenţă, niciun fel de prefăcătorie, ci lucrarea lui Dumnezeu Însuşi. Lumina a intrat în ochii ei. A început să se tânguie căci avea senzaţia că va orbi.

În urma serviciului divin s-a simţit însă eliberată şi a început să umble fără cârje. Ar fi trăit toată viaţa cu acest handicap, dar prin harul lui Dumnezeu a fost vindecată devenind complet sănătoasă. Deoarece a fost o experienţă pe care ştiinţa nu a putut să o explice, un post televiziune a afirmat că totul a fost trucat iar povestea era o invenţie.

Microbusul după accident

Dumnezeu i-a protejat pe membrii bisericii

Cu ochii Săi strălucitori, Dumnezeul iubirii i-a protejat pe membrii bisericii, şi nu numai pe cei ai Bisericii Centrale din Seul, ci şi pe cei din filialele bisericii din întreaga ţară.

În 15 martie 1998, în timp ce membrii Bisericii Daegu Manmin se îndreptau spre serviciul aniversar de la Biserica Masan Manmin, microbuzul cu care călătoreau s-a răsturnat pe autostrada Kuma. Mergeau cu o viteză de 120 km pe oră. Roata de pe partea dreaptă din spate a făcut pană, iar microbuzul s-a răsucit şi s-a izbit de parapetul despărţitor. În maşină se aflau doisprezece

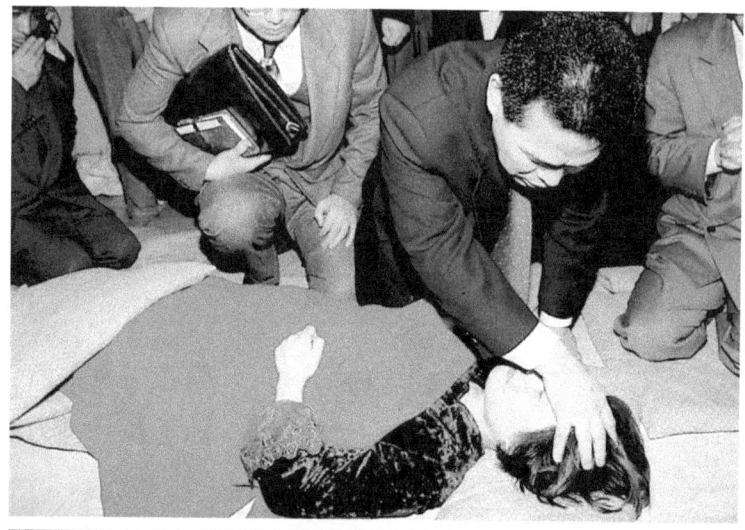

Sunhee Lee a fost vindecat
după accident prin rugăciune

adulţi şi cinci copii. Vehiculul a fost distrus complet.

A fost un accident foarte grav în urma căruia toţi cei din vehicul ar fi putut muri, dar Dumnezeu i-a păzit pe toţi cei şaptesprezece. Printre ei se afla o femeie însărcinată, care nu a avut nici măcar o zgârietură. Ea a mărturisit că în momentul în care a fost aruncată prin fereastra maşinii şi a căzut pe pământ, a avut senzaţia că un înger îi proteja trupul.

În accident, Sunhee Lee a fost rănită la coloană, în zona cervicală. Când a sosit ambulanţa 119, medicii au pregătit-o ca să poată fi transportată la spital, însă ea şi familia ei nu au vrut să meargă la spital, ci la Biserica Masan Manmin.

La finalul serviciului de închinare am auzit vestea. Când am intrat în sala folosită de obicei pentru mama şi copilul, Sunhee Lee zăcea pe pat. M-am rugat pentru ea prin punerea mâinilor pe gât, pe umăr şi pe spate.

A mărturisit că în timp ce mă rugam pentru ea a simţit ceva fierbinte ca focul şi a primit puteri înnoite. A reuşit să umble imediat după rugăciune. A mai spus că în acel moment a fost vindecată şi de hemoroizii care o chinuiau de doi ani.

O mână de ajutor într-o cădere în gol de la 15 metri

În 23 decembrie 1998, diaconul Joong-ik Chun era conducătorul Grupului antiterorist al forţelor speciale de poliţie din Seul. O demonstraţie a călugărilor budişti s-a încheiat cu ocuparea ilegală a sediului ordinului budist Cho Gye Jong. Grupul său a fost trimis la faţa locului, la templul Cho Gye Sa.

Pe când se apropiau de acoperişul clădirii înalte de 15 metri, cu ajutorul unui camion cu scară extensibilă, braţul scării a cedat pe neaşteptate iar camionul s-a răsturnat. Cei cinci poliţişti aflaţi pe scară au căzut pe loc în gol.

Accidentul a fost relatat pe prima pagină a ziarelor locale. În

Fotografia căderii apare pe pagina din ziar (Joong-ik Chun este încercuit)

timpul căderii, în loc să se gândească că va fi grav rănit, diaconul Joong-ik Chun era încredințat că Dumnezeu îl va proteja.

Dacă ar fi aterizat cu capul înainte, coloana i-ar fi fost strivită și ar fi avut fracturi grave pe tot corpul, dar a atins mai întâi

Poliţistul Joong-ik Chun în exerciţiul funcţiunii

pământul cu partea laterală a căştii de protecţie. Pe lângă aceasta, a simţit cum o mână mare îi susţinea corpul, iar în momentul impactului i s-a părut că a căzut pe straturi vată.

S-a izbit de asfalt cu o bufnitură puternică. La început, a fost puţin confuz din cauza şocului, dar când s-a uitat în jurul său şi-a dat seama că Templul Cho Gye Sa era în flăcări.

Ceilalţi patru poliţişti au fost grav răniţi şi au rămas cu infirmităţi, însă diaconul Joong-ik Chun nu avea niciun fel de răni.

În timp ce era transportat cu ambulanţa la spital, împreună cu ceilalţi membri ai echipajului său, pentru a fi examinat, doctorii uimiţi l-au întrebat de mai multe ori dacă era unul dintre cei care căzuseră de la etajul 5.

Rugându-mă cu lacrimi pentru cei ce au trădat şi au făcut rău

Chiar şi atunci când lucrătorii bisericii şi pastorii m-au înşelat, sau au nesocotit vorbele mele, eu nu am pedepsit pe nimeni. I-am iertat de fiecare dată, cu speranţa că se vor îndrepta.

În anul 1987, un pastor şi-a exprimat dorinţa de a sluji la biserica noastră. Mi-a spus că dorea să deschidă o biserică în Daejeon, aşa că i-am acordat ajutor financiar. În ziua stabilită pentru inaugurare, câţiva lucrători de la biserica noastră s-au dus la Daejeon, însă nu exista nicio biserică. Pastorul minţise şi fugise cu banii.

După câţiva ani, acelaşi pastor a venit iarăşi la mine, a îngenuncheat şi s-a căit pentru faptele sale. L-am iertat, fără a-l întreba nimic despre trecut. L-am primit înapoi în sânul bisericii. Din nou a spus că va deschide o biserică în Daejeon şi i-am oferit sprijin bănesc încă o dată. De data aceasta a deschis biserica, dar a plecat fără să spună niciun cuvânt, probabil din cauza dificultăţilor financiare.

Isus l-a îndrumat pe Iuda Iscarioteanul până în ultima clipă

Iuda Iscarioteanul a fost martorul semnelor şi minunilor făcute prin Isus, posibile doar prin puterea lui Dumnezeu. Cu toate acestea, el nu a putut să creadă în Isus.

Deşi a văzut pe viu acele minuni, inima lui era stăpânită de lucrurile lumeşti. Prin urmare, el nu a putut să înţeleagă voia lui Dumnezeu sau să o accepte. Totuşi, Iuda Iscarioteanul a fost indispensabil pentru împlinirea misiunii lui Isus şi a lucrării Sale de mântuire. Biblia spune că el era cel care avea să-l vândă pe Isus (Ioan 6:71).

„«Dar sunt unii din voi care nu cred.» Căci Isus ştia de la început cine erau cei ce nu cred şi cine era cel ce avea să-L vândă" (Ioan 6:64).

Isus încerca să-l facă pe Iuda să înţeleagă şi să se căiască, dar ucenicii nu pricepeau ce voia Isus să spună. Deşi ştia că Iuda îl va trăda, Isus l-a înconjurat cu dragoste până la sfârşit. Nu l-a condamnat în faţa celorlalţi apostoli. Nu l-a părăsit.

Chiar şi cei ce vor trăda

Oricum ar fi fost inima lor, eu doream ca toţi oamenii să ajungă să aibă inimile pline de bunătate. Nu mă gândeam niciodată: „Trebuie să mă feresc de acest om din cauza inimii sale." Nu m-am îndepărtat niciodată de nimeni. Aveam încredere în toţi oamenii.

Aveam încredere în toţi, deşi de multe ori vedeam limpede

intenţiile lor de trădare. Speram că în viitor se vor schimba şi nu vor rămâne în această stare. Aceasta era calea pentru a putea evolua ca pastori şi slujitori ai lui Dumnezeu.

Cu toate că le-am acordat încrederea mea, unii dintre ei m-au defăimat mai târziu şi au părăsit biserica. Am plâns mult din cauza răutăţii lor, am slăbit şi m-am consumat mult.

În anul 1991, un pastor s-a oferit voluntar să se ocupe de misiunea „Lumină şi sare", care este de fapt un grup misionar pentru cei care lucrează în sectorul de distribuţie. Dumnezeu mi-a spus atunci că peste câţiva ani acest pastor va ataca biserica. Am sfătuit-o pe soţia sa să se roage pentru el, ca să-şi păstreze neschimbat modul de a gândi.

Deoarece am ştiut că se va schimba, m-am ocupat personal de slujitorii misiunii „Lumină şi sare." În cele din urmă, în 1997, el a părăsit biserica împreună cu încă 30 de membri. A spus că va continua să ajute biserica noastră şi dinafara ei, dar a încercat doar să amăgească mai mulţi dintre membri şi să-i atragă în biserica sa. A răspândit foarte multe zvonuri false, m-a acuzat ca fiind eronat şi nechibzuit şi a tulburat lucrarea bisericii.

Începutul primei încercări

În luna iunie a anului 1998, Dumnezeu mi-a spus:

- *Voi îndepărta buruienile din biserica ta, dar voi mai lăsa câteva.*

M-a cuprins tristețea. În iulie, a venit o încercare asupra bisericii.

Poate că inima mea nu este suficient de puternică, pentru că am continuat să iert oamenii, chiar și pe cei care făcuseră greșeli majore. Chiar dacă au făcut lucruri rele, greu de imaginat, eu doar mă rugam cu lacrimi pentru ca ei să se pocăiască și să se întoarcă pe calea cea bună. Dumnezeu mi-a spus de multe ori să-i șterg din inima mea.

- Tată, nu pot fi iertați? Cum ar putea fi mântuiți? Te rog să-i ierți!

În anul 1998, am stăruit înaintea lui Dumnezeu cu post și rugăciune pentru iertarea lor, timp de mai multe luni. Dumnezeu mi-a răspuns astfel:

- *Dacă se vor pocăi cu adevărat, îi voi ierta.*

După primirea acestui răspuns, am încercat să-i fac să înțeleagă acest lucru și i-am sfătuit, dar nu au vrut să asculte. Membrii bisericii nu înțelegeau de ce vărsam atât de multe lacrimi în timpul predicilor.

Încă de la inaugurarea bisericii, am organizat anual conferința pentru pastori, cu scopul creșterii spirituale a pastorilor. În luna iulie a anului 1998, cu o săptămână înainte de conferința pastorilor, am fost nevoit să iau o hotărâre.

Am primit un nou răspuns:

- Slujitorul meu, pentru că tu nu poți să faci acest lucru, voi avea grijă eu. Cu inima ta prea bună nu-i poți întoarce din drum, Eu însă pot face asta.

Nu puteam să-i accept pe cei care erau neplăcuți lui Dumnezeu. Dușmanul diavolul le dădea târcoale ca un leu care răcnește (1 Petru 5:8). Știam că Satan îi va stârni pe cei răi și va încerca să mă distrugă, dar nu puteam face altceva decât să mă las în mâna lui Dumnezeu, de vreme ce îmi spusese că se va îngriji de toate acestea. Multe duhuri necurate au intrat într-unul dintre acești membri ai bisericii. Am văzut o altă persoană încătușată de un șarpe mare.

Câțiva dintre membrii bisericii au văzut bătălia cumplită pe care Lucifer, stăpânul spiritelor rele, și Arhanghelul Mihail, căpetenia armatelor cerești, o duceau pentru trădătorii care erau prinși la mijloc.

Aceasta se întâmpla deoarece eu nu puteam renunța la ei, ci doream să fie iertați ca să se schimbe și să se întoarcă la Dumnezeu. Apoi, am auzit vocea Sa:

- *Slujitorul meu, renunță la ei. Atâta timp cât tu nu renunți la ei, Arhanghelul Mihail trebuie să lupte. Trebuie să-i ştergi din inima ta ca Eu să-mi pot desăvârşi lucrarea.*

Facă-se voia Ta

Nu mai aveam ce face şi am încetat să mă rog pentru ei. Când am renunţat, încercarea a luat amploare. Erau oameni care păcătuiseră atât de mult încât Dumnezeu a decis să-i părăsească. Tocmai aceşti oameni au fost cei care au intrat în legătura unii cu alţii.

„Cum a fost dată bucăţica, a intrat Satana în Iuda. Isus i-a zis: «Ce-ai să faci, fă repede.» Dar nimeni din cei ce şedeau la masă, n-a înţeles pentru ce îi zisese aceste vorbe" (Ioan 13:27-28).

În iulie 1998, cei care au încercat să mă trădeze după conferinţa pastorilor au urzit un plan. Una dintre femeile pastor a spus că se va ruga mai bine de o lună, căindu-se până când Dumnezeu o va ierta.

Dumnezeu i-a dat acesteia multe daruri ale Duhului Sfânt încă de la deschiderea bisericii, însă rareori am văzut-o rugându-se. De-a lungul anilor adunase multă neascultare faţă de Dumnezeu şi de aceea nu mai putea să comunice cu Domnul. Nici lucrările Duhului Sfânt nu se mai arătau prin ea.

Dumnezeu luase deja darurile Sale de la ea. Mai mult, deoarece erau alţi lideri ai grupului de închinare care creşteau în credinţă, ea simţea că poziţia sa era ameninţată şi astfel invidia şi gelozia ei au ieşit la iveală. Am sfătuit-o să se pocăiască pe deplin în faţa lui Dumnezeu:

- Când te vei retrage la munte pentru rugăciune, te rog să te pocăieşti cu adevărat şi să dai la o parte zidurile de păcate.

Răspunsul ei m-a surprins:

- Te-am urmărit de-a lugul ultimilor şaptesprezece ani şi niciodată nu ai încălcat poruncile. Duci o viaţă fără pată şi de aceea Dumnezeu te iubeşte atât de mult.

Totuşi, după ce a spus acestea, nu s-a dus la munte să se roage. Cu totul surprinzător, a devenit jucătorul cheie într-un plan perfid de trădare. Deoarece păcatele ei fuseseră date la iveală în biserică şi nu se mai putea ascunde, s-a întâlnit cu cei care părăsiseră biserica şi a pus la cale un complot împreună cu aceştia.

A răspândit multe zvonuri mincinoase şi a tipărit nişte materiale pe care le-a distribuit la diferite asociaţii bisericeşti, presei, şi mai multor pastori de diverse confesiuni. Le-a dat publicităţii şi le-a difuzat pe internet. Împreună cu ceilalţi a fabricat multe motive pentru ca eu să fiu acuzat de erezie şi în scurt timp numărul motivelor a ajuns la câteva sute. Au prezentat documente false posturilor de televiziune care îmi transmiteau predicile, în încercarea de a opri transmiterea acestora.

Voia să mă distrugă. Dorea să devină ea liderul bisericii şi să preia conducerea întregii biserici. A deschis o biserică lângă biserica mea şi a născocit poveşti ciudate pe care apoi le-a răspândit.

Cu ajutorul unor martori mincinoşi, a scris nişte scrisori şi a înregistrat nişte casete pe care le-a distribuit. Planul ei era să-i deruteze pe membrii bisericii noastre şi să-i facă să se îndrepte spre biserica ei. A trebuit să-i anunţ pe membrii bisericii de acest fapt şi să clarific situaţia.

Vedeam cum minciuna câştiga teren ajungând aproape de înfrângerea adevărului.

Când soția lui Potifar l-a ispitit pe Iosif acesta a refuzat-o categoric. În Geneza 39:12 scrie că: *„ea l-a apucat de haină, zicând: «Culcă-te cu mine!» El i-a lăsat haina în mână și a fugit afară din casă."*

Soția lui Potifar a mințit spunând că Iosif a încercat să-și bată joc de ea, iar când ea a țipat el și-a lăsat haina lângă ea și a fugit. Potifar s-a mâniat foarte tare când a auzit spusele soției sale. Nu l-a întrebat nimic pe Iosif, ci doar l-a închis în locul în care erau închiși prizonierii împăratului. Este foarte posibil să fim induși în eroare, dacă ținem cont doar de afirmațiile unei singure persoane.

Iosif a fost acuzat pe nedrept și trimis în închisoare, însă el a tăcut deoarece familia stăpânului său s-ar fi destrămat dacă ar fi spus adevărul. În temniță Iosif a rămas fără prihană în mijlocul lucrurilor rele pe care le-a văzut în jurul lui.

Câtă vreme a locuit în casa lui Potifar, Iosif a învățat să administreze moșia acestuia. În închisoare, a învățat multe despre politică. Cu toate că fusese întemnițat, Dumnezeu a vegheat asupra lui și în cele din urmă Iosif a devenit mare dregător al Egiptului. Astfel, Dumnezeu i-a dovedit nevinovăția.

Călăuzire divină în organizarea întâlnirilor de trezire spirituală şi vindecare

În luna noiembrie a anului 1998, a început cea de-a doua încercare. Printre pastorii bisericii noastre era şi grâu şi neghină. Una dintre familii însă primise mult har de la Dumnezeu.

În anul 1989, trei membri ai acestei familii, inclusiv mama pastorului, au fost la un pas de moarte din cauza intoxicaţiei cu gaz, dar, după ce m-am rugat pentru ei, toţi s-au vindecat complet, fără niciun fel de efecte secundare. Erau o familie numeroasă şi mulţi dintre ei trăiseră experienţa vindecării de boli incurabile prin rugăciunea mea.

Au primit foarte mult har şi nemăsurată dragoste de la Dumnezeu, dar au devenit tot mai aroganţi pe măsură ce erau mai apreciaţi în biserică şi ocupau poziţii mai importante. I-am oferit pastorului multe ocazii să se pocăiască, dar el a continuat aşa până la capăt. Aşa cum s-a dovedit mai târziu, pastorul a sustras documente confidenţiale păstrate în mod discret la biserică. Faptele lui extrem de păcătoase au fost date pe faţă.

Odată ce păcatele lor au fost scoase la iveală, familia pastorului a părăsit biserica. Au deschis o biserică în imediata apropiere a bisericii mele şi au împraştiat zvonuri mincinoase printre membrii bisericii încercând să îi determine să meargă la biserica lor.

În tot acest timp, au existat şi alţi pastori principali care au părăsit biserica animaţi de dorinţe egoiste. Cu toţii au făcut front comun şi au răspândit zvonuri false pentru a-i înşela pe membrii bisericii, încercând să-i determine să meargă la bisericile lor. La început, erau uniţi de interesele lor personale, dar când au intervenit divergenţe de opinie, între ei s-au iscat animozităţi şi au apărut dispute.

Dumnezeu, care cunoaştea uneltirile lui Satan, mi-a pus în inimă dorinţa să organizez o întâlnire de trezire spirituală şi vindecare. Încă din prima săptămână a lunii noiembrie, timp de 6 săptămâni, zilnic au fost bolnavi vindecaţi. Au fost tămăduiţi chiar şi unii oameni care fuseseră afectaţi de poliomielită. Mulţi s-au ridicat din scaunul cu rotile şi au umblat, iar diverse tipuri de cancer au dispărut fără urmă. Numeroşi oameni au experimentat minunile lui Dumnezeu.

De vreme ce semnele despre care citim în Biblie ni se arătau în fiecare zi, mie nu-mi rămânea decât să Îi dau slavă Lui Dumnezeu. Dumnezeul Viu ne-a arătat că ne iubeşte şi că a fost, este şi va fi cu noi. Prin înţelepciunea Sa, Dumnezeu a ajutat pe membrii bisericii să treacă prin aceste încercări arătându-le toate acele semne.

În noiembrie 1998, o doamnă mai în vârstă, Boonneum Kim, a venit să îşi viziteze fiul în Seul. Avea spatele încovoiat din cauza

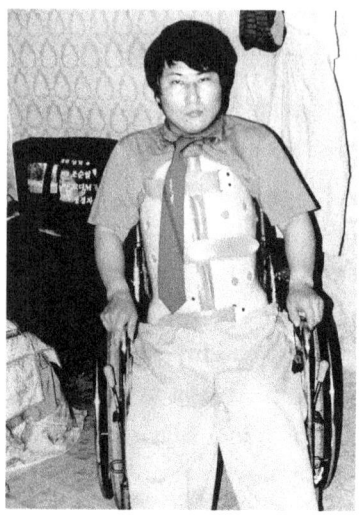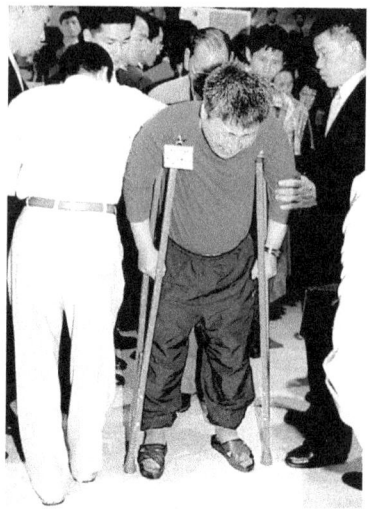

Yoonsup Kim înainte de vindecare, în
cărucior, cu protezele pentru coloană

Primind rugăciune la întâlnirea de trezire
spirituală din 1999

muncilor grele de la câmp. Suferea astfel de vreo zece ani şi îi
părea rău că nu putea nici măcar în joacă să-şi ducă nepoţica în
cârcă.

La rugămintea fiului ei, a participat la întâlnirea de vindecare.
După ce a primit rugăciunea, spatele ei care era încovoiat într-un
unghi de 90 grade s-a îndreptat şi ea L-a slăvit pe Dumnezeu.

Înainte de întâlnirea de vindecare din noiembrie 1998,
Yoonsup Kim suferea de invaliditate de gradul I care îl făcuse
complet neputincios. Nu se putea deplasa de loc fără scaunul
cu rotile. În mai 1990, în timp ce lucra la o instalaţie electrică în
Daejeon, a căzut de la etajul 5 al unei clădiri.

A fost dus la spital unde a rămas în stare de inconştienţă vreo

Vindecat complet şi cu o familie fericită

şase luni de zile. A avut fracturi la nivelul vertebrelor a IV-a şi a V-a toracice şi a XI-a şi a XII-a lombare. Starea sa era critică. Îi fusese afectat şi ficatul.

După ce a urmat diverse tratamente medicale şi a făcut terapie, în anul 1993, a fost în cele din urmă diagnosticat cu invaliditate de gradul I. În timpul zilelor sale de suferinţă, a venit în contact cu Evanghelia prin intermediul unor vecini şi astfel a ajuns să participe la întâlnirea de vindecare.

Nici la baie nu putea merge de unul singur, dar, după ce a primit rugăciunea, s-a ridicat din cărucior! În curând nu a mai avut nevoie de corset pentru spate şi se putea chiar deplasa cu ajutorul cârjelor. De asemenea, se putea întinde pe spate. În mai 1999, adică în următorul an, a participat la Întâlnirea specială de trezire spirituală două săptămâni, iar în data de 12 mai a fost atins de focul puternic al Duhului Sfânt.

Înainte avea nevoie de cârje pentru a putea umbla şi nu i-a fost deloc uşor, dar, după ce focului Duhului Sfânt a atins picioarele lui, a putut să meargă singur. Momentul în care a reuşit să meargă pentru prima dată după nouă ani de la accident a fost extrem de emoţionant. Mai târziu s-a şi căsătorit, iar acum are o fiică frumoasă.

Dumnezeu i-a învăţat pe membrii să-şi cureţe hainele

Dumnezeu dorea ca eu şi membrii bisericii să biruim prin bunătate şi dragoste. Unul dintre motivele pentru care Dumnezeu a permis încercările prin care am trecut, a fost acela de a-mi da putere să duc la îndeplinire chemarea la misiunea mondială. Un alt motiv a fost că El dorea ca toţi membrii bisericii să îşi cureţe hainele. Cu alte cuvinte, dorea ca ei să-şi taie inimile împrejur, să se lepede de păcate şi să se sfinţească.

I-am sfătuit pe membri să nu asculte, să nu vorbească şi să nu se uite la nimic ce nu era adevărat. Dumnezeu vrea să avem buzele sfinţite. În acest fel, oamenii nu vor mai judeca, acuza sau defăima pe ceilalţi, întunericul nu va mai putea pătrunde iar duşmanul diavolul nu va mai produce tulburare.

Satan nu îi poate acuza pe credincioşii care trăiesc în lumină. Datorită încercării la care a fost supusă biserica, membrii ei au avut posibilitatea să cunoască adevărul şi să se regăsească pe ei înşişi. Cu toate acestea, câţiva dintre ei s-au întâlnit cu cei care răspândeau neadevăruri, au fost induşi în eroare şi au părăsit biserica.

În decembrie 1998, Dumnezeu m-a îndemnat să mă rog pentru a primi de la El puterea de a învia morţii, aşa cum Isus l-a înviat pe Lazăr. Dacă aş primi putere să readuc la viaţă o persoană moartă prin rugăciune în numele lui Dumnezeu, aş putea împlini în scurt timp chemarea la misiunea mondială.

Puterea lui Dumnezeu însă nu ni se dă cu uşurinţă. Avem nevoie de o măsură de credinţă corespunzătoare pentru care trebuie să trecem prin încercări purificatoare, căci doar astfel vom putea atinge cel mai înalt nivel de dragoste şi bunătate.

Dumnezeu a primit bucuros perioada de timp pe care am dedicat-o rugăciunii

În anul 1998, în timp ce treceam prin aceste încercări cutremurătoare, mi-am pierdut pofta de mâncare. De asemenea, mă rugam cu multă durere în suflet. Astfel, în scurt timp am slăbit şi mă simţeam sleit de puteri.

Cum au putut să plece aşa dintr-o dată, transformându-se în prigonitori, aceia care văzuseră şi trăiseră atâtea lucrări şi minuni ale lui Dumnezeu şi care ascultaseră Cuvântul Adevărului? Gândidu-mă la faptele lor rele, nu puteam decât să mă mâhnesc şi să îi compătimesc.

După cele şase săptămâni în care m-am rugat cu toată puterea mea pentru oamenii bolnavi, eram extenuat şi slăbisem mai bine de zece kilograme. Simţeam că nu mai am putere nici să merg. Dacă mai continuam să slăbesc, nu aş mai fi fost în stare să predic. Într-una din zile, în timp ce mă rugam, Dumnezeu mi-a spus să dedic o perioadă de timp rugăciunii.

„Retrage-te la munte şi dedică un timp special rugăciunii. Roagă-te pentru misiunea mondială. În locul puterii trupeşti pe care ai pierdut-o îţi voi da putere de sus. A sosit timpul acum să te rogi şi pentru a primi puterea de a învia morţii."

În ianuarie 1999, m-am dedicat rugăciunii timp de o lună. Dumnezeu a pus în inima mea dorinţa de a mă ruga pentru misiunea mondială şi pentru ca voia Sa să se împlinească la sfârşitul vremurilor. Dumnezeu mi-a dezvăluit o putere mai mare decât cea care învie morţii. El m-a îndemnat să mă rog pentru a primi „Putere peste putere."

Dumnezeu a primit cu bucurie primul meu angajament de rugăciune şi mi-a oferit răspunsuri la multe întrebări. Unul dintre cele mai uimitoare lucruri care s-au întâmplat a fost că mi s-a modificat chiar şi conformaţia trupului şi am dobândit mai multă tărie. Aceste lucruri m-au luat şi pe mine prin surprindere. În tinereţe îmi doream să am un bust în formă de triunghi răsturnat, iar dorinţa îmi fusese împlinită şi aveam acum un piept puternic, bine dezvoltat şi umeri laţi.

Abdomenul meu a devenit suplu iar talia relativ mică şi eram plin de energie ca atunci când aveam de douăzeci de ani. Dumnezeu a schimbat până şi forma trupului meu pentru a-mi permite să mă implic în lucrări mari fără a obosi.

Duşmanul diavolul a încercat să mă distrugă, dar Dumnezeu m-a protejat. Mi-a făurit un trup puternic într-o clipită. Diaconul care-mi conducea maşina a fost şi el foarte surprins şi mi-a făcut fotografii. Pastorii asistenţi au fost şi ei uimiţi atunci când m-au văzut.

Capitolul 3

Ce gândea Isus în timp ce urca pe Golgota cu crucea în spate?

Începutul celei de-a treia încercări

După încheierea primei perioade de timp pe care am dedicat-o în întregime rugăciunii, mi-am mai luat astfel de angajamente de rugăciune o dată pe lună, până în aprilie. În timp ce mă rugam, în toate aceste patru ocazii, îmi stăpâneam cu greu sentimentul de mâhnire, care mă năpădea ori de câte ori îmi aminteam de cei care au părăsit biserica şi au lansat o campanie de defăimare împotriva mea şi a bisericii. Nu mă puteam ruga aşa cum ar fi trebuit.

În luna aprilie a anului 1999, Dumnezeu mi-a vorbit în timp ce mă rugam. Mi-a spus că nu îi va ierta pe cei care făcuseră rău şi că, pentru că paharul rugăciunilor mele se umpluse, El îşi va face cunoscută lucrarea care transcende limitele impuse de timp şi spaţiu. Chiar înainte de aceasta, multe persoane din alte ţări fuseseră vindecate prin rugăciunea primită prin intermediul internetului. Dumnezeu m-a înştiinţat că această lucrare va lua amploare.

Domnul mi-a spus:

- *Slujitorul meu, nu te mai ruga pentru cei care ţi-au adus învinuiri şi te-au părăsit. Nu te întrista, indiferent de situaţiile în care vor ajunge. Nu îi voi mai ierta. Nu voi mai ierta pe nimeni care tulbură această biserică.*

Câţiva dintre pastorii care au plecat din biserică s-au asociat cu alţii, care şi ei părăsiseră biserica. Pe măsură ce faptele lor rele erau date în vileag, aceştia au urzit planuri pline de răutate. Una dintre aceste persoane era o femeie pastor care era stăpânită de invidie şi se lăsa condusă de Satana.

Aceia care părăsiseră biserica pentru foloase personale au născocit planuri menite să o distrugă. S-au asociat pentru beneficii personale, şi s-au despărţit când interesele lor nu au mai coincis.

În luna aprilie a anului 1999, după ce am încheiat cea de-a patra perioadă de timp dedicată rugăciunii, Dumnezeu m-a prevenit că va urma un al treilea test. Era voia lui Dumnezeu ca, dacă treceam această încercare, să îmi dea putere nelimitată, fapt la care nici Satana să nu poată obiecta.

Dumnezeu mi-a spus că întâlnirea de trezire spirituală din acel an va avea parte de multă publicitate şi că vom deveni cunoscuţi în toată lumea prin difuzarea acesteia. În timpul predicii, le am spus membrilor bisericii că transmisiunea va avea ecou puternic, dar nu mi-am putut închipui incidentul ce avea să se producă la postul de televiziune.

Oamenii de radio şi televiziune trebuie să-şi păstreze obiectivitatea

În luna mai 1999, am organizat o întâlnire specială de trezire spirituală de două săptămâni. Când toate planurile lor de a mă distruge au eşuat, aceştia au apelat ca ultimă resursă la emisiunile posturilor publice de radioteleviziune.

Au urzit un plan pentru a distruge biserica prin emisiunile acestora. Au trimis documente false şi martori mincinoşi la echipa de la „Producer's Note" de la Compania de Radioteleviziune Munhwa -MBC (Munhwa Broadcasting Corporation).

Pe data de 15 aprilie 1999, echipa de la „Producer's Note" a realizat o emisiune pe baza informaţiilor false primite, pe care a decis să o difuzeze în 4 mai.

Este un fapt indiscutabil că realizatorii de emisiuni de radio şi televiziune trebuie să fie obiectivi, şi că este obligatoriu pentru ei să verifice autenticitatea şi credibilitatea informaţiilor primite. Ceea ce urma să fie difuzat era foarte departe de adevăr şi, cunoscând aceasta, lucrătorii bisericii le-au cerut să nu difuzeze un asemenea program tendenţios.

Le-am comunicat realizatorilor emisiunii că, peste puţin timp, era programat un eveniment important, „Întâlnirea specială de trezire spirituală" şi din acest motiv nu le puteam acorda sprijinul pe deplin, decât după încheierea întâlnirii.

Cu toate acestea, echipa de la „Producer's Note" a venit la mine acasă în ziua de 7 mai, pentru a-mi lua un interviu. Nu şi-au anunţat intenţia, ci doar au apărut la uşă cu aparatul de filmat şi au solicitat un interviu. Nici măcar nu am ştiut că au venit la mine acasă, pentru că nu m-a informat nimeni.

Aşa cum fac de obicei, am plecat de acasă către biserică pentru serviciul de vineri noaptea. Nu obişnuiesc să întârzii, iar dacă s-a întâmplat vreodată să ajung mai târziu chiar şi cu un minut am postit ca semn de pocăinţă.

Lucrătorii bisericii, care ştiau acest lucru, le-au explicat clar realizatorilor emisiunii că nu puteam să le acord interviul în ziua respectivă. Ulterior, aceştia au declarat că ei au oferit bisericii şansa să-şi exprime punctul de vedere printr-un interviu, dar eu i-am evitat.

Lumea întreagă a fost luată prin surprindere

Lucrătorii bisericii au înaintat o acţiune în instanţă, solicitând o hotărâre provizorie de interzicere a difuzării emisiunii. Ca urmare a aprobării cererii noastre emisiunea urma să fie amânată cu o săptămână. În 11 mai, instanţa a hotărât ca unele părţi din program să nu fie difuzate.

După ce s-a pronunţat hotărârea instanţei, lucrătorii bisericii s-au întâlnit cu realizatorii şi i-au rugat să difuzeze emisiunea după terminarea întâlnirii de trezire spirituală şi doar după verificarea informaţiilor folosite. Ne-au ignorat însă cererea, spunând că emisiunea fusese deja programată.

Cea de-a şaptea zi a întâlnirii de trezire spirituală era pe data de 11 mai, iar emisiunea urma să fie transmisă în aceeaşi zi, la ora 11 noaptea. Ca de obicei, întâlnirea de trezire spirituală s-a terminat pe la ora 10:20 noaptea, însă în seara aceea s-a produs un eveniment neprevăzut. După terminarea întâlnirii, m-am întors acasă, iar a doua zi lucrătorii bisericii mi-au dat o vestea şocantă.

În jurul orei 10:20 noaptea, în ziua precedentă, după

încheierea întâlnirii de trezire spirituală, câțiva membri ai bisericii au mers la postul de televiziune pentru a protesta. Ei știau că emisiunea urma să prezinte informațiile în mod denaturat și din acest motiv au mers la televiziune pentru a-și exprima dezaprobarea. Au ajuns la postul de televiziune pe la ora 11:05 noaptea.

Mai întâi au ajuns la postul de televiziune aproximativ douăzeci, treizeci de membri ai bisericii, și, pentru că la poarta principală nu erau agenți de pază, au intrat în clădire. La etajul patru, s-au întâlnit cu câțiva angajați, pe care i-au întrebat unde era regia de emisie. Unii le-au spus că este la etajul patru, alții că ar fi la etajul șapte, așa că membrii bisericii s-au împrăștiat să caute încăperea cu pricina.

Unii dintre ei au ajuns la etajul doi și au observat o ușă întredeschisă. Au intrat în încăpere și au văzut un perete plin de monitoare TV, la care au urmărit emisiunea despre biserica noastră.

Văzând că se prezintă asemenea acuzații nefondate la adresa bisericii, s-au supărat foarte tare și au început o discuție în contradictoriu cu angajații televiziunii, cărora le ceruseră să întrerupă difuzarea emisiunii. Cineva a decuplat comutatorul și transmisiunea s-a oprit. Întâmplarea a ajuns cunoscută în întreaga lume.

Trebuie să respectăm legea

Întotdeauna, i-am învățat pe oameni să se supună nu numai poruncilor lui Dumnezeu, ci și legilor statului, în toate problemele, fie ele minore sau majore. Cei mai mulți dintre membrii bisericii se supun legii, slujesc societatea și trăiesc ca „sare și lumină" în lume.

În acea zi însă, unii dintre membrii bisericii nu s-au putut stăpâni și au încălcat legea. Biserica noastră a avut de suferit mari prejudicii. Chiar dacă aveam dreptate, nu eram îndreptățiți să încălcăm legea.

Pentru a-i tempera pe cei care se aflau în regia de emisie, pastorul Hyeonkwon Joo s-a urcat pe un fel de masă.

- Nu faceți rău nimănui și nu stricați aparatura. Nu atingeți nimic. Vă rog să plecați de aici cât mai repede.

La știri, însă, acest incident a fost comunicat ca și când pastorul Joo ar fi fost cel care instiga mulțimea.

Cei de la postul de televiziune i-au acuzat pe toți membrii bisericii că s-au comportat ca niște persoane turbulente. Au tăiat sunetul și au editat materialul, prezentând doar imaginile, fără sonor, iar reportajul care a fost difuzat în cele din urmă era exact contrariul celor întâmplate în realitate.

În posturile de televiziune, sunt multe cabluri încâlcite în spatele monitoarelor. Pe masa din regia de emisie se afla o cameră de luat vederi dezasamblată, cu lentilele demontate, probabil pentru unele reparații. La buletinul de știri însă au fost prezentate imagini cu cablurile încâlcite și camera de filmat demontată, afirmându-se că noi am provocat stricăciuni majore aparaturii.

Telespectatorii, care nu știau ce se întâmplase de fapt, au dat crezare știrilor.

În urma acestui incident, ni s-a creat o imagine negativă, fiind acuzați că am ocupat cu forța un post de televiziune și am întrerupt emisia. Mulți dintre membrii bisericii, care își trăiau viața în mod cinstit, și-au pierdut buna reputație din cauza acestui incident.

Bineînțeles că nu fusese ceva planificat. A fost un eveniment neprevăzut, dar a trebuit să cerem iertare oamenilor pentru problemele cauzate. Ne-am prezentat scuzele printr-o declarație oficială pe care am trimis-o ziarelor *Chosun Ilbo, Dong-A Ilbo, Hankyere Shinmun* și altor cotidiene foarte cunoscute din Coreea.

După părerea mea, este posibil ca angajații postului de televiziune să se fi așteptat ca membrii bisericii să se deplaseze la televiziune pentru a protesta, din moment ce aleseseră să difuzeze o emisiune tendențioasă, cu argumente nefondate, care aducea acuzații unei biserici foarte mari. Dacă la intrarea în postul de televiziune ar fi existat agenți de pază, membrii bisericii nu ar fi putut intra atât de ușor în clădire.

Presa a afirmat că biserica noastră planificase această acțiune în cele mai mici detalii. Poliția i-a chemat la interogatoriu pe mulți dintre membrii bisericii care au fost la postul de televiziune și a constatat că totul se întâmplase în mod neprevăzut.

S-a realizat o emisiune pe baza unor informații false, primite de la cei care încercau să distrugă biserica și, din cauza acestei emisiuni, nu doar biserica, ci și membrii acesteia s-au confruntat cu probleme serioase. Au fost etichetați drept membrii ai unei biserici agresive. Mulți dintre membrii mai tineri au fost tratați la școală ca niște paria, iar mare parte din ei nu au mai putut veni la biserică după aceea.

Un cetăţean onest îşi pierde slujba

Pe vremea aceea, diaconul Ikseon Yu era ofiţer de poliţie, cu rang superior. Fusese poliţist timp de douăzeci de ani şi era apreciat pentru devotamentul său în carieră. De asemenea, el trăia ca un bun creştin şi făcuse cunoscută Evanghelia multor oameni. Câţiva dintre cei care au părăsit biserica însă au încercat să îl trimită la închisoare şi au furnizat informaţii mincinoase poliţiei şi posturilor de televiziune.

L-au acuzat că a coordonat acest incident şi că a intrat în clădirea postului de televiziune alături de ceilalţi membri ai bisericii. Pentru presă a devenit un subiect de interes faptul că, potrivit zvonurilor, un ofiţer de poliţie a dirijat un astfel de incident.

Autorităţile poliţieneşti l-au chemat la secţie pentru investigarea cazului. Presa scrisă şi televiziunea susţineau că, după toate probabilităţile, un ofiţer activ de poliţie intervenise intenţionat în acel incident. În 17 mai, la ştirile de la ora 9 de la

MBC, s-au relatat următoarele:

> „Poliția a declanşat o anchetă în privința acuzațiilor aduse ofițerului Yu de la secția de poliție Yangcheon, pentru rolul de conducător jucat în ocuparea sediului postului de televiziune Munhwa Broadcasting Corporation. Rezultatele arată că ofițerul Yu se afla în acea zi la biserică, după orele de serviciu, şi, deşi ştia că membrii bisericii vor merge la postul de televiziune, nu a raportat acest fapt poliției..."

În realitate însă rezultatele anchetei poliției au demonstrat că el se afla la biserică în momentul în care ceilalți membri se îndreptau spre postul de televiziune şi a telefonat la televiziune, în timp ce aceştia erau pe drum, pentru a-i anunța de venirea celor de la biserică.

Pentru ca adevărul să iasă la iveală, el s-a adresat Comisiei de arbitraj a presei, solicitând să fie retrase acuzațiile împotriva sa şi să fie dată publicității o dezmințire, dar a trebuit să renunțe din cauza unei alte persoane. A fost anchetat de poliție timp de o lună şi jumătate, dar nu s-au găsit niciun fel de dovezi în sprijinul vinovăției sale. Concluzia anchetei a fost că era nevinovat.

După aceea, a mai lucrat ca ofițer de poliție un an şi jumătate, dar a fost tot timpul sub observație. Oamenii îl priveau cu suspiciune, aşa că, în cele din urmă, a decis să îşi dea demisia. Un cetățean onest şi devotat, un bun polițist, a ajuns să fie privit aproape ca un infractor din cauza unor acuzații false. În final, a fost nevoit să demisioneze.

Planurile lui Dumnezeu se împlinesc întotdeauna

Pe data de 3 mai 1999, a început Întâlnirea specială de trezire spirituală de două săptămâni având titlul *„Dumnezeu este Dragoste"* (1 Ioan 4:16). Dumnezeu a făcut multe semne şi minuni şi lucrări extraordinare pe tot parcursul acestei întâlniri.

Napshim Park avea 85 de ani. Ea frecventa biserica din Goesan, provincia Choongbook. A fost mişcată de predicile de la biserica noastră pe care fiul ei i le-a trimis. Ea nu vedea cu ochiul stâng din naştere şi avea pleoapa căzută peste ochi.

La vârsta de treizeci de ani, un unchi din partea soţului ei a pălmuit-o pentru credinţa ei în Domnul Isus, iar în urma loviturii i s-a spart timpanul. De atunci şi-a pierdut auzul la urechea dreaptă. Dar, în ziua de 3 mai 1999, prima zi a întâlnirii de trezire spirituală, a început să vadă cu ochiul stâng şi să audă din nou cu urechea dreaptă.

Vedea clar cu ochiul stâng pentru prima dată în 85 de ani, iar urechea ei dreaptă, cu care nu mai auzise de 55 de ani, a fost de asemenea vindecată.

A participat la întâlnire şi Heekyeong Song, care fusese vindecată cu doi ani înainte. Ea s-a născut prematur, la 7 luni. Avusese poliomielită în fragedă copilărie şi de atunci nu-şi putea mişca braţul si piciorul stâng.

Se vindecase parţial prin tratament, dar piciorul stâng îi era cu 4 cm mai scurt decât dreptul. Avea spatele încovoiat şi bazinul răsucit şi suferea de dureri puternice. În copilărie, pentru că şchiopăta, ceilalţi copii şi-au bătut joc de ea.

A intrat la facultate în 1997 şi a participat pentru prima dată la ediţia a cincea a Întâlnirii speciale de trezire spirituală. Pe data de 6 mai 1997, m-am rugat pentru ea în prima sesiune de rugăciune pentru bolnavi. Picioarele i s-au înzdrăvenit şi a început să sară de bucurie.

În acel moment, s-a produs o minune. Piciorul ei stâng atingea acum pământul. În urma unui control medical, a aflat că piciorul care-i fusese cu 4 cm mai scurt se lungise. Spinarea încovoiată şi bazinul răsucit se îndreptaseră şi ele. De atunci, ea s-a căsătorit, are doi copii şi o familie fericită.

După ce „Producer's Note" a difuzat o emisiune despre biserica noastră, mulţi reporteri de la canalele CNN, ABC, BBC, NHK au venit la noi la biserică. Au filmat şi au făcut fotografii în timp ce urmăreau minunile care se întâmplau în cadrul întâlnirii de trezire spirituală.

Unii dintre ei au trimis la sediul central reportajele despre orbii care îşi recăpătau vederea, oamenii care îşi aruncau cârjele şi despre cei care se ridicau pe picioarele lor din cărucioare. Ei relatau ceea ce se întâmpla de fapt.

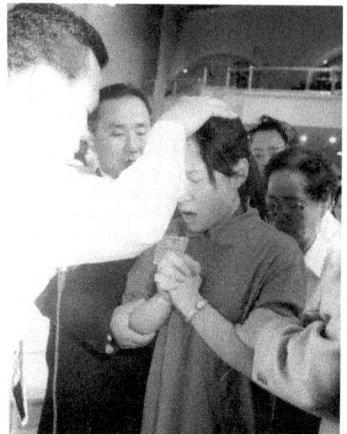
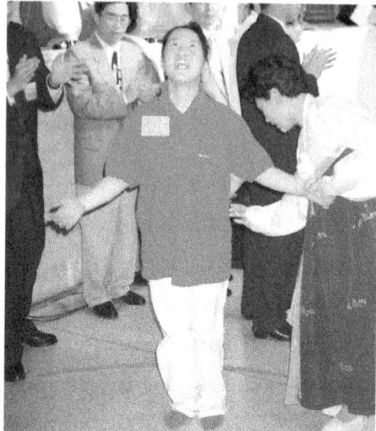

Sus: Primind rugăciune la întâlnirea de trezire spirituală (1997)
Jos: Familia lui Heekyeong Song

În urma incidentului cu postul de televiziune, nu m-am întors acasă timp de câteva luni, ci am rămas la biserică, rugându-mă. Din cauza mâhnirii şi a şocului, am slăbit atât de mult încât îmi tremurau picioarele.

Până atunci biserica noastră făcuse multe lucruri bune. Am organizat multe activităţi pentru dezvoltarea bisericilor creştine, dar şi acţiuni sociale. Nu am provocat niciun fel de probleme în societate.

Multe familii aflate în pragul divorţului au devenit nişte familii fericite. Foarte mulţi oameni au fost vindecaţi şi duceau acum o viaţă sănătoasă. Mai erau şi cei care au venit pentru prima dată la biserică nevoiaşi, dar trăindu-şi viaţa după Cuvântul lui Dumnezeu, au fost binecuvântaţi financiar şi au ajuns să prospere.

Fiind un post public de televiziune nu avea niciun motiv să facă cunoscute lucrările bune ale bisericii. În opinia acestuia toate bisericile mari au probleme, iar ceea ce s-a întâmplat a fost probabil asemănător unei „vânători de vrăjitoare."

Dacă cineva le prezintă nişte informaţii false, ei redactează un scenariu şi realizează un reportaj fără a ţine seama de adevăr, săvârşind astfel un abuz. Faptul că există un post de televiziune dispus să realizeze materiale atât de părtinitoare depăşeşte orice putere de înţelegere. Era evident însă că faptele mai puţin chibzuite ale unora dintre membrii bisericii mi-au creat dificultăţi în plus.

Singurul lucru care mi-a rămas de făcut a fost să meditez la suferinţele Domnului Isus, care a purtat crucea în tăcere. Tot ce puteam face era să postesc şi să vărs lacrimi înaintea lui Dumnezeu care cunoaşte totul.

În predicile mele nu am menționat niciodată numele celor care au împrăștiat zvonuri false și au dat declarații neadevărate.

Am fost puternic discreditat, dar dacă aș fi făcut cunoscute greșelile lor, ar fi fost foarte greu pentru ei să se întoarcă. Din acest motiv, am vrut să iau toată vina asupra mea. Lucrătorii de la biserică însă au considerat că, dacă adevărul nu va fi făcut cunoscut, ne vom lovi de multe dificultăți în lucrarea misionară și au dat în judecată postul de televiziune.

În mai 1999, după ce programul „Producer's Note" a fost difuzat, pastorul Jongman Lee, președintele și reprezentantul Asociației Misiunea Mondială de Trezire Creștină, a fost atât de intrigat încât a făcut o vizită bisericii noastre. Este unul dintre pastorii marcanți din Coreea și un bine cunoscut evanghelist, care conduce întâlniri de trezire spirituală, dar nu avusese legături strânse cu biserica noastră până la acel moment.

Ne-a vizitat doar pentru că, după ce a văzut emisiunea difuzată la televizor și-a dat seama că fusesem acuzat pe nedrept. A dat publicității o declarație intitulată: „Cerem emisiuni imparțiale." Următorul pasaj este un fragment din această declarație:

„...când vorbim de religie, trebuie să avem grijă să respectăm caracterul unic și scopul religiei în cauză. Cei din domeniul audiovizualului, în special, trebuie să recunoască faptul că nu au capacitatea de a decide în probleme religioase, mai ales în controversele cu privire la erezie. Tot ceea ce radioteleviziunea poate face este să relateze în mod echitabil punctele de vedere ale ambelor părți..."

Emisiunea recentă de la MBC a mers prea departe. Problemele care țin de religie trebuie adresate folosind metode științifice și de studiu adecvate și acceptabile.

Programul difuzat de MBC însă a ignorat acest tip de abordare și s-a bazat doar pe părerile personale ale anumitor persoane, înfățișate ca reprezentând opinia majorității.

Presa încalcă teritoriul religiei și împiedică îndeplinirea misiunii și a îndatoririlor proprii acesteia, judecând religia prin prisma unor tipare fără legătură cu religia.

„Consider că acest incident a avut loc din cauză că cei care nu cunosc prea multe despre lumea spirituală au perceput eronat Biserica Centrală Manmin.

În ziua de azi, avem nevoie în mod imperios de lucrările Duhului Sfânt și de trăirea unor experiențe divine. Dacă însă povestim despre aceste experiențe, oamenii le găsesc bizare. Trebuie să vindecăm boala bisericilor din Coreea de a judeca și a condamna pe alții cu aroganță, judecând doar prin prisma propriilor standarde.

Motivul pentru care apreciez Biserica Centrală Manmin este că aici au loc multe lucrări ale Duhului Sfânt și cred că este o biserică marcantă, care ne oferă cel mai bun exemplu de a experimenta puterea Duhului Sfânt.”

Eu nu am urmărit niciodată emisiunea, așa că nu cunosc detalii despre conținutul acesteia, dar din ceea ce mi-au relatat lucrătorii din biserică cu privire la cuprinsul programului, consider că faptele au fost denaturate și acest lucru mă întristează.

Acum, la fel ca și atunci, nu am nicio intenție să scuz pe

nimeni sau să demonstrez cine are dreptate şi cine nu. Când vorbesc despre adevăr, ştiu că acei credincioşi care judecă lucrurile cu înţelepciune vor discerne ceea ce este adevărat.

Oamenii au încredere în posturile publice de radioteleviziune. Programele transmise pe undele de radio şi la televiziune au un impact puternic. Dacă producătorul taie la montaj începutul şi sfârşitul şi editează conţinutul după cum doreşte, rezultatul obţinut va fi foarte diferit de original. Îngăduiţi-mi să vă explic câteva dintre aspectele relatate în programul „Producer's Note."

Întâmplare din Las Vegas

La sfârşitul fiecărei campanii de evanghelizare sau de trezire spirituală pe care o desfăşurăm în străinătate, le acord o perioadă de repaus celor care au participat la organizarea activităţilor. După încheirea campaniei de trezire spirituală din Los Angeles, i-am întrebat ce le-ar plăcea să facă. Majoritatea au vrut să vadă Marele Canion, lucrarea lui Dumnezeu Creatorul. Pentru a ajunge acolo însă trebuia să trecem prin Las Vegas.

În acest oraş sunt multe hoteluri, iar în hoteluri se găsesc cazinouri. Este un lucru obişnuit ca familii întregi sau cupluri de oameni vârstnici să se relaxeze, jucându-se la aparatele de joc cu monede.

Guvernul a legalizat jocurile de noroc, astfel că Las Vegas a devenit un oraş turistic. În mod firesc, cei mai mult dintre turişti sunt atraşi de aceste jocuri.

Desigur, unii cheltuiesc astfel sume mari de bani, mai ales că acum jocurile de noroc din cazinouri au fost integrate culturii de masă şi sunt considerate o modalitate plăcută de agrement.

Când mergem în misiune, filmăm toată călătoria şi facem o prezentare a acesteia în faţa întregii biserici, pentru a da slavă lui Dumnezeu. După terminarea întâlnirii de trezirire spirituală din Statele Unite ale Americii, am povestit membrilor bisericii despre vizita la un cazino în Las Vegas, astfel că toţi cei din biserică au aflat despre această întâmplare.

S-a întâmplat în timpul vizitei la Las Vegas. Unul dintre membri echipei ne-a sugerat să jucăm nişte jocuri la cazino. Nu ştiam nimic despre cazinouri, dar atunci când am ales un aparat, prin călăuzirea Duhului Sfânt şi am introdus monede, am câştigat mult mai multe monede. Aveam credinţă că pot învinge aparatele şi aşa s-a şi întâmplat.

Fiecare dintre membrii echipei a jucat, însă cei mai mulţi au pierdut. Nu li s-a mai părut deloc amuzant după ce au pierdut de câteva ori, aşa că m-au urmărit pe mine.

Indiferent de aparatul la care am jucat, am câştigat de mai mult de zece ori consecutiv. Cu toţii erau foarte surprinşi, dar această întâmplare le-a permis să vadă cum credinţa poate controla chiar şi nişte aparate.

După ce m-am întors la biserică, am povestit despre aceasta şi celorlalţi membri pentru a-i încuraja în credinţa lor. Desigur, aceste jocuri ne pot oferi amuzament, dar nu trebuie să depăşim o anumită limită. Jocurile de noroc nu trebuie văzute ca o sursă de venit nemuncit.

Una dintre persoanele care a părăsit biserica a jucat un rol principal în incidentul cu emisiunea difuzată la televiziune. Această persoană a dat o declaraţie mincinoasă, susţinând că aş fi pierdut zeci de mii de dolari la cazino. Emisiunea „Producer's Note" a prezentat un document, care chipurile cuprindea rubrica

„Cheltuieli pentru jocuri." Au prezentat documentul în asemnea fel încât acesta părea întocmit de biserica noastră, dar biserica noastră nu a emis niciodată un astfel de act; acest act era un fals grosolan.

Pentru a mă defăima au prezentat această foaie de hârtie ca şi cum ar fi fost un document real. Au editat întregul program cu intenţia de a lăsa impresia că am pierdut şi am risipit o sumă mare din banii bisericii pe jocuri de noroc. Ce motive ar fi avut cineva care ar fi pierdut bani la jocurile de noroc, să se asigure că aceste cheltuieli sunt înregistrate, evidenţiate chiar drept „Cheltuieli pentru jocuri"?

„Păstor" este o expresie biblică

Biblia ne spune că Isus este marele Păstor (Evrei 13:20) şi Păstorul cel mare (1 Petru 5:4). Aşadar, ce este un păstor? În Ieremia 3:15 scrie: *„ Vă voi da păstori după inima Mea, şi vă vor paşte cu pricepere şi înţelepciune."* Păstorii vor călăuzi oamenii lui Dumnzeu, cu pricepere şi înţelepciune.

Aici, păstori se referă la cei care pot să dea învăţătură oamenilor lui Dumnezeu foarte bine.

În Ieremia 23:2-4 citim: *„ De aceea, aşa vorbeşte DOMNUL Dumnezeul lui Israel, împotriva păstorilor care pasc pe poporul meu...«Voi pune peste ele păstori care le vor paşte; nu le va mai fi teamă, nici groază, şi nu va mai lipsi niciuna din ele», zice DOMNUL."*

Scrie că aceia care păstoresc poporul lui Dumnezeu sunt păstori. Păstorii sunt cei cărora li s-a încredinţat „turma"

Domnului, marele Păstor, pentru a le da învăţătură şi pentru a le purta de grijă. Chiar şi azi a spune că un pastor este un păstor este potrivit şi este conform cu învăţătura Bibliei.

Multe organizaţii misionare sau organizaţii de misiune universitare folosesc termenul „păstor" pentru cei care dau învăţătură studenţilor, chiar dacă aceştia nu sunt ordinaţi ca pastori. Doar pentru simplul fapt că unii oameni se adresează unui pastor cu „păstor", nu putem să îi condamnăm că ar fi divinizat pastorul.

Neînţelegeri cu privire la a fi una cu Duhul Sfânt în lucrare

Cei care au ieşit din biserică şi au fost cauza testelor şi încercărilor au fabricat nişte documente pline de absurdităţi, ce susţineau că am afirmat că aş fi Dumnezeu şi că am predicat că Dumnezeu ar fi format din patru persoane.

Am rămas înmărmurit, deoarece întotdeauna predic despre trinitatea lui Dumnezeu şi despre faptul că toate lucrările din Biblie sunt adevărate.

Pentru că în biserica noastră Duhul Sfânt se manifestă prin lucrări mari, duşmanul diavolul şi Satan ne urăsc şi încearcă să ne distrugă. Chiar şi astăzi mai există persoane care răspândesc zvonuri false, susţinând că am spus că sunt Dumnezeu sau că sunt Duhul Sfânt.

Întotdeauna am predicat că, dacă ne lepădăm de rele prin rugăciuni arzătoare şi dacă vom ajunge să ne asemănăm tot mai mult cu inima neprihănită, fără pată a Domnului Dumnezeu, putem primi puterea lui Dumnezeu; de asemenea putem avea părtăşie cu Duhul Sfânt şi face lucrări mari prin Duhul Sfânt.

Isus a vorbit despre ce înseamnă a fi una cu Dumnezeu.

În Evanghelia după Ioan, capitolul 17, versetele 21 şi 22, ne sunt redate cuvintele lui Isus: *„mă rog ca toţi să fie una, cum Tu, Tată, eşti în Mine, şi Eu în Tine; ca şi ei să fie una în noi, pentru ca lumea să creadă că Tu M-ai trimis. Eu le-am dat slava pe care Mi-ai dat-o Tu, pentru ca ei să fie una, cum şi noi suntem una."*

Să presupunem că un director general executiv al unei societăţi le spune angajaţilor să fie uniţi, să fie una cu el. Înseamnă să fie una în gândire şi voinţă, dar nu înseamnă că aceşti angajaţi vor deveni directorul general.

Cum mi-aş putea permite vreodată să afirm că sunt Dumnezeu sau Duhul Sfânt! În predicile mele anterioare se poate vedea ceea ce simt şi ce gândesc cu adevărat:

„Mi-au ajuns la urechi tot felul de lucruri. Cum se întâmplă atâtea semne, minuni şi lucrări extraordinare, aud că unii oameni îşi fac probleme că voi ajunge să mă consider Dumnezeu. Fraţi şi surori, credeţi şi voi acelaşi lucru?

În lunga perioadă de şapte ani cât am fost bolnav, familia şi prietenii m-au părăsit. Dumnezeu m-a vindecat într-o clipită. M-am rugat şi am slujit doar Lui. Familia mea, de asemenea, duce o viaţă dedicată Împărăţiei lui Dumnezeu şi neprihănirii Lui.

Ştiţi foarte bine că Dumnezeu, Atotputernicul, a fost cu mine pentru a ne arăta multe semne, minuni şi lucrări extraordinare. Câţi dintre voi nu aţi fost atinşi de mâinile atotputernice ale lui Dumnezeu prin mine în această biserică?

Unii dintre voi aţi primit de la medici sentinţe de moarte. Alţii eraţi şchiopi, sau cu paralizie cerebrală şi cu multe alte boli, dar aţi fost vindecaţi prin rugăciune şi v-aţi însănătoşit. Familiile voastre au auzit Vestea Bună.

Aţi întors spatele lumii, aţi fost eliberaţi de păcate şi întuneric; vă rugaţi şi postiţi toată noaptea pentru a putea trăi după Cuvântul lui Dumnezeu. Alergaţi în cursa credinţei cu nădejdea la Împărăţia Cerească.

Atunci, de ce m-aş autodeclara Dumnezeu? Este de neimaginat. Sunt atâtea mesaje pe care le am predicat, cum ar fi „Mesajul Crucii", în care am mărturisit că trăiesc doar pentru Slava lui Dumnezeu.

Am dat întotdeauna toată Slava lui Dumnezeu. M-aş putea schimba într-o clipă şi să devin ca şi Dumnezeu, ca şi Domnul nostru? Aş putea să tăgăduiesc Biblia?

Sunt persoane care fac asemenea afirmaţii greu de imaginat. Dacă în acest fel îşi exprimă îngrijorarea pentru mine, ştiu oare cât de mult mă rănesc? Cum se poate întâmpla aşa ceva? Dragi fraţi şi surori în Cristos, în niciun caz nu ar trebui să gândiţi sau să spuneţi aşa ceva.

Nu trebuie nici măcar să vă imaginaţi aşa ceva. Dacă mă autoproclam Dumnezeu, vă rog să mă condamnaţi cu toţii şi să părăsiţi această biserică. Există un singur Dumnezeu.

Doar Isus Cristos este Mântuitorul nostru. Dumnezeu este Tatăl, Fiul şi Duhul Sfânt, Dumnezeu Sfânta Treime. Noi credem cele 66 de cărţi ale Bibliei. Ştiu că nu voi, membrii bisericii, spuneţi asemenea lucruri, le pomenesc doar pentru că au ajuns şi la urechile mele." (Extras din predica din 31 iulie, 1998, Lecţii pe cartea Proverbe.)

Am auzit că, în cadrul programului „Producer's Note", s-a afirmat că m-aş fi deificat pe mine însumi. Dovada pe care au adus-o era o scenă în care unii dintre membri bisericii se plecau înaintea mea, însă există o explicaţie pentru aceasta.

În anul 1998, Dumnezeu a deschis ochii spirituali multora din biserică şi le-a dat multe experienţe spirituale. Pe data de 15 mai, într-o zi de vineri, era ziua mea de naştere. Am avut un serviciu de mulţumire condus de Misiunea Femeilor din biserică.

Serviciul s-a ţinut dimineaţa şi am auzit că, pe cer, a apărut un curcubeu dublu, de formă circulară. După terminarea serviciului divin, am ieşit afară şi am văzut un curcubeu circular uriaş.

Din acea zi, de multe ori Dumnezeu face să apară curcubee circulare când avem evenimente importante la biserică. Este un semn al dragostei lui Dumnezeu, prin care ne arată că El este cu noi.

Curcubeul nu a fost singurul lucru neobişnuit. Mulţi dintre membrii bisericii vedeau luminile din lumea spirituală şi particule mici şi strălucitoare, aurii şi argintii, pe care îngerii le presărau în aer. Unii dintre ei au văzut chiar îngeri, aşa că erau cu toţii preocupaţi, uitându-se sus, spre cer, în curtea bisericii.

Este o mare diferenţă între a putea vedea lumea spirituală şi a nu putea. Membrii bisericii şi-au împărtăşit unii altora ceea ce văzuseră. Era vineri şi la ora 23 a început serviciul divin de vineri noaptea. În prima parte avem un serviciu de închinare, iar în a doua parte avem un moment de laudă şi închinare şi un timp de rugăciune.

Persoana care conducea lauda în partea a doua a făcut o plecăciune înaintea mea. Cei care nu sunt familiarizaţi cu obiceiurile coreene trebuie să afle că, în Coreea, se obişnuieşte să-ţi exprimi mulţumirea sau respectul printr-un gest cunoscut drept „plecăciunea adâncă." Se manifestă de obicei faţă de părinţi sau, mai demult, se practica în faţa stăpânilor. Totul s-a petrecut atât de repede.

Acea persoană care a conducea partea de laudă în noaptea aceea a spus că face o plecăciune în faţa mea cu ocazia zilei mele de naştere, ca mulţumire pentru sprijinul pe care i-l oferisem până atunci prin Cuvântul Vieţii. În momentul în care conducătoarea programului de laudă a făcut plecăciunea, diaconii bisericii au urmat-o. Desigur, am înţeles motivaţia lor; era expresia respectului şi a recunoştinţei lor faţă de păstorul care îi învăţase despre harul lui Dumnezeu.

M-am simţit foarte stânjenit şi am încercat să îi opresc. Era prima dată când se întâmpla aşa ceva în istoria bisericii noastre. Persoana care i-a influenţat pe ceilalţi să facă acest gest a părăsit mai târziu biserica. Ea a fost cauza tuturor încercărilor ulterioare.

Au făcut plecăciune în faţa mea nu pentru că îmi slujeau ca unui Dumnezeu, ci pentru a-şi exprima recunoştinţa faţă de mine ca păstor, pentru îndrumarea pe care le-am oferit-o prin Cuvântul lui Dumezeu.

Dar realizatorii programului nu au lăsat să se vadă şi nici nu au explicat că a fost un gest sincer de mulţumire. Au montat programul astfel încât sugera că mie îmi plăcea să fiu venerat şi m-au făcut să par un lider sectant.

Biblia conţine o mulţime de lucruri misterioase

Realizatorii emisiunii „Producer's Note" au colaborat cu Christian Council of Korea-CCK (Consiliul Bisericilor din Coreea de Sud) şi au prezentat biserica noastră ca pe o sectă eretică, căzută în misticism. Comitetul pentru prevenirea şi combaterea ereticilor şi a sectelor din cadrul Consiliului Bisericilor Creştine din Coreea (CCK) s-a grăbit să acuze biserica noastră de erezie pe baza materialelor prezentate de cei care au plecat din biserică.

Comitetul a pomenit şi incidentul în cadrul confesiunii Jesus' Holiness (Sfinţenia lui Isus), care avusese loc în 1990. Am povestit amănunţit ce s-a întâmplat atunci în primul volum al cărţii mele „Viaţa Mea, Credinţa Mea", dar, practic, la momentul respectiv confesiunea Jesus' Holiness a abuzat de autoritatea pe care o avea pentru a mă acuza şi pentru a mă excomunica.

Nu intenţionez să clarific aici caracterul fals al interviurilor respective, nici să elucidez cine a avut dreptate şi cine nu, dar vreau să clarific la ce se refereau când vorbeau de misticism.

Începând cu Geneza şi până la Apocalipsa, conţinutul Bibliei are multe lucruri misterioase, greu de înţeles. Dumnezeu este duh şi El există în a patra dimensiune, care este lumea spirituală. A scris Biblia prin cei pe care i-a ales, profeţii şi apostolii, care erau plăcuţi înaintea Lui.

Profeţii şi apostolii au primit prin inspiraţia Duhului Sfânt ceea ce Dumnezeu avea pe inimă să transmită şi au aşternut totul pe hârtie. Ei au fost doar scriitorii, nu autorii de fapt ai Bibliei.

Să presupunem că o mamă care trăieşte la ţară şi care nu ştie să scrie îşi roagă una dintre vecine să pună pe hârtie ceea ce ar vrea să-i spună fiului ei. Vecina este doar scriitoarea, dar autoarea adevărată a scrisorii este mama.

Biblia ne vorbeşte despre Dumnezeu care este duh. Ne dă învăţătură cu privire la lumea spirituală, la Creaţie şi despre cum a creat Dumnezeu totul din nimic. Biblia este plină de lucruri care nu pot fi înţelese prin logica omenească.

Dumnezeu a coborât pe muntele Sinai şi a vorbit cu Moise, corbii i-au adus pâine şi carne lui Ilie, Petru a ieşit din închisoare călăuzit de un înger, iar Isus va veni a doua oară în sunet de trâmbiţe. Cum am putea să credem aceste lucruri dacă ne-am baza doar pe întelegerea şi logica omenească?

În Exod 19:18-19 ni se relatează: *„Muntele Sinai era tot numai fum, pentru că Domnul Se pogorâse pe el în mijlocul focului. Fumul acesta se înălţa ca fumul unui cuptor, şi tot muntele se cutremura cu putere. Trâmbiţa răsuna tot mai puternic. Moise vorbea, şi Dumnezeu îi răspundea cu glas tare."*

„[Ilie] S-a culcat şi a adormit sub un ienupăr. Şi iată,

l-a atins un înger şi i-a zis: «Scoală-te şi mănâncă.» El
s-a uitat, şi la căpătâiul lui era o turtă coaptă pe nişte
pietre încălzite şi un ulcior cu apă. A mâncat şi a băut,
apoi s-a culcat din nou. Îngerul Domnului a venit a doua
oară, l-a atins, şi a zis: «Scoală-te şi mănâncă, fiindcă
drumul pe care-l ai de făcut este prea lung pentru tine.»
El s-a sculat, a mâncat şi a băut; şi, cu puterea pe care
i-a dat-o mâncarea aceasta, a mers patruzeci de zile
şi patruzeci de nopţi până la muntele lui Dumnezeu,
Horeb" (1 Împăraţi 19:5-8).

„*Şi iată, un înger al Domnului a stat lângă el pe*
neaşteptate, şi o lumină a strălucit în temniţă. Îngerul
a deşteptat pe Petru, lovindu-l în coastă, şi i-a zis:
«Scoală-te, iute!» Lanţurile i-au căzut jos de pe
mâini. Apoi îngerul i-a zis: «Încinge-te, şi leagă-ţi
încălţămintea.» Şi el a făcut aşa. Îngerul i-a mai zis:
«Îmbracă-te în haină, şi vino după mine»" (Faptele
Apostolilor 12:7-8).

„*Căci însuşi Domnul, cu un strigăt, cu glasul unui*
arhanghel şi cu trâmbiţa lui Dumnezeu, Se va pogorî
din cer, şi întâi vor învia cei morţi în Cristos" (1
Tesaloniceni 4:16).

Astăzi, dacă vorbim despre lumea spirituală, mulţi oameni ne
acuză spunând că am căzut în misticism. Sunt puţini învăţători
care dau învăţătură adecvată despre lumea spirituală, astfel că
mulţi nu au credinţă adevărată.

Chiar dacă oamenii frecventează biserica, mulţi dintre ei
nu au trăit nicio lucrare a Duhului Sfânt şi prin urmare nu au

siguranţa mântuirii. Mulţi dintre ei nu cred în existenţa raiului şi a iadului şi păcătuiesc la fel ca cei necredincioşi.

Interviul despre contribuţiile financiare impuse

A fost intervievată o persoană care a plecat din biserică. Ea susţinea că a dat prea mulţi bani la colecta bisericii şi din acest motiv afacerea ei a dat faliment şi familia ei a fost ruinată financiar.

A declarat că, în perioada în care câştiga mulţi bani, iar venitul ei se ridica la şase milioane de woni (aproximativ şase mii de dolari), a dat cea mai mare parte din aceşti bani la colectă. Dar verificând registrele am descoperit că era o afirmaţie total neadevărată.

Potrivit spuselor copiilor ei şi ale angajaţilor, ea avea multe datorii, dar nu din cauza colectelor, ci din cauza unor probleme personale. Peste jumătate din venitul ei era necesar pentru a plăti dobânda la credit şi pentru că aceasta nu fusese achitată o perioadă îndelungată, în cele din urmă i-a provocat falimentul.

Fiul acestei femei ştia că mama lui a declarat lucruri neadevărate la interviu, respectând planul celor care au cauzat probleme bisericii. El însă nu a putut să acţioneze în acelaşi mod cu mama sa.

Cu ceva timp înainte de întâmplarea respectivă, am auzit că această familie trece prin dificultăţi financiare şi i-am ajutat personal cu o sumă substanţială. Cu toate acestea, ea a părăsit biserica împreună cu cei care au cauzat toate testele şi încercările şi a dat o mărturie mincinoasă. Nu-mi rămânea decât să mă întristez din cauza ei pentru cele întâmplate.

I-am ajutat pe cei cu probleme financiare, făcând economii la cheltuielile mele. Când aceşti oameni m-au trădat şi au răsplătit binele cu rău, am avut o mare durere în inimă.

Înregistrarea ilegală realizată cu camere ascunse

În luna mai 1999, diaconiţa Hyeonju Kim, una din membrele bisericii noastre, a fost cuprinsă de consternare în timp ce urmărea un interviu cu ea însăşi difuzat în cadrul emisiunii „Producer's Note." La acel moment era însărcinată în luna a cincea şi a fost extrem de marcată.

La sfârşitul lunii aprilie 1999, diaconiţa Kim primise un telefon de la o doamnă pe care nu o întâlnise niciodată, care i-a spus că avea nevoie ajutorul ei. Mânată de compansiune, diaconiţa Kim a acceptat să se întâlnească cu ea. Nici măcar nu şi-a imaginat că aceastã doamnă a filmat-o cu camera ascunsă.

S-au prezentat drept altcineva şi au formulat nişte întrebări înşelătoare care sugerau răspunsul, iar apoi materialul filmat a fost editat astfel încât ceea ce s-a difuzat în emisiune era foarte departe de adevăr.

Diaconiţa Hyeonju Kim a venit la biserica noastră tocmai din Franţa, în aprilie 1998, pentru că dorea vindecarea prin credinţă a fiului ei, Joonsu. Creierul lui nu se dezvoltase suficient şi din această cauză el plângea tot timpul. Ea a participat la întâlnirea de trezire spirituală în care m-am rugat pentru ea. Din acel moment Joonsu a încetat să plângă, iar pupilele lui au devenit normale.

Diaconiţa Hyeonju Kim a experimentat vindecarea divină şi a plecat înapoi în Franţa, unde soţul ei se afla la studii. După ce soţul ei a terminat studiile, s-au întors în Coreea şi au început să frecventeze biserica noastră.

Diaconiţa Kim a rămas însărcinată din nou în 1999 iar fiul lor Joonsu, care se născuse cu probleme de sănătate, a fost chemat la cer. Pentru Joonsu era mai degrabă o binecuvântare să fie mântuit şi să meargă la Domnul, decât să sufere pe pământ.

Cuplul a înţeles că Dumnezeu, în dragostea Sa, le-a luat fiul şi le-a dat un alt copil, aşa că nu erau mâhniţi, ci îşi continuau viaţa de creştini, plini de recunoştinţă.

Diaconiţa Kim a dat mărturia ei de credinţă despre viaţa fericită pe care o ducea şi chiar a îndemnat-o pe doamna aceea să-L primească pe Domnul, însă nimic din toate acestea nu a fost inclus în emisiune. Pe baza numeroaselor întrebări tendenţioase şi în urma unui montaj realizat cu o anume intenţie, emisiunea i-a înfăţişat ca pe un cuplu profund nefericit, trăind în deznădejde.

Am menţionat doar câteva lucruri din acea emisiune despre biserica noastră. De fapt, nu aş mai vrea să pomenesc nimic despre acest subiect. Pentru a clarifica tot ceea ce a fost difuzat în emisiunea „Producer's Note" ar trebui să scriu volume întregi.

Analizând doar câteva exemple, vedem cum se poate distorsiona adevărul în anumite situaţii. A fost o încălcare a obligaţiei de obiectivitate a presei, care a prezentat în mod intenţionat ca adevărate fapte mincinoase. A fost de fapt persecuţie religioasă.

Am amintit doar câteva aspecte cu speranţa că nimeni altcineva nu va trebui să treacă prin aşa ceva din cauza unei asemenea de emisiuni. Dacă se întâmplă ceva similar, reprezintă calomniere personală gravă.

Petiție pentru obținerea dreptului la replică

Biserica noastră a trebuit să facă față unor prejudicii de neimaginat din cauza difuzării unor neadevăruri, așa că am înaintat o cerere la Comisia de arbitraj a presei, pentru arbitraj. Cei de la postul de televiziune însă au spus că nu au nicio intenție să participe la arbitraj și, ca urmare, am depus cerere în instanță pentru obținerea dreptului la replică.

Dreptul la replică este o șansă de a-ți prezenta contraargumentele sau de a explica o anumită situație, oferită celor care susțin că au avut de suferit prejudicii ca urmare a difuzării unui material de presă fără ca veridicitatea conținutului acestuia să fi fost verificată în prealabil.

Este o modalitate de a face dreptate și de a reabilita pe cei care au fost prejudiciați în urma difuzării unor materiale părtinitoare și neadevărate.

Pe data de 14 octombrie 1999, Tribunalul Districtului Sudic,

교회연합신문

1999년 11월 7일 (일요일)

"MBC는 만민중앙교회 반론을 보도하라"

서울지법남부지원 판결 MBC 보도내용 대부분 사실 아닌 것으로 해석

기독교연합신문

1999년 11월 7일(일)

"MBC, 만민교회 반론 보도" 판결

남부지원, 총 14회 걸쳐

'99년 11월 7일

기독교신문

종교관련 한건주의식 선정

만민중앙교회 관련 반론보도

2001년 8월 31일 금요일

조선일보

"MBC PD수첩 만민중앙교회
방영금지 가처분조치 정당"

헌법재판소 결정

제보에만 근거, 적절한 확인절차 없이 방송
남아있는 명예훼손등 소송에 영향 미칠 듯

國民日報

1999년 10월 28일 목요일

MBC 만민중앙교회 관련
반론보도 14건 대거 방송

MBC가 만민중앙교회 이재록 목사에 대한 비리의혹 보도와 관련, 30일까지 방송사상 가장 많은 14건의 반론보도문을 내보낸다. 26일 'PD수첩', 27일 '화제집중, 생방송6시' 첫머리에 반론보도문을 내보낸데 이어, 28일부터 '뉴스데스크' 등 5개 TV 뉴스 프로그램, '아침 종합뉴스' 등 6건의 라디오 프로그램에 이를 방송한다.

din cadrul Curții Districtuale Seul a pronunțat o hotărâre judecătorească care prevedea următoarele:

„MBC este obligată să difuzeze materialul reprezentând dreptul la replică al Bisericii (centrale) Manmin Joong-ang, în conformitate cu orarul, programul, procedura și metoda prevăzute în anexă, de 14 ori într-un număr de 13 emisiuni, incluzând 7 emisiuni televizate și 6 emisiuni radio."

Tribunalul a hotărât totodată că:

„În situația în care nu se supune acestei decizii, MBC este obligată să plătească 5 milioane woni pe zi pentru fiecare drept la replică nedifuzat, începând cu a doua zi după data stabilită de tribunal, până la îndeplinirea efectivă a obligației."

În consecință, potrivit hotărârii judecătorești, MBC a transmis materialul rectificativ la buletinul de știri principal, la știrile de la ora 12, la emisiunea specială de știri (Interest Focus) de la ora 18, la știrile serii etc., în total de 14 ori. Prejudiciile pe care le-am avut de suferit nu au fost însă acoperite decât în foarte mică măsură.

Din invidie, conducătorii religioși îl trădează pe Isus

Tot ceea ce a făcut Isus a fost să predice Evanghelia Împărăției Cerești, să vindece foarte mulți bolnavi și să dăruiască viață multora, dar, din cauză că puterea lui Dumnezeu se manifesta prin El, vindecând orbii, ceea ce nu putea fi făcut prin puterea omenească, fariseii, cărturarii și conducătorii religioși erau invidioşi pe Isus şi îl vorbeau de rău.

Ioan scrie în capitolul 10, versetul 20: *„Mulţi dintre ei ziceau: «Are drac, este nebun; de ce-L ascultaţi?»"* Isus a făcut doar lucruri bune, dar pentru că erau făcute prin puterea lui Dumnezeu, L au condamnat spunând că este nebun.

Când Isus a vindecat pe un îndrăcit orb şi mut, fariseii au spus, după cum relatează Matei 12:24: *„Omul acesta nu scoate dracii decât cu Beelzebul, domnul dracilor!"*

Scotea Isus într-adevăr dracii cu Beelzebul? S-au spus multe neadevăruri de acestea pentru a-L omorî pe Isus. Mulţi oameni L-au ponegrit şi au încercat să-i păteze numele.

Puterea lui Dumnezeu s-a manifestat şi prin apostolul Pavel, prin lucrări extraordinare, iar el a fost la rândul lui acuzat, ca fiind mai marele partidei Nazarinenilor, cum se relatează în Faptele Apostolilor 24:5. În Faptele Apostolilor 26:24 vedem că şi despre el s-a spus că este nebun.

Datorită faptului că puterea lui Duhului Sfânt se manifestată şi prin mine, duşmanul diavolul încearcă mereu să mă distrugă.

Aceia care au fost invidioşi pentru lucrările lui Dumnezeu care au avut loc şi pentru că biserica a crescut, au împrăştiat multe zvonuri false încercând să mă condamne ca eretic.

Biserica zidită pe stâncă nu se poate prăbuşi

După incidentul de la postul de televiuziune, mulţi oameni au crezut că biserica noastră se va închide.

Într-un fel era normal. În anul 1999, în perioada 11-22 mai, biserica noastră a apărut la radio şi la televiziune de 67 de ori, din care de 33 de ori la televiziune şi 34 de ori la radio. Compania de radio televiziune a acuzat biserica noastră folosind informații false, așa că era firesc ca oamenii să gândească astfel.

O biserică zidită pe stâncă nu se poate prăbuși, oricât de mult încearcă puterea întunericului să o zguduie. O biserică întemeiată de Dumnezeu este ținută în mâna Sa puternică.

Când Isus a intrat în Ierusalim, israeliții l-au întâmpinat strigând Osana, dar în curând s-au transformat într-o mulțime care striga cerând să fie crucificat.

Isus a trebuit să fie vândut de unul din ucenicii Săi, pe care l-a iubit și învățat. Când Isus a fost arestat, toți ucenicii lui au fugit. Cum s-a simțit Isus când Și-a văzut ucenicii fugind de teamă că li se putea întâmpla ceva?

Poate că I s-a făcut milă de ei, dar nu ar fi putut avea sentimente de dezamăgire sau ură împotriva lor. Nici eu am simțit ură sau antipatie față de cei care m-au trădat și m-au atacat.

Au comis nedreptăți și au făcut lucruri venite din firea pământească, care sunt greu de iertat, dar am continuat să-i iert fără să le dau pe față vina.

Ei au pretins că sunt oi bune, dar în secret au complotat să mă distrugă. Au încercat să mă distrugă și să distrugă biserica. Cu toate că uram păcatul lor în sine, nu am avut niciun pic de ură față de ei. M-am rugat doar cu lacrimi și durere ca niciunul să nu ajungă pe calea pierzării, ci să se pocăiască și să se întoarcă înapoi, să fie mântuiți.

Trecând prin câteva incidente ca acestea, am putut să simt ce a fost în inima lui Dumnezeu când arhanghelul Său preaiubit Lucifer a devenit arogant și L-a trădat. Am simțit ce a fost în inima lui Isus când Iuda Iscarioteanul L-a vândut. Durerea și urmările sunt greu de suportat chiar și atunci când ai fost înșelat și părăsit de iubit sau de iubită.

Isus a spus: *„Ce este născut din carne, este carne, și ce este născut din Duh, este Duh"* (Ioan 3:6) şi nu putem avea încredere în fire pentru că este schimbătoare. Când ne lepădăm de ceea ce este firesc, neadevărat, din inima noastră şi ne schimbăm în ceea ce este duhovnicesc, adevărat, dobândim inimi sincere şi credinţă adevărată, fără ticăloşie.

Trecând prin aceste trei încercări, din 1998 până în 1999, am avut mai mult timp să meditez la suferinţele lui Isus care a urcat Golgota fără să protesteze şi a purtat crucea.

Nu a încercat să se apere spunând că este nevinovat şi că a fost acuzat pe nedrept. A luat asupra lui atât de multă durere şi suferinţă doar pentru a împlini voia lui Dumnezeu. Într-o măsura foarte mică, am simţit ce profunde erau ascultarea şi dragostea Domnului.

Capitolul 4

Dacă aș putea să împlinesc voia Domnului

Când mi-a fost dăruit harul

Înainte să Îl cunosc pe Domnul, am fost țintuit la pat de boală vreme de șapte ani. La îndemnul surorii mele, am vizitat biserica Altarul Shinae Hyun. A fost o experiență care mi-a schimbat viața, ca trecerea de la pământ la cer.

Oameni de acolo își vărsau sufletul înaintea Dumnezeu așa că eram destul de rușinat să fiu singurul care stătea în picioare. Nu știam cum să mă rog, dar am îngenunchiat oricum. Focul Duhului Sfânt m-a vindecat imediat. Cândva mi se spunea „depozit ambulant de boli", dar am fost curățat într-o clipă de toate bolile care se abătuseră asupra mea. Bolile au dispărut. Eram un om perfect sănătos.

Deși nu s-a întâmplat prin rugăciunea diaconiței Shinae Hyun, am fost vindecat în acea biserică. Cât eram de recunoscător! De câte ori vorbeam la vreo întâlnire de trezire spirituală, aminteam de despre acele momente în care L-am întâlnit pe Dumnezeul meu, care s-a atins de mine și m-a vindecat.

Shinae Hyun, care între timp a decedat, a vizitat biserica noastră de mai multe ori, în căruciorul cu rotile. Mi-a cerut de câteva ori ajutorul în diferite situații și nu am refuzat-o niciodată. Uneori am trecut prin greutăți din această cauză, dar am făcut întotdeauna tot posibilul să o ajut.

De când am devenit creștin până când am deschis biserica, am slujit diferiți pastori față care îmi exprim de fiecare dată recunoștința, în orice ocazie. Voi fi întotdeauna recunoscător pastorului Taekgu Son, care mi-a fost profesor la seminar și care era președintele confesiunii Jesus' United Holiness la acea vreme. Chiar dacă, din cauza programului foarte încărcat, nu reușesc să îl vizitez personal, o trimit pe soția mea sau pe alți lucrători din biserică să îi transmită salutările mele, în fiecare an.

Este foarte important să întoarcem binecuvântările pe care le primim de la alții, însă și mai important este să fim recunoscători pentru harul lui Dumnezeu. În ce fel și cu ce anume am putea vreodată să răsplătim dragostea și harul lui Dumnezeu?

Dumnezeu spune că El îi iubește pe cei ce Îl iubesc și că, cei ce Îl caută Îl găsesc (Proverbe 8:17). M-am agățat de acest verset, L-am iubit pe Dumnezeu în primul rând și am încercat să merg peste tot unde Îl puteam găsi.

Pentru că Dumnezeu este lumină, trebuie să trăim în lumină ca să-L întâlnim. Pentru că El este bunătate, faptele noastre trebuie să reflecte bunătatea. Pentru că El este dragoste, putem să avem părtășie cu El când avem dragoste spirituală.

A-L iubi pe Dumnezeu înseamnă a păzi poruncile Lui, iar în măsura în care trăim Cuvântul Lui, vom fi iubiți de El.

Așa cum cerbul însetat dorește apa de izvor, plăcerea mea cea mai mare era să înțeleg Cuvântul lui Dumnezeu adânc în inima mea și să L împlinesc. Toată ființa mea era permanent cuprinsă de un sentiment de responsabilitate pentru creșterea Împărăției și pentru neprihănirea Lui.

Putere peste putere

Odată ce am trecut peste cele trei încercări cu credință, ascultare și dragoste, Dumnezeu m-a condus spre niveluri mai adânci ale puterii Sale. Pentru mine ar fi fost mai ușor să-mi dau viața decât să trec prin acele trei încercări.

Avraam a devenit părintele credinței după ce a trecut testul de ascultare, de a aduce ca jertfă de ispășire pe singurul lui fiu Isaac. Tot așa, Dumnezeu a fost mulțumit de mine că am trecut cele trei încercări și m-a binecuvântat cu o putere mai mare ca înainte.

În Ioan 14:12 ne sunt redate cuvintele lui Isus: „*Adevărat, adevărat, vă spun, că cine crede în Mine, va face și el lucrările pe care le fac Eu; ba încă va face altele și mai mari decât acestea; pentru că Eu mă duc la Tatăl.*" Aceasta înseamnă că, dacă trăim pe deplin în Cuvânt, devenim una în duh cu Dumnezeu Tatăl și vom putea face lucrări pline de putere asemenea lui Isus.

„*Odată a vorbit Dumnezeu, de două ori am auzit că*

„Puterea este a lui Dumnezeu" (Psalmul 62:11). Duşmanul diavolul nu poate face lucrări cu puterea care aparţine lui Dumnezeu. Dar, pentru că sunt fiinţe spirituale, duhurile rele îi instigă pe oameni să se ridice împotriva lui Dumnezeu, însă nu reuşesc nici măcar să imite puterea lui Dumnezeu. Puterea de a controla viaţa, moartea, soarta oamenilor şi nenorocirile care vin asupra lor, puterea de a afecta istoria omenirii sau de a crea ceva din nimic aparţine doar lui Dumnezeu. Această putere se manifestă prin cei care Îi aparţin lui Dumnezeu care este lumină, cei care trăiesc în lumina Lui, care au fost sfinţiţi şi care au ajuns la la măsura credinţei lui Isus Cristos.

Diferenţa între autoritate, putere şi putere autoritară

În general, când vorbim de puterea lui Dumnezeu folosim termenii autoritate, putere şi putere autoritară cu aceeaşi semnificaţie. Există însă diferenţe între aceşti termeni. Putere se referă la capacitatea de a face lucruri care sunt imposibile pentru om, dar posibile pentru Dumnezeu.

Autoritatea se referă la puterea demnă şi glorioasă dată de Dumnezeu. În lumea spirituală, a fi fără păcat înseamnă putere, de aceea putem spune că autoritatea este sfinţenie în sine. Copiii lui Dumnezeu care se leapădă de răutate şi neadevăr din inima lor şi sunt sfinţiţi primesc autoritate spirituală.

Aşadar, ce este puterea autoritară? Este puterea lui Dumnezeu însoţită de autoritatea dată de El celor care s-au lepădat de toate formele de răutate şi s-au sfinţit. Este şi putere şi autoritate. Când ne referim la putere autoritară, spunem simplu „putere." Această putere autoritară are tăria de a scoate orice duh necurat şi de a vindeca orice boală şi infirmitate.

Infirmităţile nu sunt simple boli. Mă refer la paralizie sau la disfuncţia unor părţi ale corpului, astfel încât persoana respectivă nu mai poate participa la activităţile obişnuite. Infirmităţile nu pot fi vindecate prin puterea omenească. Ele includ afecţiuni cum ar fi orbirea, surzenia, muţenia şi anumite paralizii.

Diferenţa dintre darul vindecării şi putere

În general, oamenii cred că darul vindecării şi puterea lui Dumnezeu sunt unul şi acelaşi lucru, însă ele sunt foarte diferite. Darul vindecării care este amintit în 1 Corinteni 12:9 se referă la mistuirea prin focul Duhul Sfânt a microbilor şi vindecarea bolilor provocate de aceştia.

Cu acest dar al vindecării nu putem însănătoşi membre afectate de infirmitate, nu putem reda auzul cuiva care l-a pierdut sau vorbirea celui care nu poate vorbi din cauza lezării nervilor. Acestea pot fi şi ele vindecate când o persoană care a primit puterea lui Dumnezeu se roagă cu credinţă.

Odată ce primim puterea lui Dumnezeu o putem folosi neîncetat. Cu darul vindecării nu este aşa. Darul vindecării poate fi dat indiferent dacă o persoana care îl primeşte a ajuns la sfinţenie sau nu. Este dat celor care au mijlocit din dragoste pentru alte suflete, sau cei care sunt curajoşi şi pot fi folosiţi de Dumnzeu.

Puterea lui Dumnezeu, care este Lumină, poate fi dăruită numai unei persoane pe sfinţite. Odată primită nu devine mai slabă şi nu dispare. Cu cât ne asemănăm mai mult inimii Domnului, puterea pe care o primim este mai mare şi lucrările pe care le îndeplinim devin mai însemnate.

Darul vindecării nu este suficient pentru vindecarea unor afecțiuni foarte grave sau rare. Este cu atât mai greu dacă persoana bolnavă are credință puțină. Dar, cu puterea lui Dumnezeu, dacă persoana bolnavă are numai un strop de credință, rezultatul se va vedea imediat. Aici, când vorbesc de credință mă refer nu la credința intelectuală, ci la cea spirituală.

Cele patru niveluri ale puterii lui Dumnezeu care este Lumină

Dumnezeu mi-a arătat că sunt diferite niveluri ale puterii Sale. Putem ajunge la niveluri mai înalte ale puterii Sale după măsura adevărului cultivat în inimile noastre.

„Dar pentru voi, care vă temeţi de Numele Meu, va răsări Soarele neprihănirii, şi tămăduirea va fi sub aripile Lui; veţi ieşi, şi veţi sări ca viţeii din grajd" (Maleahi 4:2).

Cei care au ochii spirituali deschişi, pot vedea luminile, asemănătoare unor fascicule de raze, care se revarsă şi vindecă bolile.

Primul nivel al puterii lui Dumezeu este puterea asociată cu lumina roşie. Este lumina focului Duhului Sfânt cu care sunt mistuite bolile. Cu focul Duhului Sfânt, la acest nivel sunt mistuite bolile cauzate de microbi şi virusuri. Cu această putere pot fi vindecate chiar diverse tipuri de cancer, tuberculoza, diabetul, leucemia, boli de inimă, artrita, SIDA şi alte boli incurabile.

Primul nivel de putere nu vindecă toate bolile. În cazul cancerului în fază terminală sau al tuberculozei, dacă pacientul a trecut de linia vieţii stabilită de Dumnezeu în trup, este foarte greu ca boala să fie vindecată cu primul nivel al puterii. Când sunt afectate organele şi ţesuturile, pierzându şi funcţionalitatea, nu mai este vorba de microbi. Corpul trebuie să regenereze organe şi ţesuturi noi. Pentru a face aceasta este necesar un nivel de putere superior.

Chiar şi în aceste cazuri, dacă persoana bolnavă şi membrii familiei sale sunt uniţi în dragoste şi dau dovadă de credinţă, lucrarea lui Dumnezeu se manifestă pe deplin. La începuturile bisericii noastre, au avut loc multe lucrări care se încadrează la primul nivel al puterii.

Cel de-al doilea nivel al puterii este puterea de a alunga forţele întunericului. Este asociată cu lumina albastră. La acest nivel, putem scoate afară puterea întunericului din cei care sunt stăpâniţi de duhuri necurate şi care sunt sub influenţa lucrărilor lui Satan.

Cu puterea la acest al doilea nivel se pot vindeca tulburări mintale sau probleme la nivelul sistemului nervos, care includ autismul, nevrozele, schizofrenia, epuizarea nervoasă şi extenuarea cronică mintală şi fizică cauzate de depresie. Acest tip de boli se manifestă în special în rândul celor care nutresc sentimente intense de ură faţă de alţii şi al celor care îşi înăbuşă sentimentele negative, care au un respect de sine scăzut sau un temperament coleric.

Aşadar, cu al doilea nivel de putere, multe boli cauzate de puterea întunericului se vor vindeca şi aceste duhuri ale

întunericului vor fi îndepărtate din familii, afaceri şi din locurile de muncă. De asemenea, această putere poate da viaţă celor morţi şi poate lua viaţa celor vii.

Apostolul Pavel l-a reînviat pe Eutih (Faptele Apostolilor 20:9-12). Anania şi Safira au căzut şi au murit când au minţit pe Duhul Sfânt (Faptele Apostolilor 5:1-11). Când Ilie a blestemat pe tinerii care şi-au bătut joc de el, au ieşit doi urşi din pădure şi au omorât pe mulţi dintre ei (2 Împăraţi 2:23-24). Toate acestea au fost făcute cu al doilea nivel al puterii lui Dumnezeu.

Cel de-al treilea nivel al puterii este puterea asociată cu lumina albă sau transparentă. Se manifestă prin semne şi lucrări de creaţie. Semnele au loc vizibil, cum ar fi redarea vederii orbilor, redarea vorbirii celor muţi sau redarea auzului celor surzi. Ologii umblă iar paralizia este vindecată. Diformităţi, infirmităţi sau părţi şi organe ale corpului complet atrofiate se regenerează. Oasele rupte sunt refăcute, chiar şi oasele lipsă sunt reconstruite.

Cel de-al patrulea nivel al puterii se manifestă prin lumina aurie, acesta fiind nivelul perfecţiunii. Vedem acest nivel al puterii la Isus. La acest nivel vorbim de puterea care poate schimba starea vremii. Se manifestă prin „minuni", cum ar fi aducerea ploii din senin sau oprirea bruscă a ploii. La acest nivel, pot fi mişcaţi norii. Puterea la al patrulea nivel poate controla şi guverna toate lucrurile.

Chiar şi lucruri neînsufleţite se supun poruncilor la acest nivel de putere. În cazul intoxicaţiei cu monoxid de carbon, toxinele vor fi eliminate din organism, iar arsurile vor dispărea în cazul celor arşi. Când Isus a blestemat smochinul care nu adusese roadă, acesta s-a uscat imediat (Matei 21:19), iar când a certat vântul şi marea, acestea s-au liniştit (Matei 8:26).

Copacii, vântul, marea şi tot ce este în natură ascultă poruncile lui Isus. Aşa cum Dumnezeu a creat cerurile şi pământul prin Cuvânt, lucrurile s-au supus cuvintelor lui Isus şi au trecut din nefiinţă în realitate.

După cum scrie în Evrei 11:1, dacă avem o asemenea credinţă desăvârşită, lucrurile nădăjduite se vor împlini şi vom avea certitudinea că lucrurile care nu se văd vor deveni reale. Vor avea loc lucrări în care vor fi create lucruri din nimic.

La al patrulea nivel al puterii, limitele timpului şi ale spaţiului sunt depăşite doar prin rostirea cuvântului. Dumnezeu vrea să dăruiască această putere tuturor copiilor Lui dragi, dar foarte rar se găsesc persoane care ajung la acest nivel.

În Marcu 7:24-30, o femeie care avea o fiică stăpânită de un duh necurat a venit înaintea lui Isus şi I-a cerut ca să scoată duhul din fiica ei. Isus i-a văzut umilinţa şi credinţa şi a spus: *„Du-te; a ieşit dracul din fiică-ta."* Imediat fiica femeii s-a făcut bine. Pe când a ajuns acasă, duhul necurat ieşise deja din copilă.

Isus nu a trebuit să meargă la persoana bolnavă, doar la porunca Sa, se manifestă puterea lui Dumnezeu care transcende timpul şi spaţiul.

Lucrări ieşite din comun

În Faptele Apostolilor 19:11-12 ni se spune: *„Şi Dumnezeu făcea minuni nemaipomenite prin mâinile lui Pavel; până acolo că peste cei bolnavi se puneau basmale sau şorţuri, care fuseseră atinse de trupul lui, şi-i lăsau bolile, şi ieşeau afară din ei duhurile rele."*

La fel cum a făcut minuni prin apostolul Pavel, Dumnezeu a lucrat şi prin mine. Ca şi în cazul lui Pavel, puterea luminii rămâne în batistele peste care mă rog, iar atunci când oamenii se roagă pentru alţii cu aceste batiste, în credinţă, au loc minuni de vindecare.

Mulţi lucrători din biserica noastră participă la lucrări de vindecare, prin rugăciune, cu aceste batiste şi conduc întâlniri de trezire spirituală în alte ţări.

La cel de-al patrulea nivel al puterii bolile sunt vindecate şi puterea întunericului este alungată prin puterea lui Dumnezeu care trece dincolo de limitele timpului şi ale spaţiului. La acest al patrulea nivel se manifestă semnele şi toate lucrurile din univers se supun. În lumina aurie a celui de-al patrulea nivel al puterii lui Dumnezeu, se pot manifesta toate lucrările de la nivelurile unu, doi, trei şi patru.

Povestea unei fetițe din Pakistan pe nume Cynthia

Pastorul Wilson John Gil din Pakistan avea o fetiță pe nume Cynthia. În iulie 1999, a început să vomite pe neașteptate și să aibă diaree și scaune cu sânge. A fost internată la spitalul Rasheed din Lahore. Avea ocluzie intestinală și trebuia operată de urgență, dar organismul ei era prea slăbit pentru a face față operației.

Pe lângă această ocluzie intestinală, ea suferea și de boala celiacă.

În acea perioadă, sora mai mare a Cynthiei, Maria, se afla în Coreea. Mi-a adus o fotografie cu Cynthia. Era 23 iulie 1999 și m-am rugat cu multă ardoare peste această fotografie. Atunci, Cynthia a avut scaun pentru prima dată după zece zile. Și-a revenit foarte repede și încă de a doua zi a reușit să se ridice în șezut. A fost externată din spital după trei zile. S-a refăcut complet.

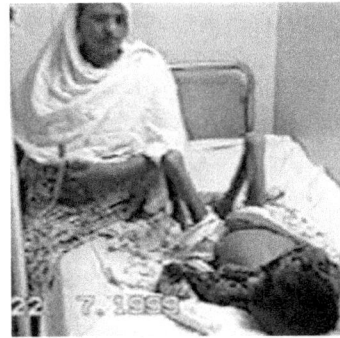

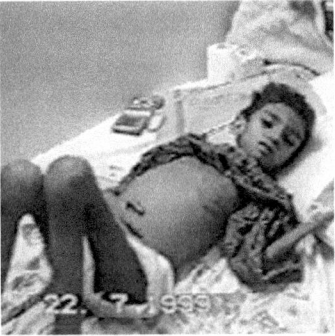

Cynthia în spital (22 iulie, 1999)

Cynthia sănătoasă (2007)

Rugăciune peste fotografia Cynthiei

Puterea supremă a Creației

Există şi un nivel mai înalt de putere, superior celorlalte patru niveluri. Această putere Îi aparţine lui Dumnezeu, Creatorul de la care totul a luat fiinţă. Când Dumnezeu a spus „Să fie lumină", s-a făcut lumină. Aceasta este puterea căreia toate i se supun, conform poruncii Sale.

Dacă Dumnezeu porunceşte unui orb să îşi deschidă ochii, ochii lui se vor deschide. Dacă Dumnezeu porunceşte unui olog să meargă, ologul va merge. Lucrările pe care le-a făcut Domnul Isus au fost făcute prin Puterea supremă a Creaţiei, care este deasupra celorlalte patru niveluri de putere. Este puterea Creatorului manifestată în actul creaţiei.

Acesta nu este un nivel la care o creatură primeşte putere de la Dumnezeu pentru a face diferite lucrări. Este puterea luminii originare a lui Dumnezeu, care exista înainte de a apărea creaţia, când El era singur.

În Evanghelia după Ioan, capitolul 11, vedem că Lazăr, care era mort de patru zile şi deja mirosea greu, a fost înviat şi a ieşit din mormânt la porunca lui Isus care i-a spus: „Lazăre vino afară!"

Când o persoană se curăţă de orice formă de necurăţie, se sfinţeşte, devine un om cu un duh deplin care se aseamană cu inima lui Dumnezeu şi ajunge la un nivel înalt al cunoştinţelor spirituale, poate ajunge la un nivel de putere superior celorlalte patru niveluri.

Când cineva ajunge la nivelul Puterii supreme a Creaţiei, pot avea loc lucrări extraordinare, ca atunci când Dumnezeu a creat toate lucrurile prin Cuvântul Său.

Noul mileniu a început cu un semn

În anul 2000, Dumnezeu mi-a pus în inimă dorința de a dedica o perioadă de timp numai rugăciunii. Mi-am luat patru astfel de angajamente. Dumnezeu dorea să mă concentrez intens asupra rugăciunii. El mi-a arătat că trebuie să mă rog singur în munți, fără a avea contact cu alte persoane, fără să vorbesc cu nimeni.

În acea perioadă, pe umerii mei apăsau multe greutăți, cu privire la finanțele bisericii și la multe altele și îmi era foarte greu să mă concentrez și să îmi îndrept atenția spre rugăciune. Dacă nu aș fi vorbit cu Dumnezeu aș fi avut probleme serioase din cauza stresului excesiv.

În timpul vieții Sale pe pământ, Isus s-a rugat de câte ori a avut timp. Deși Isus are puterea lui Dumnezeu Însuși, pentru că era întrupat în om, trebuia să se umple cu plinătatea Duhului Sfânt prin rugăciune, pentru ca puterea lui Dumnezeu să se arate pe deplin prin El.

Din februarie 21, am început prima perioadă de zece zile dedicată numai rugăciunii. În munți, dormeam două ore pe noapte și mâncam de două ori pe zi. Erau mese simple, așa că îmi erau suficiente 10 minute pentru a termina de mâncat. Cu excepția timpului pentru somn și hrană, mă rugam pe tot parcursul zilei în genunchi, iar în timpul pauzelor citeam Biblia.

„Cum pot primi mai multă putere, cum pot să Îl fac cunoscut pe Creator și să aduc la mântuire încă un suflet? Cum pot să Îl vestesc pe Isus mânuitorul nostru? Cum pot să fac cunoscută realitatea cerului și iadului și să aduc oameni la Domnul? Cum pot evangheliza lumea?"

Singura mea dorință era să lucrez pentru lărgirea Împărăției lui Dumnezeu și pentru neprihănirea Lui, însă după încheierea primei perioade de timp dedicate numai rugăciunii m-am simțit oarecum rușinat și tulburat înaintea lui Dumnezeu.

M-am rugat cât am putut de bine, dar am simțit că rugăciunile mele nici nu se apropiau de cea a Domnului Isus, când transpirația lui s-a prefăcut în sânge în Ghetsimani. Dar Dumnezeu Tatăl a fost mulțumit de rugăciunile mele și mi-a făcut un cadou imens.

Semnul cu apa amară transformată în apă dulce

La numărul 53, în satul Chun-Jang, în comuna Heje din districtul Muan, provincia Cheonnam, se află Biserica Muan Manmin. Acum este legată de continent, dar înainte era o insulă numită „Jookdo." Acolo se afla o clădire folosită pentru taberele de tineret, pe care Muan Manmin a cumpărat-o ca lăcaș de închinare. Este la doar cinci minute distanță cu mașina de satul în care mi am petrecut copilăria.

Biserica Muan Manmin s-a mutat în această clădire în februarie 1999, dar, curând, cei din biserică și-au dat seama că nu aveau suficientă apă potabilă. Fusese săpată o fântână, dar găsiseră doar apă de mare, care putea fi folosită doar pentru piscină.

Pastorul Myeongsool Kim de la Biserica Muan Manmin s-a gândit mereu că ar fi fost bine dacă apa respectivă era bună de băut. Din cauză nu aveau apă potabilă disponibilă în acel loc, aduceau apa cu furtunul de la o depărtare de trei kilometri.

Era destul de greu în timpul iernii pentru că apa din furtun îngheța și se rupea furtunul.

Dumnezeu este același și ieri și astăzi

Pastorul Myeongsool Kim de la Biserica Muan Manmin a citit în cartea Exodul despre apele amare de la Mara, care au fost transformate în ape dulci și s-a gândit că apa de mare poate fi schimbată în apă potabilă, dacă eu mă voi ruga pentru asta.

Cartea Exodului, în versetele 15:23-25 istorisește: *„Au ajuns la Mara; dar n-au putut să bea apă din Mara, pentru că era amară. De aceea locul acela a fost numit Mara (Amărăciune). Poporul a cârtit împotriva lui Moise, zicând: «Ce avem să bem?» Moise a strigat către Domnul; și Domnul i-a arătat un lemn, pe care l-a aruncat în apă. Și apa s-a făcut dulce."*

Această întâmplare a avut loc cu aproximativ 3.500 de ani în urmă, când poporul Israel a traversat Marea Roșie. Căutau apă în pustia Șur, dar nu au găsit apă proaspătă de băut. Atunci au început să cârtească împotriva lui Moise. În urma rugăciunii lui Moise, apa amară, imposibil de băut s-a transformat în apă proaspătă bună de băut.

Pastorul Myeongsool Kim și membrii bisericii nu numai că

Fântâna de apă dulce din Muan

s-au rugat pentru transformarea apei de mare în apă potabilă, dar m-au rugat şi pe mine să vizitez biserica lor şi să mă rog pentru aceasta. Aveau credinţă că apa sărată de mare poate fi transformată în apă dulce.

În timpul primei perioadei de timp pe care am dedicat-o numai rugăciunii, petrecută în munţi, m-am rugat în mod special pentru Biserica Muan Manmin. Am auzit că în timpul celor 10 zile de rugăciune au apărut zi şi noapte curcubee circulare la Biserica Muan Manmin. Mai târziu, am aflat că membrii Bisericii Muan Manmin s-au rugat şi au postit pentru timpul meu de rugăciune în munţi.

Când m-am întors după perioada de rugăciune din munţi, pe

4 martie, după terminarea serviciul de vineri noaptea, pastorul Myeongsool Kim a venit la mine cu nişte subiecte de rugăciune, pentru care mi-a cerut să mă rog.

Deoarece membrii bisericii din Muan sufereau atât de mult, nu m-am rugat doar pentru subiectele pe care mi le-au dat, ci m-am rugat şi pentru ca apa sărată de mare să fie preschimbată în apă dulce, potabilă. Dumnezeu a ascultat această rugăciune şi, depăşind limitele timpului şi ale spaţiului, şi-a arătat măreţia prin lucrarea de la fântâna din Muan, care se afla la câteva sute de kilometri depărtare.

În ziua următoare, când pastorul Kim, împreună cu cei din biserică au verificat apa din fântână au văzut că apa care fusese atât de sărată şi de amară, era acum bună de băut.

„Pastore, s-a întâmplat o minune! Apa sărată a devenit dulce. Apa de mare care nu se putea bea s-a transformat în apă dulce!"

Pastorul Kim m-a sunat să îmi dea vestea. Bucuria din vocile membrilor Bisericii Muan Manmin se simţea chiar şi prin telefon.

Vindecări prin apa dulce

Apa dulce este slab alcalină şi abundentă în minerale. Nu numai că era bună de băut, dar avea şi proprietăţi vindecătoare. Coreeni, în general, nu au „pleoapă dublă", adică un pliu pe pleoapa superioară, dar multor oameni care şi-au pus cu credinţă din apa aceea pe ochi, li s-a format imediat pliul cutanat pe pleoapa superioară. Multe persoane au fost vindecate de probleme digestive, dar şi de boli de piele.

Pastorul Sungchil Lee, de la biserica noastră, şi-a adus toţi cei trei copii ca să-mi arate pliul format pe pleoapele lor superioare.

Peştii de apă dulce nu pot trăi în apă sărată; peştii de mare nu pot trăi în apă dulce, dar ambele tipuri de peşti pot trăi împreună în apa dulce de Muan.

Niciunul dintre ei nu avusese acest pliu înainte, dar tuturor li s-a format când au pus apa dulce. Există numeroase mărturii şi de la persoane din alte ţări.

În fântâna din Muan se găseşte o conductă. Unii credincioşi au văzut cu ochii spirituali raze de lumină care veneau de la tronul lui Dumnezeu şi înconjurau partea de jos a conductei.

Trecând printre acele lumini, apa sărată se preschimbă în apă dulce. Acest loc a fost vizitat nu numai de oameni din Coreea, dar şi de persoane din alte ţări. Unii dintre ei au văzut cu ochii lor spirituali razele de lumină şi strălucirea puterii divine în apa dulce.

În 29 martie 2000, diaconiţa Hyeonju Oh scotea apă fierbinte dintr-un vas mare de fier. Din greşeală, şi-a vărsat apă fierbinte spre ceafă şi pe umeri.

Avea arsuri mari pe piept şi pe ceafă. Cu multă credinţă, a primit de îndată rugăciunea pentru bolnavi înregistrată pe sistemul telefonic de răspuns automat al bisericii şi a simţit cum senzaţia de fierbinţeală a început să dispară. Mai târziu, rănile de la arsură au început să supureze, dar supuraţia s-a oprit când a pus pe ele apă dulce de la Muan.

După trei zile, m-am rugat pentru ea. Într-o săptămână pe răni s-au format cruste, iar după ce acestea au căzut, pielea i-a devenit netedă. S-a vindecat complet, fără niciun fel de cicatrice.

Animale reînviate prin apa dulce de la Muan

Întâmplarea a avut loc la casa de rugăciune Galilea, unde obişnuiesc să mă rog. Era în luna mai a anului 2003. O turturea se juca lângă un ciobănesc german. Pasărea nu se temea de câine nici când acesta o lătra. Pe mine mă cam îngrijora situaţia:

- Câinele este legat, dar odată ce pasărea va ajunge suficient de aproape o va muşca. Oare de ce se joacă pasărea acolo?

Atunci când ciobănescul german lătra, turtureaua se dădea puţin înapoi, dar continua să se joace în acel loc. Vreo de două ore s-au scurs în acelaşi mod. Câinele părea prea obosit să mai latre.

Îngrijitorul casei de rugăciune mi-a povestit o întâmplare interesantă. Cu câteva zile înainte, o turturea a căzut în curte şi fâlfâia din aripi la sol. Când a zărit-o, pasărea îşi pierduse deja mare parte dintre pene şi era pe moarte. Se părea că înghiţise nişte otravă.

El dorea să o salveze. S-a rugat şi i-a dat păsării nişte apă dulce de la Muan. După ce i-a dat să bea această apă de câteva ori, turtureaua s-a înzdrăvenit şi a zburat mai departe.

Din ziua următoare, turtureaua a început să viziteze locul în fiecare dimineaţă. Se juca prin curte sau stătea în copacii din jur şi pleca în fiecare seară. Uneori venea însoţită de alte păsări şi se jucau pe acolo. Înainte de această întâmplare, nu am văzut niciodată vreo turturea la casa de rugăciune.

Ascultând relatarea îngrijitorului, am fost impresionat de faptul că până şi o pasăre recunoaşte harul. A continuat să vină în acel loc ca şi cum ar fi dorit să răsplătească harul primit. Trebuie să fi avut mai mulţi prieteni pe munte, dar a continuat să vină singură şi nu a mai părăsit acel loc.

L-am rugat pe îngrijitor să pună suficientă hrană în curte, astfel încât pasărea să-şi poată aduce şi prietenii să se joace acolo.

Jindol a revenit din pragul morţii după 18 zile

Avem un câine pe nume Jindol. Îngrijitorul îl dezlega din lesă o dată pe zi. Jindol mergea pe un munte din apropiere, de unde se întorcea după vreo jumătate de oră, dar într-o zi cu multă ninsoare, Jindol a dispărut. După vreo două zile încă nu se întorsese. Am pornit în căutarea lui, dar nu l-am găsit.

Noi ne-am cam dat bătuţi, dar după optsprezece zile a venit înapoi. Se vedea că fusese prins într-o capcană pe munte şi suferise îngrozitor. Avea o sârmă de metal înfăşurată în jurul gâtului şi era grav rănit.

Era foarte de slab, numai piele şi os. Nu mai avea deloc blană pe gât, iar sârma îi pătrunsese până la os. Se zbătuse atât de mult în noroi că tot corpul îi era înnoroit. Lucrătorii de la biserică l-au stropit continuu pe gât cu apă dulce de la Muan. I-au gătit şi nişte peşte pentru a se întrema. Mi-a fost milă de el şi m-am rugat şi eu pentru el.

În mod obişnuit, câinele nu mă plăcea prea mult. Îl mai mângâiam câteodată, dar asta era numai când mergeam la casa de rugăciune, aşa că nu mă primea foarte bine. Nu îl urma nici măcar pe cel care îl hrănea.

După această întâmplare, Jindol s-a schimbat total. Doar la auzul maşinii mele, abia îşi putea stăpâni bucuria şi dădea din coadă. Acum îl ascultă foarte bine pe cel care îi dă de mâncare. Este iubit de toţi.

Aşa cum oamenii se maturizează în urma încercărilor prin care trec, Jindol părea să fi înţeles valoarea casei sale şi era recunoscător pentru stăpânii lui. După ce a simţit pe propria piele că poate fi în pericol de moarte dacă îşi părăseşte stăpânul, a devenit un câine iubitor care îşi urmează stăpânul peste tot.

Confirmarea primită în urma testului Agenţiei Naţionale pentru Controlul Alimentelor şi Medicamentelor SUA

Unii oameni au avut îndoieli cu privire la apa dulce de la Muan. Recent, o companie coreeană de radioteleviziune numită MBC, a difuzat un material despre apa dulce de la Muan. Opinia lor tendenţioasă a dat naştere unor neînţelegeri.

Agenţia Naţională pentru Controlul Alimentelor şi Medicamentelor (FDA) este un organ guvernamental, aparţinând Departamentului de Sănătate şi Servicii Umane al

Statelor Unite ale Americii. Această agenție stabilește măsurile de siguranță și standardele pentru alimente, medicamente, substanțe chimice, produse cosmetice și aditivi alimentari, le revizuiește și le aprobă.

Agenția a efectuat cinci tipuri de teste asupra apei de la Muan, și anume un test pentru conținutul de minerale, unul pentru conținutul de metale grele, un test privind reziduurile de pesticide, un test dermato-alergologic și un test de toxicitate.

Rezultatele au demonstrat că apa dulce de la Muan este bună de băut și, în general, nu prezintă vreun pericol pentru corpul uman. S-a constatat că este extrem de bogată în minerale foarte necesare organismului uman, cu precădere în calciu, al cărui nivel era de trei ori mai mare decât cel găsit în apele de izvor recunoscute internațional din Franța și Germania.

S-a demonstrat că apa dulce de la Muan este o apă potabilă, de o calitate excepțională. Oferă rezultate și pe plan spiritual; cei care cred că ea conține puterea lui Dumnezeu și o beau sau o aplică pe corp, experimentează lucrări de vindecare divine.

Cei care au criticat spunând: „Sunt plini de must"

După învierea Domnului, Petru a primit Duhul Sfânt. El a făcut multe semne, cum ar fi vindecarea bolnavilor și scoaterea duhurilor necurate. Evreii erau invidioși pe el și i-au aruncat pe Petru și pe alți apostoli în închisoare. Când Pavel a scos un duh necurat, a fost bătut și închis și el.

În ziua cincizecimii, evreii din țările vecine i-au văzut pe ucenicii Domnului care erau plini de Duh și vorbeau în alte limbi. Au fost uimiți, dar nu au crezut că era lucrarea Duhului

Sfânt. Unii dintre ei i-au luat mai degrabă în derâdere, spunând că sunt plini de must.

Tot aşa sunt oameni care critică lucrarea Duhului Sfânt, spunând că ar fi ceva mistic sau teatral. Mă întristez când aud asemenea lucruri.

Dumnezeu ne-a dat semnul cu apa sărată preschimbată în apă dulce după prima mea perioadă de rugăciune pe munte. El ne-a arătat astfel că mă va ridica la un nivel superior de înţelepciune prin cea de-a doua perioadă de rugăciune în munte. Este vorba de înţelepciunea de a găsi soluţia în orice situaţie dificilă.

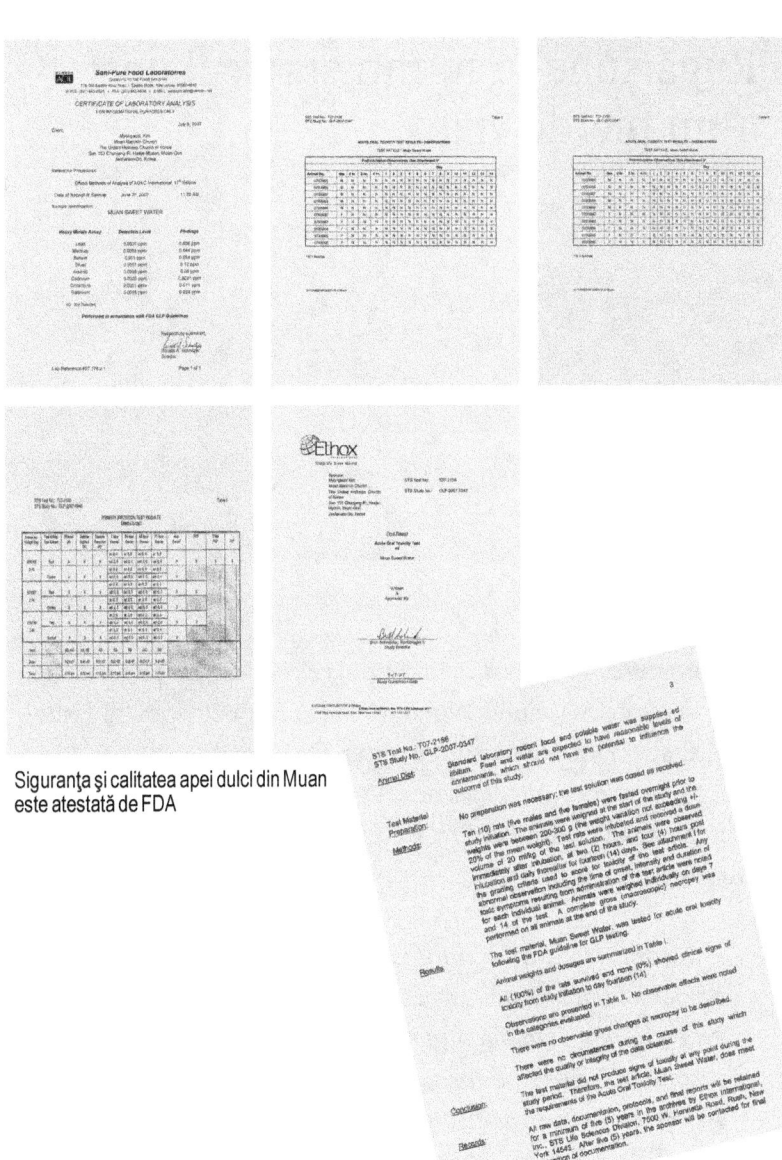

Siguranţa şi calitatea apei dulci din Muan
este atestată de FDA

Rugăciune în munţi şi riscul de a-mi pierde viaţa

Dumnezeu mi-a spus ca în timpul celei de-a treia perioade de timp dedicate rugăciunii, în munţi, să mă rog asemenea lui Iacov când şi-a scrântit încheietura coapsei. De asemenea, mi-a spus să mă rog de parcă inima mea ar sta să se reverse, ceea de însemna că trebuia să îmi dau viaţa pe de a ntregul. În timpul rugăciunii, Dumnezeu mi-a vorbit:

„Mântuieşte fără întârziere suflete cu Evanghelia Sfinţeniei (Holiness Gospel). Ei spun «Doamne, Doamne, eu cred» dar numai cu gura, nu au însă credinţă să mă recunoască în inima lor. Dacă cred cu adevărat în mine, îşi vor mai pune nădejdea în doctori când se va întâmpla ceva? Pe dinafară ei se pretind sfinţi, dar pe dinăuntru îi judecă, îi condamnă şi îi ponegresc pe ceilalţi. Sunt nişte morminte văruite. Asemenea unui orb care conduce pe alt orb, există slujitori ai lui Dumnezeu şi învăţători care

conduc multe alte suflete pe calea care duce la moarte. Predică grabnic Evanghelia prin toată lumea. Învață-i cum pot primi mântuirea. Trezește toate sufletele din lume."

Aceasta înseamnă că puțini oameni au credință spirituală pentru a primi mântuirea în zilele din urmă.

Dumnezeu mi-a arătat cum s-a rugat Moise. Mi-a explicat cum s-a rugat pentru a primi Cele zece porunci, fără a bea măcar apă, pe Muntele Sinai.

Pe Muntele Sinai nu se găseau nici apă, nici copaci, nici flori sau cântec de păsări. Era o pustietate plină de stânci și nisip, unde era ceva neobișnuit să găsești o plantă. Moise s-a rugat singur. La început s-a rugat împreună cu Iosua. Când s-a rugat a doua oară pentru a primi din nou poruncile, s-a rugat singur.

Fiind trecut de optzeci de ani, Moise nu avea cum să fie un om voinic. Purta haine ponosite și se ruga pe genunchi cu multă râvnă, zi și noapte. Din palme îi curgea sânge, iar genunchii îi erau juliți până la os. S-a rugat zi și noapte, timp de 40 de zile, în aceste dureri și a primit răspunsul lui Dumnezeu, Cele zece porunci.

Nu este ușor pentru nimeni să primească poruncile lui Dumnezeu și să Îi audă vocea. Pentru aceasta, trebuie să se supună cu desăvârșire și să se curețească. La încheierea celei de-a treia perioade de rugăciune, Dumnezeu mi-a spus că m-am rugat punându-mi chiar viața în joc. Mi-a dezvăluit unele taine din lumea spirituală și unele lucruri care urmau să se întâmple.

Agățându-mă de versetele din Ioan 14:12, m-am rugat să primesc o porție dublă de putere și inspirație să pot face lucrările mari despre care vorbea Isus.

Puterea lui Dumnezeu şi inspiraţia divină sunt imperios necesare în vremurile din urmă când lumea e atât de plină de păcate, dar şi pentru mântuirea celor care nu cred nici măcar după ce au văzut, pentru dărâmarea idolilor şi a teoriei evoluţioniste a lui Darwin care s-au răspândit în toată lumea. Dumnezeu a fost mulţumit de rugăciunea mea şi mi-a promis că aceasta se va împlini.

Spre sfârşitul lunii aprilie, chiar înainte de întâlnirea de trezire spirituală din mai 2000, am început cea de-a patra perioadă de timp dedicată rugăciunii. Dumnezeu mi-a spus să nu mă gândesc la nimic, nici măcar la familia mea sau la biserică. M-am gîndit doar la rai şi la Dumnezeu Tatăl, zi şi noapte şi am stăruit înaintea Domnului în rugăciune.

Adesea, în timpul zilei, urmăream cu privirea norii şi soarele, iar noaptea, luna şi stelele, învăţând tot mai multe despre dragostea şi grija Domnului. Dumnezeu mi-a arătat multe lucruri tainice despre lumea spirituală. Mi-a descoperit mai multe despre Împărăţia Cerească şi despre duhurile necurate care controlează iadul.

După terminarea celor patru perioade dedicate rugăciunii, Dumnezeu a asemănat puterea care urma să se manifeste cu cascada Iguazu. El urma să răspundă rugăciunii dacă credincioşii dădeau dovadă de puţină credinţă. La întâlnirea de trezire spirituală din mai nu m-am rugat prin punerea mâinilor pe fiecare dintre persoanele bolnave în parte, ci m-am rugat pentru toţi de la amvon.

După ce m-am rugat o singură dată, diferite boli au fost vindecate; unora le-a fost redată vederea şi mulţi s-au ridicat din cărucioarele cu rotile. Nu-mi rămânea decât să-I dau Slavă lui Dumnezeu.

Nu pierdeți răsplata păstrată în Cer

În ziua de 2 iunie 2000, tocmai plecam de acasă pentru a participa la serviciul de vineri noaptea, când l-am văzut pe diaconul Jongkyoo Lee. Era grav bolnav. Când l-am văzut, am înțeles că trebuie să mă rog pentru mântuirea lui, nu pentru vindecare. Era îngrozit de ceva și nu putea vorbi.

Prin revelație divină am putut să văd cum îngerii și duhurile rele se luptau ca să îi atragă sufletul de partea lor. Însemna că era greu pentru el să fie mântuit în acea situație. Diavolul îl acuza înaintea lui Dumnezeu ca să îl ducă în iad.

Mi-am dat seama cât de serioasă era situația și am început să mă rog: „Duhuri necurate, puteri ale văzduhului, plecați de aici! Tată, primește Tu duhul lui."

Oamenii din jurul meu erau nedumeriți și îmi spuneau să mă rog pentru vindecarea lui.

Unul mi a spus:

- Frate pastor, el este conducătorul grupului de voluntari de foarte mulți ani și trebuie să ia parte la următorul serviciu devoțional al grupului de voluntari.

Am răspuns:

- Nu ai auzit rugăciunea mea? Rămâne așa cum am spus.

După ce a primit rugăciunea, pe fața diaconului se citea pacea, iar lacrimile îi curgeau pe obraz. Găsise pace în mijlocul unor dureri de neimaginat. Am spus familiei lui să se pregătească pentru înmormântare. De asemenea, le-am cerut lucrătorilor bisericii să-și dea silința pentru pregătirea serviciului de înmormântare, căci, așa cum spuseseră și ei, diaconul a fost mulți ani conducătorul grupului de voluntari.

În acest caz, deși diaconul slujise în biserică, a ajuns să fie mântuit ca prin foc. A doua zi, pe 3 iunie, el a murit. Dumnezeu mi-a arătat că era în mormântul de sus, unde aşteaptă cei mântuiţi. Mulţi oameni aşteptau la o coadă mare, dar el avea capul plecat.

„Nu ştii de ce ţine capul plecat acest fiu al Meu? Pentru că este un membru al Bisericii Manmin care a primit hrană spirituală prin tine."

Ca membru al bisericii Manmin, a auzit Cuvântul vieţii. Era diacon şi conducătorul grupului de voluntari şi ar fi trebuit să ajungă în locuri mai bune în cer, cum ar fi Al Treilea Cer sau Noul Ierusalim. Dar fusese mântuit ca prin foc. Cu alte cuvinte, a primit mântuirea mai puţin onorabilă şi a ajuns în cer. Din acest motiv nu putea ţine capul ridicat. Dumnezeu mi-a arătat că aducea mulţumiri cu lacrimi pentru că fusese mântuit şi a mărturisit că se va ruga pentru mine până când ne vom reîntâlni.

Din ce motiv un slujitor credincios a trebuit să primească această mântuire mai puţin onorabilă? Iată ce mi-a răspuns Dumnezeu:

Când biserica a trecut prin cele trei încercări, în calitatea sa de conducător al grupului de voluntari, el ar fi trebuit, mai mult decât alţii, să fie alături de pastor şi de cei din biserică. Zvonurile mincinoase şi materialele realizate de oamenii aceia răi l-au făcut însă să se îndoiască.

În numeroase rânduri, îi sfătuisem pe membrii bisericii şi îi prevenisem să nu vadă, să nu audă şi să nu răspândească lucruri neadevărate, dar el nu a luat în consideraţie cele spuse de mine. A ascultat ceea ce spuneau cei care încercau să distrugă biserica, iar inima lui s-a tulburat.

Chiar în incidentul de la postul de televiziune, din 1999, el se afla într-o postură din care ar fi putut să protejeze biserica şi pe păstorul ei, dar s-a lăsat înşelat de oamenii răuvoitori şi nu şi-a făcut datoria. Pentru că L-a dezamăgit pe Dumnezeu în acest mod, Dumnezeu nu putea să îl păstreze. Răsplata care fusese păstrată în cer pentru el a dispărut şi a fost greu pentru el să fie mântuit acum.

Din cauza acestei situaţii, diavolul îl acuza ca să îl ducă în iad, dar erau îngeri care încercau să îl ducă în cer. Ce dureroasă trebuie să fi fost pentru el această situaţie! În aceste împrejurări, când eu m-am rugat pentru alungarea duşmanului diavol, duhurile rele au plecat şi el a fost mântuit.

Tot aşa, dacă cineva acuză de erezie o biserică iubită de Dumnezeu sau un pastor care este plăcut lui Dumnezeu sau îi ponegreşte în alte feluri, se face vinovat de păcat împotriva Duhului Sfânt. Cine comite acest păcat nu poate fi iertat nici dacă se pocăieşte. Va fi foarte greu pentru acea persoană să fie mântuită şi răsplata sa păstrată în cer va fi distrusă.

Aşadar, trebuie să ascultăm Cuvântul şi să ducem până la capăt mântuirea noastră, cu frică şi cutremur (Filipeni 2:12).

Profeții despre Coreea de Nord

În ziua de 13 iunie 2000, președintele Kim Daejoong a sosit la aeroportul Soon Ahn din Pyongyang, Coreea de Nord. Era pentru prima dată când președintele Republicii Coreea vizita Coreea de Nord pentru o întâlnire la nivel înalt.

În decembrie 1983, am profețit că sudul și nordul vor comunica după trei ani. Era imediat după atacul terorist al Coreei de Nord asupra oficialităților sud-coreene aflate în Myanmar, așa că relațiile dintre state erau complet înghețate. Orice afirmație care nu era în concordanță cu politica guvernamentală față de Coreea de Nord era considerată o încălcare a „Legii pentru siguranța națională."

Atacul terorist a avut loc în octombrie 1983, când președintele Doohwan Chun se afla într-un turneu prin șase țări. Myanmar a fost prima țară în program. În timp ce vizitau mormântul lui Aung San, a avut loc o explozie mare în care au fost ucise șaptesprezece persoane din anturajul președintelui și încă paisprezece, rănite.

S-a aflat că atacul respectiv a fost regizat de Kim Il Sung, şeful statului nord-coreean din aceea perioadă. Relaţiile dintre nord şi sud au fost complet îngheţate şi nimeni nu îşi putea imagina niciun fel de relaţie între cele două state.

După trei ani însă, începând din ianuarie 1987, s-au făcut propuneri cu privire la realizarea unor tratative politice şi militare între nord şi sud, a unei întrevederi între prim-miniştrii celor două state şi a unor negocieri pentru reducerea efectivelor militare. În timpul primei jumătăţi a anului 1990, am profeţit că relaţiile dintre nord şi sud se vor îmbunătăţi şi, mai mult, vor continua să se amelioreze.

În luna septembrie a acelui an, au avut loc la Seul primele tratative între înalte oficialităţi ale Coreei de Nord şi ale Coreei de Sud. În octombrie, a fost organizat un meci de fotbal între nord şi sud, iar oamenii erau complet luaţi prin surprindere de cotitura neaşteptată pe care o luaseră evenimentele. De atunci încoace, au avut loc mai multe contacte între cele două părţi, inclusiv discuţii privind organizarea unor competiţii sportive şi mai multe convorbiri la nivel înalt.

Imediat după deschiderea bisericii noastre, Dumnezeu mi-a spus că vor exista întâlniri la nivel înalt între sud şi nord şi mi-a vorbit despre felul în care se vor desfăşura lucrurile la sfârşitul lumii.

Domnul mi-a spus că atunci când se vor organiza tratative pentru alegerea aceluiaşi preşedinte în ambele ţări, va însemna că El se află chiar la uşă şi că aceste evenimente sunt strâns legate de venirea Domnului pe nori.

Discuții la nivel înalt conform profeției

După cum îmi dezvăluise Dumnezeu în 1983, întâlnirea la nivel înalt sud-nord a avut loc în data de 15 iunie 2000. Chiar înainte ca această întâlnire să fi avut loc, în ziua de 4 iunie 2000, am avertizat despre ceea ce urma să se întâmple cu privire la această întâlnire:

- Coreea de Nord își urmărește propriile interese la aceste întrevederi. Reprezentanții noștri nu trebuie să se lase înșelați. Unul dintre motive este de ordin economic, dar nu este un factor foarte important. Îi îndemn pe membrii bisericii să se roage pentru aceste lucruri.

Pe data de 11 iunie, în serviciul de duminică, am împărtășit ceea ce îmi spusese Dumnezeu:

- Discuțiile vor avea loc. La primele discuții atmosfera va fi foarte deschisă, se va merge la plimbare sau chiar se vor face glume. Se vor face numeroase schimburi pe plan politic, economic si sportiv. Dar, începând de la al doilea rând de discuții, președintele va avea dificultăți din cauza intereselor ascunse ale celorlalți. Vă rog să vă rugați pentru a putea să împiedicăm apariția unui obstacol major. În acest context, „se va merge la plimbare" se referă la faptul că că cei doi conducători de state vor face o plimbare și vor discuta într-o manieră prietenească și intimă.

În data de 13 iunie, când președintele Kim Daejoong a ajuns la Pyon-yang, Kim Jong-il a venit la aeroport să îl întâmpine. Cei mai mulți oameni se așteptau ca discuțiile să aibă loc într-o atmosferă oarecum stânjenitoare și încordată.

Cu toate acestea, pe durata vizitei, Kim Jong-il a avut un

comportament extrem de prietenos şi a afişat o atitudine binevoitoare când mergea alături de preşedintele Kim Daejoong. I-a surprins pe oamenii din sud, iar comportamentul său i-a cucerit pe aceştia. Se făcuseră mici jocuri de cuvinte ca: „şocul Kim Jong-il", sau „sindromul Kim Jong-il."

Aşa după cum îmi spusese Dumnezeu, întredeverea s-a desfăşurat într-o atmosferă prietenoasă şi au promis că se vor organiza şi alte întâlniri. Când au avut loc primele convorbiri, oamenii au fost cuprinşi de emoţii puternice. Întreaga ţară era bucuroasă datorită atmosferei prietenoase de la întâlnirea preşedinţilor.

Planuri ascunse minuţios întocmite

După ce preşedintele Kim Daejoong s-a întors din vizita în Coreea de Nord, la serviciile din 16 şi 18 iunie, cele de vineri seara şi de duminică, am vorbit despre ceea ce îmi spusese Dumnezeu. Coreea de Nord manifestase o atitudine prietenoasă şi îl primise cu căldură pe preşedintele din sud, având un plan ascuns foarte bine pus la punct.

Dumnezeu mi-a spus că, imediat după ce s-a despărţit de preşedintele Kim Daejoong, preşedintele Kim Jong-il s-a dus într-o cameră de şedinţe secretă, pentru a avea discuţii în taină despre reunificarea forţată. Au analizat fiecare persoană din sud şi pe cei care ar fi fost de folos celor din nord.

În timp ce oamenii din sud, înşelaţi de atitudinea aparent prietenoasă, visau la o reunificare paşnică, cei din nord făceau planuri pentru a reuni ţările prin forţă.

Dumnezeu mi-a arătat că Kim Jong-il a fermecat minţile oamenilor din sud în momentele scurte în care l-a întâmpinat prietenos pe preşedintele Kim Daejoong. Până atunci, oamenii din sud aveau o imagine negativă despre Kim Jong-il, care după această întâlnire s-a schimbat într-una pozitivă, ceea ce înseamna că Kim Jong-il a reuşit să acapareze minţile oamenilor din sud pentru a-şi duce la îndeplinire ţelul propriu.

Dumnezeu mi-a dezvăluit şi că aşa-numita „politică însorită" (de deschidere faţă de regimul de la Pyongyang) nu va avea rezultate foarte bune. Dacă va primi ajutor, nordul va coopera, dar această colaborare va fi doar una de moment. Sunt prietenoşi la suprafaţă, dar gândurile le sunt ascunse. Această profeţie a devenit realitate. Nordul pregăteşte arme nucleare pentru îndeplinirea propriilor planuri.

La puţin timp după ce am deschis această biserică, Dumnezeu mi-a spus că Coreea de Nord se va deschide într-o zi. Această zi se apropie din cauza presiunii exercitate de Statele Unite şi de alte ţări. Pentru acest moment, pregătim câţiva pastori şi chiar unii dintre membrii obişnuiţi pentru lucrări misionare în Coreea de Nord.

Perioada de deschidere a Coreei de Nord va fi de scurtă durată. Îşi vor simţi ameninţat sistemul şi vor închide din nou porţile. Înainte să le închidă, vor preveni străinii să părăsească ţara. Mulţi misionari vor pleca din nord, însă unii vor rămâne până la sfârşit să predice Evanghelia, iar în final vor deveni martiri.

Capitolul 5

Aşa cum acoperă apele fundul mării

Începutul lucrării de misiune de peste hotare pe scară largă

De la deschiderea porţilor bisericii în iulie 1982, într-un spaţiu mic de aproximativ 70 de metri pătraţi, m-am rugat cu câţiva lucrători de la biserică pentru misiunea mondială şi construirea Marelui Templu, care era viziunea pe care mi-a dat-o Dumnezeu.

Şaptesprezece ani mai târziu, la începutul noului mileniu şi conform planului divin al lui Dumnezeu misiunea mondială a început la scară largă.

În cartea Faptele Apostolilor, citim despre marea trezire spirituală din Ierusalim la începuturile bisericii. Pe măsură ce persecuţia bisericii a devenit mai înverşunată, creştinii s-au răspândit peste tot.

Ca urmare a persecuţiilor credinţa creştinilor a devenit mai puternică, acesta fiind începutul răspândirii creştinismului în toată lumea. În pofida faptului că duşmanul diavolul este potrivnic, voia şi planul divin al lui Dumnezeu se vor împlini cu siguranţă.

Chiar de la început, biserica noastră a fost umplută de Duhul Sfânt. Se manifestau multe semne şi minuni, iar biserica a crescut foarte repede. Bineînţeles că duşmanul diavolul a încercat să o distrugă.

Am trecut fiecare încercare cu care ne-am confruntat prin credinţă, iar Dumnezeu ne-a dat tot mai multă putere. Începând cu vizita în Uganda din anul 2000, am putut să începem misiunea mondială pe scară largă.

Uganda, punctul de început al misiunii mondiale

În ciuda faptului că Uganda este numită „Perla Africii", ţara are nevoie disperată de harul lui Dumnezeu, fiind supusă pericolelor sărăciei, bolilor şi războaielor civile. Statistic vorbind, 30% din populaţie era infectată cu virusul HIV care se răspândea cu repeziciune.

Creştinii din Uganda erau în stare de alertă şi din cauza tendinţei mondiale de creştere a numărului de adepţi ai islamului.

Atunci când am predicat la Campania unită de evanghelizare din Uganda, am înţeles de ce m-a trimis Dumnezeu în acea ţară.

Pe avionul de la Londra spre Nairobi am văzut, prin fereastră, un curcurbeu circular. Era un curcubeu neobişnuit, iar în interiorul lui se vedea umbra avionului. De atunci încolo, de câte ori mergeam în misiune în alte ţări apăreau curcubeie. Uneori erau curcubeie circulare triple, alteori curcubeie liniare şi de multe alte tipuri.

Pe data de 4 iulie 2000, am ajuns cu delegaţia misiunii noastre în Uganda. Diferiţi conducători politici şi religioşi au venit la aeroport să ne întâmpine, inclusiv secretarul de stat pentru culte, primarul oraşului Kampala şi domnul Jehoah Nkangi, ministrul justiţiei din Uganda. Populaţia locală, purtând îmbrăcăminte tradiţională, ne-a primit cu dansuri şi ovaţii.

Pe drumul de la aeroport la hotel, mulţi oameni ne făceau cu mâna. Am văzut şi afişe mari despre campanie, căreia i se făcea publicitate frecvent şi la televiziune. Presa locală îşi manifesta de asemenea interesul.

Am ţinut o conferinţă de presă la hotelul Nile, în Kampala, la care au participat mulţi reporteri, inclusiv de la reţeaua de televiziune prin cablu (CTV). Le-am promis că orbii vor ajunge să vadă, şchiopii vor umbla şi vor fi multe alte manifestări miraculoase spre Slava lui Dumnezeu.

Însă, pe măsură ce campaniei i se făcea mai multă publicitate, duşmanul diavolul şi Satan au încercat să o submineze. Nişte misionari coreeni au pus în circulaţie zvonuri false prin care încercau să oprească campania. Au reuşit să antreneze în această acţiune şi nişte oameni de presă.

Credinţa sinceră a africanilor a determinat o reacţie total diferită faţă de ceea ce aşteptau misionarii coreeni. Ca rezultat al acţiunilor lor, menite să împiedice campania, aceasta a avut parte de şi mai multă publicitate şi a devenit mai cunoscută. Astfel, a stârnit un interes sporit nu doar în rândul oficialităţilor guvernamentale, ci şi în cel al oamenilor de presă.

Conferința conducătorilor bisericii

Pe 5 şi 6 iulie s-a desfăşurat Conferinţa conducătorilor bisericii în sala internaţională de conferinţe din Kampala. Au participat nu doar pastori din Uganda, dar şi din Kenya şi Tanzania. Sala a fost însufleţită de entuziasmul miilor de pastori participanţi. Chiar şi culoarele erau pline.

Am predicat un mesaj cu titlul „Sfinţenia lui Dumnezeu." M-au urmărit cu multă atenţie, iar când am vorbit despre semnele şi minunile lui Dumnezeu, au dat slavă lui Dumnezeu cu ovaţii şi aplauze. Se bucurau ca şi cum ei ar fi fost cei care trăiseră acele lucrări ale lui Dumnezeu.

Multe persoane din Coreea afişează priviri neîncrezătoare când aud vorbindu-se despre lucrările lui Dumnezeu şi încearcă să condamne, să împiedice şi să compromită asemenea lucruri. În Uganda situaţia era foarte diferită de cea din Coreea. Oamenii aveau inimi sincere, care acceptau Cuvântul lui Dumnezeu aşa cum este.

Campania unită de evanghelizare a „explodat" prin lucrări de vindecare

În următoarele trei zile, Campania unită de evanghelizare s-a desfăşurat pe stadionul Nakivubo. În prima zi a campaniei au participat cam 70.000 de oameni. A început cu un anunţ făcut de episcopul Grivas Musisi, iar eu am prezentat un mesaj despre Dumnezeu Creatorul.

Mesajul a fost tradus în engleză şi în limba locală, aşa că predica efectivă a durat doar aproximativ douăzeci de minute.

După predică, m-am rugat pentru cei bolnavi doar vreo cinci

minute. Deşi timpul de rugăciune a fost scurt, au avut loc lucrări de vindecare măreţe încă din prima zi. Am văzut o doamnă care era întinsă pe jos în faţa scenei; nu se putea mişca.

Câteva persoane care păreau a fi din familia ei o scuturau, dar ea rămânea nemişcată ca un cadavru. După terminarea rugăciunii, ea s-a ridicat şi a urcat pe scenă. Când au văzut lucrul acesta, oamenii s-au bucurat foarte mult.

O fetiţă care avea arsuri pe picior din cauza cărora nu putea umbla, a reuşit să meargă. O persoană cu un picior mai scurt decât celălalt a ajuns să meargă normal. Pe lângă aceste lucruri, au fost mulţi oameni care s-au grăbit să vină în faţă să dea mărturie despre vindecări de SIDA, de boli de piele şi despre multe alte minuni ale lui Dumnezeu care au avut loc.

În a doua şi a treia zi, au avut loc lucrări şi mai puternice făcute de Dumnezeu. Când oamenii îşi aruncau cârjele şi bastoanele şi veneau în faţă, ceilalţi îşi manifestau bucuria în maniera lor unică. Blitzurile aparatelor fotografilor şi ale celorlalţi ziarişti luminau continuu, iar vocea unui reporter trimis la faţa locului a devenit stridentă din cauza entuziasmului care l-a cuprins.

O persoană care a fost dependentă de cârje timp de 14 ani, le-a aruncat. Orbii şi-au recăpătat vederea. Un om care nu putuse să meargă din cauza cancerului, mergea acum. Un băiat de şase ani care nu a putut să vorbească sau să meargă, putea acum şi să meargă şi să vorbească.

Reportaj la CNN

Mărturiile despre vindecări, aplauzele şi ovaţiile au

Reportaj făcut de CNN

transformat stadionul într-un amalgam înfierbântat de emoțiile și entuziasmul oamenilor. Unii fluturau batiste în timp ce alții dansau și ridicau scaunele în aer.

Campania de evanghelizare a fost transmisă în direct de postul național de televiziune din Uganda dar și de către WBS. Știrile despre campanie au fost transmise zilnic pe 4 canale de televiziune și pe diferite posturi de radio. Chiar și CNN și un canal din Marea Britanie transmiteau știri culese la fața locului.

„Dr. Jaerock Lee a dovedit că este un om al lui Dumnezeu făcând semne și minuni pe care le-a făcut și Isus prin puterea lui Dumnezeu. Aceste semne și minuni pot veni doar de la Dumnezeu.”

Chiar şi după terminarea campaniei de evanghelizare, CNN
a continuat să vorbească despre puterea lui Dumnezeu în alte
trei transmisiuni. Dumnezeu a planificat lucrurile astfel încât
minunile Lui să fie mai întâi cunoscute în alte ţări. În timpul în
care cei care fuseseră vindecaţi îşi dădeau mărturia, alţii au fost
încurajaţi în credinţă văzând lucrările lui Dumnezeu. Au adus
multe batiste peste care să mă rog.

Era un morman de scrisori, de subiecte pentru rugăciune şi
fotografii. Nu am avut timp să mă rog pentru fiecare în parte, aşa
că m-am rugat peste toată grămada. Alte persoane au mai adus

un teanc peste care să mă rog.

Conducătorii bisericilor din Uganda au ascultat mesajul curat şi dătător de viaţă şi au fost martorii lucrărilor de netăgăduit ale puterii lui Dumnezeu. Au mărturisit că au fost întăriţi în credinţa lor.

După campania de evanghelizare, câţiva pastori au venit la mine şi s-au pocăit pe genunchi pentru că au încercat să compromită campania. Am auzit că şi organizatorii campaniei au primit multe asemenea telefoane de pocăinţă. Pentru că nu înţeleseseră că eram un om al lui Dumnezeu şi puseseră piedici lucrării, doreau să ştie ce pot face acum pentru a repara daunele făcute.

Acceptând lucrările făcute prin puterea lui Dumnezeu

O soră de 22 de ani, care fusese musulmană şi nu putea merge din cauza paraliziei părţii inferioare a corpului, a fost vindecată la campania de evanghelizare. Unele autorităţi islamice au emis un ordin al tăcerii, interzicând tuturor să vorbească despre această fată sau despre vindecarea ei la campania de evanghelizare. Am auzit însă că ea ar fi declarat:

- Am participat la campanie şi am fost vindecată şi trebuie să vorbesc despre acest lucru.

Ugandezii sunt oameni simpli, cu inimi curate şi au acceptat Evanghelia Sfinţeniei şi lucrările făcute prin puterea lui Dumnezeu cu inima deschisă. Indiferent că erau pastori sau creştini laici, dacă cineva era vindecat în prezenţa lor se bucurau şi aclamau ca şi cum ar fi fost vorba de propria lor vindecare. Chiar şi după terminarea campaniei de evanghelizare, oamenii nu s-au risipit o lungă bucată de vreme. Am fost mişcat de inimile lor curate şi pline de bunătate.

Cineva a văzut ceva cu ochii spirituali. A mărturisit că a văzut cai şi care de foc în jurul locului unde se desfăşura campania de evanghelizare (2 Împăraţi 6:17). Dumnezeu a îndepărtat lucrările duşmanului diavol prin asta. „Cai şi care de foc" înseamnă că oastea cerească era prezentă acolo.

După campania de evanghelizare, când m-am rugat pentru oamenii din Uganda, Dumnezeu mi-a arătat că deşi cântau imnuri de laudă din toată inima, ei nu cunoşteau multe despre Cuvântul lui Dumnezeu.

„Oamenii acestei ţări cântă laude din toată inima pentru a-L slăvi pe Dumnezeu. Ei îl cunosc pe Dumnezeu în mijlocul laudelor, dar nu îl cunosc pe Dumnezeu prin Cuvântul Lui. De data aceasta vorbeşte-le limpede despre Dumnezeu prin Cuvântul Său."

Cuvântul lui Dumnezeu şi lucrările făcute prin puterea Sa la campanie au ajuns cunoscute unui public larg prin diferite mijloace de comunicare şi transmisie. Bisericile din Uganda au fost astfel unite şi întărite.

Zece surdo-muți vindecați la campania de evanghelizare de la Nagoya

După campania de evanghelizare din Uganda, Domnul ne-a călăuzit să organizăm una și în Japonia. În Japonia oamenii se închină la mulți idoli, iar numărul creștinilor este mai mic de 1%.

Niște pastori japonezi ale căror inimi au fost impresionate și mișcate în timpul Campaniei unite Coreea-Japonia, care avusese loc în biserica noastră în 1992, doreau să dezvolte și să mețină relații frățești și să ofere susținere pentru misionari. Am trimis primul nostru misionar în Japonia în 1994 și am deschis o filială a bisericii. Acesta a fost începutul misiunii noastre în Japonia.

Campania a fost planificată să înceapă în 14 septembrie 2000, dar din data de 11 a început să plouă abundent, din cauza taifunului. La știri s-a arătat că orașul Nagoya era inundat. Au anunțat că taifunul se îndrepta spre Coreea.

Mai mult de 30.000 de case fuseseră deja inundate în Japonia. Autoritățile orașului Nagoya au emis ordin de evacuare pentru 17.000 de oameni. Toate activitățile orașului au fost sistate și a fost emisă o avertizare de ploi abundente pentru Nagoya pentru săptămâna în care campania urma să aibă loc.

Dar, pe data de 13 septembrie, când am ajuns în Japonia, ploile s-au oprit, iar apa din oraş s-a scurs. Am reuşit să ţinem campania în zilele planificate, din 14 până în 15 septembrie, pe o vreme frumoasă de toamnă. Orchestra bisericii noastre, Nissi, a interpretat pentru ei un program cultural creştin.

Un lucru deosebit cu privire la această campanie a fost faptul că la aceasta au participat 13 surdo-muţi. Am avut un interpret pentru limbajul mimico-gestual pentru ei şi au urmărit totul cu atenţie pentru a înţelege mesajul.

Prin rugăciunea din a doua zi a campaniei, 10 dintre ei au fost vindecaţi într-o clipă prin îndurarea Domnului. A fost emoţionant să îi văd bucurându-se şi dându-şi mărturiile despre faptul că-şi dobândiseră auzul.

Nishio Shenbiro abia îşi stăpânea bucuria în timp ce ne spunea că ea se născuse cu o deficienţă de auz, iar cu doi ani înainte de campanie începuse să aibă şi un ţiuit în urechi, care însă a dispărut şi puţin câte puţin a început să audă.

Am plecat spre Pakistan cu duhul martirajului

În Pakistan, 97% din populație este musulmană. Din punct de vedere constituțional, există libertate religioasă, dar creștinii trebuie să facă față neajunsurilor de multe feluri.

Aceștia sunt supuși violențelor și uneori sunt chiar omorâți, dar nu pot să-și ceară drepturile. Ce șanse ar avea un creștin din moment ce au fost înregistrate atacuri cu bombe între diferite grupuri de musulmani?

Trebuia să fiu pregătit pentru martiraj. Când m-am rugat pentru această campanie, Dumnezeu mi-a spus: *„Vor fi multe piedici până va avea loc campania de evanghelizare, dar nu te îngrijora căci voi îndemna o oficialitate de rang înalt să te ajute. Campania va avea loc fără incidente sau probleme iar tu îmi vei aduce multă slavă."*

Pe data de 16 octombrie 2000, în timpul zborului spre Pakistan am văzut limpede prin geam, un curcubeu circular cu patru inele concentrice.

Am realizat atunci că Dumnezeu mi-a arătat acest curcubeu ca o garanție că, peste această campanie de patru zile din Pakistan, se va revărsa lumina puterii lui Dumnezeu la cele patru niveluri. Pastorii, organizatorii campaniei de evanghelizare și reporterii ne așteptau la aeroport.

Cynthia, fiica pastorului Wilson John Gil, m-a întâmpinat cu un buchet de flori. (Am prezentat deja mărturia ei în capitolul 3). Ea crescuse și devenise o domnișoară foarte sănătoasă.

În orașul Lahore, erau multe afișe despre campanie și i se făcea publicitate prin diverse mijloace de informare publice. Din loc în loc, afișele fuseseră rupte de către musulmani și existaseră chiar și amenințări cu bombe.

În 18 octombrie, organizatorii au pregătit o masă de bun venit la hotelul Avari International. Au venit multe oficialități de rang înalt, inclusiv domnul S.K. Tressler ministrul tineretului, culturii, sportului și turismului, ministrul justiției din statul Punjab și fostul șef al Curții Supreme de Justiție.

Înainte de masă, s-a petrecut ceva greu de imaginat. Domnul Abdula, cel mai important dintre conducătorii musulmani ai statului Punjab, a venit în căruciorul cu rotile să primească rugăciune pentru picioarele sale.

Musulmanii nu au voie să intre în contact cu creștinii, ceea ce înseamnă că pentru el, ca lider musulman, a fost o decizie cu atât mai dificilă să vină la mine să primească rugăciunea. Atunci când m-am rugat pentru acest conducător musulman, mi-am dat seama că era un semn că Isus Cristos câștigase deja bătălia spirituală în acea campanie.

Fiind o țară musulmană, ar fi fost dificil să organizăm campania fără sprijinul guvernului din Pakistan. Dumnezeu pregătise ajutoare dinainte.

Porţile ferecate

Era ora 9 dimineaţa, în data de 19 octombrie, ziua de începere a conferinţei pentru pastori. În acea dimineaţă, am aflat însă că aceasta fusese anulată pe neaşteptate. Stadionul Railway (Stadionul Căilor Ferate) şi clădirea unde urma să se desfăşoare conferinţa au fost şi ele închise. Noi obţinuserăm în prealabil toate aprobările necesare de la guvern.

Când am ajuns la locul unde urma să aibă loc campania, ne-au oprit poliţişti înarmaţi. În momentul în care cineva din personal le-a cerut să deschidă porţile, au dat voie să intre doar maşinii în care mă aflam şi celei care mă escorta. Poarta a fost închisă din nou. Poliţiştii înarmaţi cu puşti şi grenade opreau autobuzele pentru a le împiedica să intre pe stadion.

Din cauza presiunii exercitate de către musulmani asupra guvernului, acesta a anulat întâlnirea din motive de securitate. Pe stadion se aflau deja câţiva pastori locali, care ajuseseră acolo înainte ca porţile să fie închise. Ei îl lăudau pe Dumnezeu şi se rugau.

Pe măsură ce trecea timpul, poliţiştii deveneau tot mai brutali cu oamenii. Erau oameni care călătoriseră mai mult de 10 sau 20 de ore, din locuri îndepărtate, ca să ajungă acolo, dar nici nu se puteau apropia de stadion. Ajungeau până la mine laudele şi rugăciunile oamenilor aflaţi la mare distanţă de porţi.

Mi-am pus speranţa în Domnul şi m-am rugat. El mi-a răspuns spunându-mi:

- Nimeni nu poate tulbura această campanie, porţile se vor

deschide la amiază.

Am spus oamenilor:

- Conferinţa va începe la amiază, nu vă îngrijoraţi.

În realitate, în jurul nostru erau poliţişti înarmaţi şi nu exista nicio schimbare vizibilă a situaţiei, dar cei care erau cu mine mărturiseau şi ei cu credinţă că la amiază va începe conferinţa.

O mână de ajutor pregătită de Dumnezeu

Aşa cum am declarat în credinţă, porţile stadionului au fost deschise la amiază.

Foarte mulţi oameni intrau pe stadion cu demnitate, fluturându-şi mâinile în aer, asemeni unor generali care se întorceau victorioşi de la război. Ministrul S.K. Tressler auzise despre anularea conferinţei. A contactat telefonic demnitari guvernamentali, solicitându-le să permită desfăşurarea conferinţei şi apoi s-a grăbit spre locul acesteia pentru a participa şi el.

Tocmai se pregătea să plece la Islamabad când a auzit această veste şi şi-a modificat programul pentru a veni şi el la conferinţă. Cei care stăteau în aşteptare la periferia oraşului, aşteptând şi rugându-se, au venit şi ei cu ovaţii.

Ministrul S.K. Tessler a rostit mesajul de deschidere la conferinţa pastorilor. În cele două zile ale conferinţei, am vorbit despre secretul creşterii bisericii şi despre „Mesajul Crucii." Când m-am rugat pentru bolnavi, o fată a fost eliberată de demoni, o tumoare veche de 14 ani a dispărut, iar unii care nu puteau auzi şi-au recăpătat auzul. Au fost multe mărturii de eliberare din lanţurile durerii. Vestea s-a răspândit repede prin intermediul televiziunii naţionale, al altor reţele de televiziune şi al presei scrise precum şi de la om la om, prin viu grai.

Mulţimea adunată în faţa clădirii unde se desfăşura campania de evanghelizare

În data de 20 octombrie, la ora 7 seara, a început campania la Institutul Burt. Ca urmare a succesului de care se bucurase conferinţa pastorilor, oamenii se înghesuiau să participe. Timp de trei zile, s-au strâns zilnic mai mult de 100.000 de oameni.

Oamenii au venit din toată ţara, cu trenul sau cu autobuzul. Spaţiul de desfăşurare al campaniei era deja ticsit şi abia mai era loc. Cei care nu au putut intra au fost nevoiţi să asculte mesajul de afară, prin difuzoare. Am auzit că mulţi au plecat pentru că nu s-au putut apropia suficient ca să poată auzi ceva.

În a doua şi în a treia zi au venit şi mai mulţi oameni, chiar şi spaţiul din jurul locului de desfăşurare al campaniei era arhiplin. Poliţiştii, care încercaseră să oprească întâlnirea în prima zi, îşi schimbaseră complet atitudinea şi ne-au ajutat ca întâlnirea să se desfăşoare în siguranţă până la sfârşit.

Forţe poliţieneşti înarmate până-n dinţi apărau în fiecare zi scena şi pe membrii personalului nostru. Locului unde se desfăşura campania era înconjurat de cordoane de securitate, pentru a menţine o siguranţă perfectă.

Mulţi demnitari şi conducători ai bisericilor au participat la campanie, iar televiziunea naţională şi presa scrisă realizau cu mult entuziasm reportaje despre aceasta. Ştirile despre campanie s-au răspândit repede în alte ţări din Orientul Mijlociu şi în alte ţări musulmane.

Am predicat un mesaj despre Isus Mântuitorul nostru. Am insistat, de asemenea, asupra faptului că toate bolile pot fi vindecate şi toate problemele, rezolvate şi că ne putem bucura

Cruciada Unită din Pakistan

de viaţă veşnică în Rai, doar dacă ne rugăm în numele lui Isus. Participanţii au ascultat cu mare atenţie mesajul, care a fost tradus simultan în engleză şi în limba urdu.

La campanie au participat câteva zeci de mii de musulmani. Organizatorii mi-au spus că 50-60% dintre participanţi erau musulmani. La un moment dat, am cerut celor din mulţime să ridice mâinile dacă acum aveau credinţă în Isus Cristos. Majoritatea au ridicat mâinile. A fost un moment plin de bucurie şi de emoţie.

În timpul celor trei zile ale campaniei, după mesaj, m-am rugat pentru toţi bolnavii, în grup. M am rugat cu toată puterea ca măcar o singură persoană să mai primească vindecare divină. Prin rugăciune, Dumnezeu a făcut să se manifeste lucrări puternice ale Duhului Sfânt.

Când s-a terminat rugăciunea, mulţi oameni care au experimentat vindecarea divină au urcat pe scenă să-şi dea mărturia. Într-o clipă, scena s-a umplut. Nenumăraţi oameni au experimentat lucrarea de vindecare a lui Dumnezeu în această campanie.

Mai multe boli endemice au fost vindecate şi demoni au fost scoşi afară. Orbii şi-au recăpătat vederea şi surzii auzul. O soră, care nu putuse umbla de la naştere, din cauza paraliziei infantile, a putut să meargă, iar unul dintre picioarele ei care fusese mai scurt decât celălalt, a crescut cu 5 cm.

Această campanie misionară a fost posibilă cu ajutorul membrilor bisericii noastre, prin post, rugăciune şi colecte pentru misiune. Mulţi oameni au dat cei „doi bănuţi" în credinţă, la colecta misionară. Dumnezeu mi-a arătat că aceşti oameni vor primi binecuvântări pe pământ, dar şi o răsplată frumoasă, aur şi pietre scumpe în Împărăţia Cerească.

Dumnezeu a fost mulţumit de campania din Pakistan, şi, drept consecinţă, mi-a spus că a înconjurat biserica noastră şi toate filialele ei din lume cu lumina creaţiei, imediat după campanie.

De asemenea, mi-a arătat că ne-a dăruit o sabie de foc. Când lumina creaţiei împrăştie tot întunericul, sabia de foc separă şi îndepărtează. Mi-a explicat că astfel El va garanta pentru cuvântul meu, dacă de exemplu, voi porunci oaselor să se refacă acestea se vor uni şi se vor reface. Pe lângă aceasta vor avea loc şi lucrări de creaţie.

Puterea lui Dumnezeu care învie morţii

În data de 6 mai 2001, un curcubeu circular bine definit a apărut în jurul soarelui, deasupra bisericii, în timpul serviciului divin de duminică. Era un semn că Dumnezeu era cu noi la cea de-a noua întâlnire de trezire spirituală cu durata de două săptămâni, care urma să înceapă a doua zi.

Pe tot parcursul întâlnirii de trezire spirituală, au apărut de mai multe ori, deasupra bisericii, curcubeie circulare sau chiar curcubeie liniare. În cadrul acestei întâlniri au avut loc multe lucrări de vindecare, de exemplu, cancerul care se întinsese până la peritoneu şi leucemia au fost vindecate.

Yamazaki Hiromi, din Japonia, avea spatele încovoiat într-un unghi de 90 de grade, de vreo 10 ani de zile, înaintea întâlnirii de trezire spirituală. În prima săptămână, a participat la întâlniri din Japonia, prin intermediul internetului. Atunci când a primit rugăciunea pentru cei bolnavi, spatele ei a revenit aproape la poziţia normală iar durerea a început să-i dispară încetul cu încetul.

A fost extrem de surprinsă şi a venit în Coreea pentru a lua parte la restul întâlnirii de trezire spirituală. În 17 mai, când a primit rugăciunea, focul Duhului Sfânt s-a revărsat asupra ei. A început să transpire pe tot corpul, iar spatele i s-a îndreptat complet.

Ueda Hideo, tot din Japonia, suferea de diabet, hepatită şi alcoolism. S-a lăsat cu greu convins de insistenţele altor persoane să vină la întâlnirea de trezire spirituală. Când a primit rugăciunea, a simţit că ceva a fost îndepărtat din capul lui, asemeni unui gunoi, iar acum putea merge pe propriile picioare, cu puterea nouă pe care a primise.

Întregul corp ţeapăn şi rece

Jaeho Lee era pastorul unei parohii a bisericii noastre. Pe data de 8 mai i s-a întâmplat ceva ciudat. Membrii familiei lui mi-au relatat întâmplarea. A început să vomite din senin, dis de dimineaţă, iar după-amiază, pe la ora două, nu mai avea control asupra corpului său.

Se deshidrata continuu prin diaree şi vomă şi pe la ora cinci după-amiază şi-a pierdut cunoştinţa. Din cauză că s-a deshidratat foarte repede, pielea i s-a zbârcit. Chiar şi anusul i s-a deschis şi un lichid alb cu bule a început să i se prelingă din corp, ceea ce din punct de vedere medical însemna că era practic mort.

Fusese un om foarte sănătos, iar această întâmplare s-a desfăşurat pe parcursul a numai câteva ore. Familia l-a adus la biserică, la sesiunea de seară a întâlnirii de trezire spirituală. Erau îngrijoraţi că dacă aş fi ştiut ce i s-a întâmplat, întâlnirea de seară ar fi fost afectată, aşa că au aşteptat până s-a terminat pentru a-mi

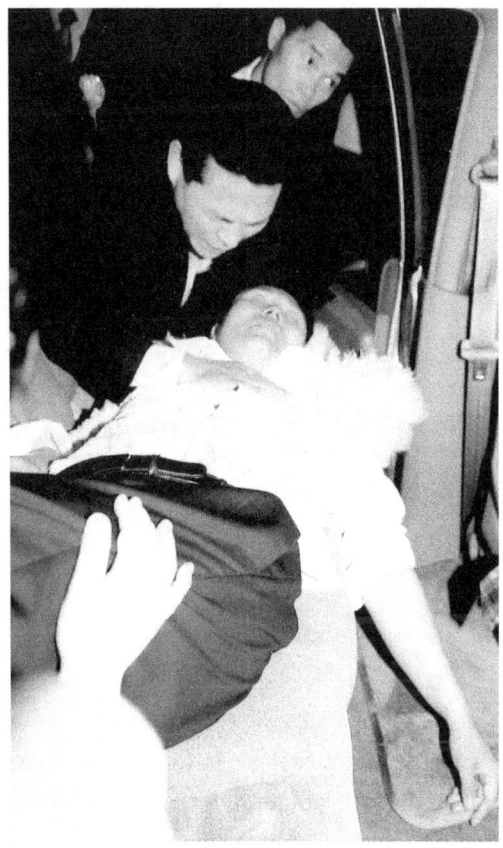

Pastorul Lazarus Jaeho Lee primeşte rugăciune în stare de inconştienţă

spune.

La momentul respectiv, pastorul Lee avea deja paralizie generalizată în tot corpul. După câteva serii de convulsii, a intrat complet în stare de inconştienţă.

Am auzit vestea pe la ora 11 seara şi m-am grăbit să ies.

Slujeşte ca misionar în America Latină (Sala de sedinţe a primăriei din Cuzco, Peru)

Pastorul Jaeho Lee zăcea în maşină, tăcut ca un mormânt. Pupilele îi erau dilatate iar trupul îi era rece şi ţeapăn. Familia lui avea însă credinţă că el va fi reînviat dacă îmi voi pune mâinile peste el.

Când m-am rugat lui Dumnezeu, cu credinţă în El, Cel care învie chiar şi morţii, Dumnezeu mi a răspuns imediat. În momentul în care am terminat rugăciunea, corpul pastorului s-a destins şi acesta şi-a recăpătat cunoştinţa. După numai cinci minute a reuşit să se ridice fără ajutor. Pastorul Jaeho Lee şi-a schimbat numele în Lazăr Lee, spunând că trăieşte o viaţă în plus. Astăzi, el slujeşte ca misionar în America Latină.

Prelegeri despre Geneza şi despre minuni

Dumnezeu mi-a vorbit din cartea Genezei. Am început o serie de prelegeri pe cartea Geneza în 1 decembrie 2000, la serviciul divin de vineri de peste noapte. Prelegerile au continuat timp de şase ani. Dumnezeu este acela care a creat toate lucrurile din univers, aşa că El poate să explice totul, chiar de dinainte de începerea timpului.

În zilele noastre chiar şi prin intermediul ştiinţei şi al cunoştinţelor extrem de performante şi de sofisticate, nimeni nu poate înţelege lucrurile de dinaintea începerii timpului. Putem înţelege astfel de lucruri doar când Dumnezeu ni le explică.

Aşa fiind, cum putem să credem că această explicaţie este cea adevărată? Dumnezeu ne-a vorbit din cartea Genezei după ce a făcut multe lucrări puternice în biserica noastră, ca şi cele despre care ne relatează Biblia.

Isus a spus: „*Dacă nu vedeţi semne şi minuni, cu niciun chip nu credeţi!*" (Ioan 4:48) Aşa după cum scrie, astăzi, cu toate semnele de care dispun, oamenii au tendinţa să nu creadă, de aceea avem o atât de mare nevoie de lucrări făcute de Dumnezeul cel viu.

În 5 aprilie 2001, s-a desfăşurat o conferinţă a conducătorilor de grupuri mici, organizată de Misiunea Femeilor din biserica noastră. În cadrul conferinţei a existat un program special numit „Urmărind norii", care fusese planificat încă din luna ianuarie a aceluiaşi an.

Deoarece Dumnezeu ne arătase multe minuni cu stele şi stele căzătoare, s-a inclus în program observarea norilor în acea perioadă. M-am rugat pentru acest eveniment.

„Doamne, va fi o activitate de observare a norilor în cadrul conferinţei, aşa că te rog arată-ne o minune."

Răspunsul lui Dumnezeu a fost: *„ Voi face să se vadă o privelişte cu diferite tipuri de nori."*

Am primit răspunsul la rugăciunea mea şi l-am comunicat membrilor bisericii dinainte, în timpul serviciului divin de vineri noaptea din 30 martie şi în cadrul serviciului de duminică.

„La activitatea de observare a norilor, Dumnezeu ne va arăta o privelişte cu nori de diferite forme."

De fapt, evenimentul fiind planificat cu atâtea luni înainte, nu aveam de unde să ştim cum va fi vremea în ziua respectivă. Nu aveam cum să ştim dacă cerul va fi acoperit cu nori întunecaţi, sau dacă va ploua. Eu am mărturisit cu gura şi m-am rugat pentru aceasta cu îndrăzneală pentru că Dumnezeu îmi dăduse deja răspunsul.

În ziua respectivă, la ora opt dimineața a apărut pe cer un curcubeu circular. În timpul dimineții conferința s-a desfășurat într-o sală de sport. Activitatea de observare a norilor era programată pentru ora 3 după-amiază, în aceeași zi. Locul era plin de miile de credincioși care veniseră din toată țara. Când m-am dus la locul stabilit pentru observare, în așteptarea a ceea ce avea să se întâmple, am văzut un cer senin, fără niciun nor.

Fenomenul s-a produs de îndată ce m-am rugat să vedem norii. După ceremonia de deschidere, credincioșii mărșăluiau în jurul terenului. În acel moment, din spatele globului solar au început să se reverse nori în formă de oaie, care încet, încet au acoperit cerul. Se deplasau de la vest la est.

Nu părea că se mișcau norii care se aflau deja pe cer, ci era ca și cum poarta cerului se deschisese iar norii începură să apară. Norii în formă de oaie au acoperit cerul și pe urmă au dispărut; au urmat nori în forma literei V, simbolul victoriei. S-au format apoi nori în formă de profeți, care au dispărut și ei.

Pe măsură ce alți nori groși au apărut pe cer și au acoperit soarele, acesta a început să semene cu luna. În curând s-a întunecat, de parcă ar fi fost seara târziu. Dumnezeu ne-a arătat cum a condus pe poporul Israel prin pustie, în timpul exodului.

Prin aceste minuni care au afectat condițiile atmosferice, Dumnezeu ne-a ajutat să înțelegem câte ceva despre deschiderea „fereastrei" sau a „porții" către cer. Timp de o oră și jumătate, s-a derulat în fața noastră o frumoasă priveliște cu nori creată de Dumnezeu. A fost cu adevărat miraculos.

Campanie cu batiste în Indonezia

În 2001, din 19 până în 29 aprilie, am trimis pastori asistenți și o echipă de misiune pentru a organiza campanii cu batiste în patru orașe din statul Irian Jaya, Indonezia.

> *„Iar ei au plecat și au propovăduit pretutindeni. Domnul lucra împreună cu ei, și întărea Cuvântul prin semnele care-l însoțeau"* (Marcu 16:20).

Echipa de misiune a organizat campanii de evanghelizare și a folosit batiste peste care m-am rugat. De câte ori oamenii îmi cereau să mă rog peste batiste, rugăciunea mea era următoarea: „Însuflețește această batistă cu puterea creației, pentru ca ori de câte ori se roagă prin credință, cei care sunt pe moarte, sau au murit să poată fi reînviați." Dacă se făceau rugăciuni cu credință cu aceste batiste, aveau loc lucrări puternice ale Duhului Sfânt.

Dumnezeu a făcut lucrări puternice prin Duhul Sfânt în

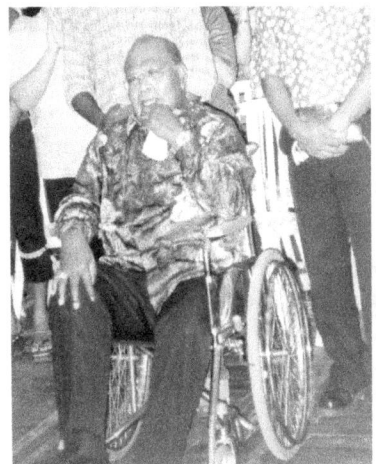

Jacob Patipi s-a ridicat din scaunul cu rotile şi a început să meargă după rugăciunea cu batiste

fiecare sesiune. Când echipa de misiune a predicat mesajul şi s-a rugat cu batistele, duhurile rele au plecat. Copii care nu puteau merge din naştere au început să meargă, iar cei care nu auzeau şi-au recăpătat auzul. Au avut loc multe semne. Presa locală a acordat şi ea o deosebită atenţie evenimentului, iar un post local a invitat echipa noastră de misiune la o emisiune în direct.

Guvernatorul statului s-a ridicat din scaunul cu rotile

Fostul guvernator al statului Irian Jaya din Indonezia, domnul Jacob Patipi, era atunci în vârstă de 65 de ani. În 1996, din cauza tensiunii ridicate, a avut un accident cerebral vascular, a căzut şi a paralizat parțial. A participat la campanie în scaunul cu rotile. Abia mergea cu ajutorul altor patru persoane. Nu prea putea vorbi și nici nu auzea bine.

Când pastorul nostru asistent s-a rugat pentru el, punând batista peste el, s-a ridicat din scaun și a început să meargă. Auzea și vedea normal. După terminarea cruciadei, am primit o scrisoare de mulțumire din partea statului Irian Jaya care scria că domnul Jacob Patipi avea acum o viață normală.

Lucrările Duhului Sfânt au cutremurat parcul Uhuru

În iunie 2001, am organizat o campanie în Kenia, poarta de intrare spre Africa de Est. Puterea creației, care s-a manifestat în campania din Pakistan, s-a manifestat și aici. Înainte de începerea campaniei, s-a ținut o conferință a pastorilor la Centrul Internațional pentru Conferințe Kenyatta din Nairobi.

Am vorbit despre faptul că Dumnezeu a existat înainte de începerea lumii și despre răzvrătirea lui Lucifer, despre Grădina Edenului și despre lumea spirituală. Participanții erau foarte atenți, însetați după Cuvântul Vieții. Unii dintre ei au sărit peste prânz pentru a-și păstra locurile.

În ziua următoare am avut cam 8.000 de participanți, cu 2.000 mai mulți decât în prima zi. Motivul era că mulți dintre pastorii care refuzaseră inițial să colaboreze din cauza unor zvonuri false au venit în cele din urmă a doua zi la conferință. În încercarea de a opri cruciada, niște misionari coreeni au conceput câteva

Cruciada Unită din Kenya (Uhuru Park)

documente false pe care le-au distribuit bisericilor şi presei.

Marea Campanie a avut loc din 29 iunie până în 1 iulie în parcul Uhuru. Scena era îndreptată spre soare şi nu era deloc uşor să transmit mesajul cu soarele care-mi bătea direct în ochi.

Dumnezeu şi-a făcut cunoscută lucrarea şi acolo. Când m-am dus la amvon să predic, norii au început să se mişte şi au acoperit soarele, astfel că am predicat fără a întâmpina vreo dificultate.

Oamenii au fost luaţi prin surprindere când au văzut că acest fenomen s-a produs trei zile consecutive. Chiar şi şoferul care care conducea maşina în care circulam a mărturisit că fusese surprins să vadă un asemenea lucru.

Încă din prima zi a campaniei, scena s-a umplut de oameni care doreau să își spună mărturia despre vindecarea pe care au primit-o prin rugăciune. Zilnic, Parcul Uhuru a fost ocupat de mai mult de o sută de mii de oameni.

Era acolo un copil care avea un picior mai scurt decât celălalt și care nu putea merge foarte bine. Copilul a fost vindecat și a început să țopăie. Mulți au fost vindecați de SIDA și de diferite alte boli. Văzându-i atât de fericiți, am fost și eu foarte bucuros și m-am simțit răsplătit.

A doua zi, m-am întâlnit la un dejun oficial cu membrii comitetului local de organizare. Mulți episcopi au fost surprinși

O doamnă care nu putea umbla poate merge acum

de manifestările puterii lui Dumnezeu şi m-au întrebat cum pot primi şi ei o astfel de putere de la Dumnezeu.

Au făcut multe comentarii cum ar fi:

„A fost pentru prima dată când am văzut atâţia oameni vindecaţi deodată şi a fost şi mai uimitor că nu te-ai rugat pentru fiecare în parte."

„A fost ca şi cum aş fi văzut pe viu întâmplările relatate în Biblie acum două mii de ani."

„Nu puteam să cred Biblia în totalitate, dar, prin această

campanie, am primit certitudinea că Biblia este adevărată."

Toți slujitorii Domnului au dorința de a face lucrări prin puterea lui Dumnezeu, așa cum Isus a adeverit Cuvântul prin semnele pe care le-a făcut. Nu a fost însă ușor de explicat într-un timp atât de scurt.

În timpul zborului înapoi spre Coreea, am văzut prin fereastra avionului curcubeie circulare și liniare.

Revitalizând rădăcinile moarte ale părului

În anul 2001, fratele Heehoon Park avea capul acoperit de un păr des, dar începând din clasa a şaptea a suferit din cauza căderii masive a părului, motivele declanşării acesteia fiind necunoscute. Părul i-a căzut puţin câte puţin iar când a ajuns la liceu mai rămăsese cu doar câteva fire de păr pe cap. Arăta atât de jalnic, chiar şi în ochii lui, că a decis să-şi radă şi cele câteva fire rămase pe cap.

Doctorii i-au spus că era vorba de un caz rar de alopecie circumferică, determinată nu de faptul că rădăcinile părului erau slăbite, ci de faptul că acestea erau moarte. Nu exista remediu.

Tratamentele medicale nu au dat niciun rezultat. A făcut tratament şi cu medicamente pe bază de plante, însă nici acestea nu l-au ajutat. A încercat multe remedii băbeşti şi unele medicamente foarte scumpe, dar nimic nu a funcţionat.

Când era în ultimul an de liceu, a început să frecventeze biserica noastră. A participat la întâlnirea specială de trezire spirituală cu durata de două săptămâni din 1998 şi părul a început să-i crească din nou. După ce a apărut apa dulce de la Muan, s-a stropit cu această apă pe cap în repetate rânduri.

În 2001, podoaba sa capilară era complet refăcută. Rădăcinile moarte ale părului au fost regenerate prin harul lui Dumnezeu şi părul său a devenit un sănătos.

Începutul manifestării Puterii supreme a Creației

Filipine este o țară predominant catolică, iar majoritatea oamenilor dețin statui cu Fecioara Maria. Adesea, oamenii cer Mariei să-i binecuvânteze. În septembrie 2001, Dumnezeu a revărsat peste campania din Filipine, Puterea supremă a Creației, cel mai înalt nivel al puterii Sale.

Când m-am rugat pentru campania de evanghelizare din Filipine, Dumnezeu mi-a spus că prin această campanie va da un ultim semnal de alarmă romano-catolicilor din toată lumea, ceea ce însemna că El le dăduse deja unele „semnale de avertizare" în trecut.

Am auzit cândva despre o statuie a Fecioarei Maria care vărsa lacrimi de sânge. Cu toate acestea, romano-catolicii nu au reușit să înțeleagă motivul pentru care Dumnezeu permite un asemenea lucru.

Maria, un instrument în mâna lui Dumnezeu

Fecioara Maria este o făptură ca toți ceilalți oameni. Când Isus a venit pe pământ în trup uman, Maria a fost însă cea pe care Dumnezeu a folosit-o ca să-L nască pe Isus. Cu toate acestea, Maria nu poate fi mama lui Isus.

Isus a fost conceput prin Duhul Sfânt, ceea ce înseamnă că el nu a luat naștere dintr-un ovul al Mariei și sperma lui Iosif. Din moment ce Isus nu a primit un ovul al Mariei, aceasta nu poate fi mama lui Lui și din moment ce nu a primit nici spermă de la Iosif, el nu poate fi tatăl Lui Isus. Din acest motiv, Isus nu a numit-o niciodată pe Maria „mamă", după cum vedem în Biblie.

„Femeie, iată fiul tău!" (Ioan 19:26)

Astfel a consemnat apostolul Ioan, care era lângă Isus când acesta era pe cruce. Isus nu i-a spus Mariei „mamă" ci „femeie." Cuvântul „fiu" din acest text se referă la apostolul Ioan.

Tot așa, în Ioan 2:4, Isus i-a spus Mariei: *„Femeie, ce am a face Eu cu tine? Nu Mi-a venit încă ceasul."* Isus a folosit apelativul femeie pentru a arăta că El a venit pe pământ ca Mântuitor.

Isus, Mântuitorul nostru, este una dintre persoanele Dumnezeului trinitar, Creatorul Însuși, așa că El nu poate avea o mamă. Din acest motiv, Isus nu i-a spus niciodată Mariei „mamă", ci i s-a adresat cu „femeie."

Faptul că romano-catolicii ridică statui ale Fecioarei Maria, la care se închină, este împotriva celor zece porunci ale lui Dumnezeu, care ne spun să nu ne facem idoli și nici chipuri cioplite și să nu ne închinăm sau să ne plecăm înaintea acestora.

Dacă Fecioara Maria ne priveşte din cer şi vede că oamenii îl înfăţişează pe Isus ca prunc alături de ea şi i se închină ei, o fiinţă creată, nu ar avea de ce să se mâhnească profund şi să plângă cu lacrimi de sânge?

Taifunurile s-au liniştit

Filipine intră în sezonul taifunurilor (uraganelor) din iunie până în octombrie, perioadă în care plouă de mai multe ori pe zi. Ploile abundente provoacă blocaje de circulaţie. Am ajuns la aeroportul internaţional din Manila în jurul orei 11 seara, în 24 septembrie 2001. Taifunurile provocaseră vânturi puternice şi ploaie.

Am avut o conferinţă de presă la hotelul din Manila imediat după ce am ajuns. Reporterii păreau interesaţi mai ales de direcţia taifunurilor şi de efectele atentatelor teroriste din 11 septembrie.

„Suntem sub efectul unui taifun chiar acum şi urmează un altul în scurt timp. Credeţi că este posibilă desfăşurarea unei campanii de evanghelizare în aer liber? Nu veţi avea probleme din cauza atacurilor teroriste din 11 septembrie?"

Le-am spus:
- De acum încolo nu va mai ploua şi taifunurile se vor linişti. Pentru că Dumnezeu este cu noi, nu vor fi accidente sau acţiuni subversive în această perioadă. Nu vă îngrijoraţi.

Am proclamat acest lucru cu îndrăzneală pentru că am experimentat întotdeauna prezenţa lui Dumnezeu cu noi şi nu am avut niciodată vreme ploioasă la vreunul din evenimentele noastre în aer liber. Reporterii nu păreau să îmi dea crezare însă

Dumnezeu a împlinit ceea ce a fost spus.

În pofida prognozei meteo, un taifun cu viteza de 130 km/h şi-a schimbat brusc direcţia şi s-a îndreptat spre Tailanda. Un alt taifun şi-a redus viteza şi a slăbit în intensitate ca şi cum s-ar fi lovit de un perete puternic, după care s-a oprit.

Verile în Filipine sunt foarte călduroase şi cu umiditate ridicată, dar, în timpul în care am fost acolo am avut parte de vreme frumoasă, cu adieri răcoroase. Pastorii locali erau extrem de bucuroşi şi spuneau că doar văzând evoluţia vremii au fost siguri că Domnul era cu ei.

Simţind Puterea supremă a Creaţiei

Pe data de 26 septembrie 2001, am ţinut o conferinţă pentru pastori la un centru internaţional de conferinţe din Manila, la care au participat aproximativ 5.000 de persoane.

În 27 septembrie dimineaţa s-a desfăşurat conferinţa pastorilor, iar după-amiază a avut loc prima campanie în parcul Luneta din Manilla. Mulţi oameni au fost vindecaţi şi în acel loc.

Unul dintre ei era un jucător de baschet pe nume Gilbert Ondinal. Gilbert a suferit un accident nefast în timp ce juca baschet. Osul de la picior i s-a rupt şi s-a răsucit. Pentru a putea merge, osul trebuia fixat cu un implant chirurgical metalic, prins de două oase.

Nu îşi putea permite operaţia. Un an de zile a suferit umblând în cârje. Când a primit rugăciunea în ziua respectivă, la conferinţa pastorilor, tot corpul i-a devenit fierbinte iar durerea i-a dispărut.

După ce s-a terminat conferinţa, Gilbert a vrut să meargă la campanie, în parcul Luneta, dar a pierdut autobuzul, aşa că a mers în cârje. Astfel a realizat că durerea îi dispăruse și avea putere în picioare. Și-a aruncat cârjele și a mers pe jos mai mult de doi kilometri pentru a ajunge la locul campaniei de evanghelizare.

Dumnezeu a fost mulțumit de fapta lui care denotă dorința după harul Domnului și i-a redat capacitatea de a merge cu puteri noi.

Mai târziu Gilbert a mers la spital pentru control și a aflat că oasele i s-au îndreptat complet și totul era normal. După un timp ne-a scris că putea să joace baschet din nou.

La parcul Luneta

După sesiunea de laudă și închinare din prima zi a campaniei, au avut loc lucrări pline de putere ale Duhului Sfânt. Câțiva oameni care au venit pe tărgi s-au ridicat și au umblat, iar unii au mărturisit că au fost vindecați chiar în momentul în care au ajuns la locul campaniei. Alții au fost vindecați în timp ce ascultau mesajul. O persoană care a auzit cântecele de laudă trecând prin apropiere, a decis să participe la campanie. Această persoană, care în ultimii zece ani nu văzuse deloc, și-a recăpătat vederea.

Am terminat rugăciunea pentru bolnavi după mesaj. Deodată, am văzut niște oameni care aduceau de lângă scenă un om țeapăn ca o bucată de lemn.

Era ca un butuc. Avea probleme cu inima și se prăbușise pe neașteptate. Corpul îi era țeapăn ca un băț și pupilele arătau ca la un mort.

M-am temut că dacă ar fi murit acolo, l-ar fi dezonorat pe Dumnezeu. Am coborât repede de pe scenă și m-am rugat în numele lui Isus Cristos, punându-mi mâinile peste el. În momentul în care am terminat rugăciunea, și-a recăpătat cunoştinţa şi s-a ridicat.

Dumnezeu a făcut lucrări mari cu Puterea supremă a Creaţiei şi I-am fost recunoscător pentru că şi-a arătat harul prin lucrări măreţe. Când m-am întors la hotel, am vărsat lacrimi. Eram ruşinat înaintea lui Dumnezeu pentru că nu am dus la îndeplinire voia Sa într-o măsură mai mare.

Profeții despre situația mondială

În anul 1982, la puțin timp după deschiderea bisericii, Dumnezeu mi-a spus că în lume vor fi trei mari puteri: Statele Unite, China unificată şi U.E. (Uniunea Europeană).

Mi-a făcut cunoscut, de asemenea, că Statele Unite vor fi din ce în ce mai izolate şi puterea le va scădea. Domnul mi-a mai spus că într-o zi chiar şi aliații lor le vor întoarce spatele şi li se vor opune, urmărindu-şi propriile interese.

La înființarea lor ca stat independent, Statele Unite au avut credința să îl venereze pe Dumnezeu şi Dumnezeu le-a binecuvântat, devenind astfel cea mai puternică națiune din lume. Astăzi însă multe persoane din Statele Unite au tendința de a-L ignora pe Dumnezeu.

Dumnezeu mi-a dezvăluit că se va forma o alianță între China şi Rusia. Aceste state vor organiza exerciții militare comune şi vor deveni tot mai puternice. Alte țări care la un moment dat se aliaseră cu Statele Unite se vor alătura Chinei.

O vizită la Dubai

De fapt, astăzi multe țări din America Latină și Africa dezvoltă relații mai bune cu China decât cu S.U.A. Am vorbit despre aceste lucruri cu mult înainte ca prezența Chinei să se facă remarcată pe plan internațional. Din acest motiv, membrii bisericii erau mult prea uluiți ca să poată răspunde „Amin."

Le era greu să creadă aceste lucruri, luând în considerare starea lucrurilor de atunci. Dumnezeu mi-a dezvăluit, de asemenea, că situația economică mondială se va înrăutăți, că prețul petrolului va crește, iar țările din Orientul Mijlociu se vor uni pentru a folosi petrolul ca armă împotriva altor țări.

În iunie 2001, Dumnezeu mi-a arătat că lumea ajunsese în

era competiției fără limite. Aceasta înseamnă că, indiferent de sistemele lor politico-economice, fie că sunt comuniste sau democrate, țările se vor uni sau își vor întoarce spatele unele altora în funcție de propriile interese.

În trecut, dacă țările intrau într-o alianță, aceasta se încheia pentru un timp îndelungat, dar în zilele noastre nu mai este așa și aceasta din cauză că sfârșitul lumii se apropie.

Începând cu actele teroriste din 11 septembrie

Majoritatea creștinilor sunt interesați de momentul în care va avea loc a doua venire a Domnului Isus. Atunci când ucenicii l-au întrebat pe Isus care sunt semnele sfârșitului, în Matei capitolul 24, El le-a răspuns:

> *„Veți auzi de războaie și vești de războaie: vedeți să nu vă spăimântați, căci toate aceste lucruri trebuie să se întâmple. Dar sfârșitul tot nu va fi atunci. Un neam se va scula împotriva altui neam, și o împărăție împotriva altei împărății; și, pe alocuri, vor fi cutremure de pământ, foamete și ciumă. Dar toate aceste lucruri nu vor fi decât începutul durerilor"* (Matei 24:6-8).

În 21 octombrie 2001, am predicat un mesaj cu titlul „Care va fi semnul sfârșitului veacurilor?" Iată câteva fragmente din acest mesaj:

> „După cum știți, în 11 septembrie a avut loc o mare tragedie care a șocat întreaga lume. A avut loc un atac terorist în inima Statelor Unite, care au promis că vor

lua măsuri drastice împotriva vinovaților și astfel s-a declanșat războiul. Acum starea de tensiune s-a extins în întreaga lume.

Este vorba de un semnal de alarmă prin care suntem avertizați cu privire la începutul sfârșitului vremurilor. Este, de asemenea, un motiv care poate declanșa mai târziu un al treilea război mondial, care este permis de Dumnezeu. Bineînțeles, faptul că Dumnezeu permite un asemenea eveniment nu înseamnă în niciun caz că El va provoca începerea ostilităților.

Înseamnă doar că Dumnezeu nu îl va opri dacă el va izbucni din cauza răutății oamenilor. Începând cu atacurile teroriste din 11 septembrie, Dumnezeu ne avertizează că vor avea loc dezastrele sfârșitului lumii.

Din cauza suferinței produse de acțiunile teroriste, Statele Unite au câștigat simpatie din partea întregii lumi, iar aliații au promis mai multă colaborare, dar, pe măsură ce războiul va continua, țările din Orientul Mijlociu se vor uni iar țările europene se vor uni și ele pentru a a ține piept Statelor Unite. În final, se va ajunge la o bătălie între creștinism și islam."

„Aceste atacuri teroriste pot fi considerate motivul declanșator al celui de-al Treilea Război Mondial. Foamete și cutremure au loc în fiecare an.

Când mii de oameni mor în diferite accidente, nu spunem că este începutul dezastrelor de la sfârșitul vremurilor. Aceste atacuri teroriste, fără precedent, asupra Statelor Unite au șocat însă întreaga lume. Un astfel de incident poate fi numit începutul dezastrelor și calamităților.

Personal, nu am niciun fel de resentimente față de Statele Unite și nu doresc să jignesc pe nimeni. Regret profund că un asemenea incident a avut loc. Încerc doar să explic situația din perspectiva lui Dumnezeu, astfel încât națiunea americană să învețe ceva de pe urma acestor evenimente. Iată ce mi-a arătat Dumnezeu:

Dacă Dumnezeu îi protejează, aceste lucruri nu pot avea loc. Spre deosebire de perioada de început a națiunii, Statele Unite au deviat de la credința lor. Unele biserici chiar ordinează pastori care practică homosexualitatea.

Când se întâmplă astfel de dezastre, cei care au o inimă sinceră ar trebui să se cerceteze pe ei înșiși mai întâi pentru a vedea de ce nu i-a protejat Dumnezeu și apoi să se pocăiască de ceea ce au făcut rău.

Când a fost proclamată pedeapsa asupra oamenilor din Ninive, împăratul și oamenii s-au pocăit cu post. Tot așa, începând cu președintele, oamenii din Statele Unite ar fi trebuit să se pocăiască în umilință înaintea lui Dumnezeu, ar fi trebuit să caute modalități de a face pace cu toți prin iertare și împăcare.

Mânați de mândria de a fi cea mai puternică națiune din lume, ei au crezut că pot să răzbune ceea ce s-a întâmplat prin puterea lor. Au încercat să scoată „ochi pentru ochi" și „dinte pentru dinte." Acest fapt le-a creat noi probleme.

Dat fiind că nu renunță la represalii, Statele Unite întâmpină tot mai multe dificultăți politice și economice. Pe măsură ce economia Statelor Unite se va poticni, și economia restului lumii va intra în impas.

Țările Orientului Mijlociu se vor uni pentru a opune

rezistență Statelor Unite și vor folosi petrolul ca armă, pentru a controla economia mondială. Temându-se de actele teroriste, multe state vor decide că nu mai este în interesul lor să coopereze cu S.U.A. și se vor retrage."

„Sunt multe motive pentru războaiele din lume. Doar în Orientul Mijlociu, multe țări, inclusiv Iran, Irak și Siria, au sentimente ostile față de Statele Unite. Peste tot în lume au loc nenumărate atacuri teroriste.

Există un motiv pentru care războiul care va fi una din cauzele sfârșitului vremurilor a avut loc în Afganistan. Dacă lupta ar fi izbucnit într-un loc care ar fi determinat conflicte majore în întregul Orient Mijlociu, s-ar fi putut declanșa fără întârziere cel de-al Treilea Război Mondial și ar fi fost implicată întreaga lume.

După cum a spus Isus, aceste lucruri vor avea loc, dar nu este încă sfârșitul. Nu este sfârșitul, dar este începutul dezastrelor și nenorocirilor care vor avea loc pe scară largă. De asemenea, este pregătirea cauzei celui de-al Treilea Război Mondial și de aceea a fost ales Afganistanul.

Sfârșitul va veni când vom fi deja ridicați pe nori. Acesta este evenimentul care declanșează începutul sfârșitului. Acest incident a împrăștiat semințele unui război care va implica toate țările Orientului Mijlociu."

„Ce se va întâmpla cu Coreea? Atunci când va veni timpul în care Coreea nu va mai beneficia de pe urma relației cu S.U.A., vom căuta sprijin în altă parte. Pentru că va fi haos economic, inclusiv o criză a petrolului și economia noastră va avea, dificultăți, firește.

Dar, pentru că Dumnezeu are un plan să înfăptuiască ceva prin această țară în zilele din urmă, El ne va proteja într-o anumită măsură de necazurile de la sfârșit.

În mod special, se vor deschide oportunități prin biserica noastră. Dumnezeu ne-a dat posibilitatea să organizăm campanii în Uganda, Pakistan, Kenya și în alte țări care înconjoară Orientul Mijlociu.

Dumnezeu ne-a spus de multe ori că vom înțelege de ce ne-a dat posibilitatea să desfășurăm campanii în acele țări. El ne-a spus că veștile despre mine și despre biserica noastră s-au răspândit adânc în rândul autorităților țărilor musulmane."

Capitolul 6

Doar prin numele lui Isus Cristos

Chiar cu mâinile rănite

Înaintea servciului de vineri noaptea, membrii bisericii noastre vin pe la mine acasă începând de pe la ora 3 după-amiază. Mă întâlnesc cu ei începând cu ora 4. Deși doar pentru puțin timp, ei se consultă cu mine iar eu le dau sfaturi, mă rog pentru ei și dau mâna cu ei. În mod normal, terminăm pe la ora șase seara.

După aceea, mă duc la biserică și încep o altă serie de întâlniri cu membri din biserică. La ora 11 seara, când începe serviciul divin, simt că nu mai am putere, dar Dumnezeu mă ajută pentru a predica mesajul cu multă îndrăzneală.

Chiar și duminica, membri ai bisericii vin la locuința mea, începând de dimineața devreme. Din înțelegere pentru ei, pentru că sunt deja acolo și așteaptă, ies devreme ca să îi întâmpin. Întâlnirile încep înainte de ora cinci dimineața. Le ascult problemele și mă rog pentru ei. Totul durează cam trei ore, după care merg la biserică.

De la serviciul de vineri noaptea până la serviciile de

duminică, dau mâna cu mii de membri, aşa că mâna se zgârie, pielea crapă şi chiar sângerează. În fiecare săptămână, mâna îmi este zgâriată, cu pielea crăpată, dar am un motiv întemeiat pentru a continua cu aceste întâlniri.

Este harul lui Dumnezeu că membrii bisericii, de la copii la persoane în vârstă, îşi iubesc păstorul şi vor să se întâlnească cu el şi să-l salute. Mă rog pentru ei şi dau mâna cu ei, pentru ca puterea lui Dumnezeu să poată veni asupra lor şi ei să poată primi răspunsuri la rugăciuni.

Atunci când văd membri de la biserică bucurându-se după ce au fost vindecaţi de boli grave, sau după ce au primit răspunsuri, sau când îi văd pe cei care primesc răspunsuri la problemele lor doar dând mâna cu mine şi îl laudă pe Dumnezeu, mă simt răsplătit şi primesc puteri noi.

Ce ar face Isus? Mă rog cu toată puterea pentru toţi şi îmi pun mâinile peste fiecare bebeluş şi copilaş fără să neglijez pe vreunul.

Pentru atingerea țelului

La începutul anului 2002, Dumnezeu mi-a dat un nou țel, și anume desăvârșirea „Puterii supreme a Creației." Această putere este puterea originară a lui Dumnezeu, cea prin care a creat cerurile și pământul, doar prin Cuvântul Său. De exemplu, la porunca Sa, orbii își recăpată vederea, orbii, auzul iar șchiopii pot să meargă.

După cum scrie în Biblie, lucrurile pot fi create din nimic doar prin Cuvântul rostit. Puterea supremă a Creației, poate ridica din oase uscate o armată. Poate face un măgar să vorbească. Când această putere a creației se manifestă fără obstacole, putem spune că ea s-a desăvârșit. Puterea supremă a Creației, poate exercita control nu doar asupra lumii fizice, ci și asupra lumii spirituale invizibile.

Pentru ca Puterea supremă a Creației, să se manifeste prin mine, Dumnezeu mi-a spus că va trebui să trec prin trei încercări, după cum și Isus a trecut prin trei încercări. Isus este fiul lui

Dumnezeu, dar s-a născut în trup omenesc pentru a deveni Mântuitor şi de aceea a trebuit să treacă prin trei încercări ca orice fiinţă umană. Aceasta este şi modalitatea de a primi autoritate prin Cuvântul Său atât în lumea fizică cât şi în cea spirituală.

Isus a avut dintotdeauna Puterea supremă a Creaţiei, dar a început să o folosească doar după ce a trecut prin cele trei încercări. A transformat apa în vin la o nuntă. A hrănit cinci mii de oameni cu numai cinci pâini şi trei peşti. A liniştit vânturile şi marea prin Cuvântul Său. Toate acestea sunt lucrări de creaţie. Atunci când El a poruncit prin Cuvântul Său, un paralitic a început să meargă, iar leprosul a fost curăţat de boală.

El a mai spus că ar putea aduce mai mult de douăsprezece legiuni de îngeri (Matei 26:53), dar, pentru a respecta ordinea naturală a lucrurilor, a face ceea ce este drept şi a împlini voia Tatălui, nu a făcut acest lucru, chiar dacă avea autoritatea şi puterea să domnească atât peste lumea spirituală cât şi peste cea fizică.

În februarie 2002, am urcat în munţi pentru cea de-a doua sesiune de rugăciune. În timpul rugăciunii, Dumnezeu m-a ajutat să realizez că încercările prin care am trecut de când fusesem chemat să Îl slujesc mi-au fost date ca să primesc Puterea supremă a Creaţiei. De asemenea, mi-a înfăţişat o interesantă poveste alegorică.

În această poveste, mă aflam pe o corabie numită „Manmin" iar Dumnezeu a trimis peste noi un taifun puternic. Amintiţi-vă că, în 1998 şi 1999, El a clătinat biserica trecând-o prin cele trei încercări. Unii oameni săreau din barcă şi cădeau în mare, unii ezitau şi se întrebau dacă să sară sau nu, iar alţii se ţineau de parapet şi de frânghii să nu cadă.

Unii s-au dus la cabine şi dormeau liniştiţi chiar în timp ce corabia se clătina. Dumnezeu i-a lăudat pe aceştia.

Din punct de vedere spiritual, eu eram căpitanul vasului „Manmin." În cei care ezitau neştiind dacă să sară sau nu se ducea o luptă între două dorinţe, ispitiţi fiind de Satan. Desigur, Dumnezeu a avut milă de ei şi i-a mântuit chiar şi pe aceştia.

Cei care dormeau în cabine, reuşiseră să adoarmă pentru că aveau încredere deplină în căpitan. Am observat că aceştia au fost cei care au crescut în credinţă şi au devenit luptători spirituali. Ei sunt aceia care au primit multe binecuvântări spirituale.

Prin cele trei încercări, membrii bisericii şi-au putut cerceta credinţa. Dumnezeu a îngăduit aceste încercări pentru a ne conduce la Noul Ierusalim şi pentru a se împlini voia Sa divină privind misiunea mondială şi construirea Marelui Templu.

În înţelepciunea Sa, Dumnezeu a permis lui Satan să ne încerce, dar am biruit prin credinţă. Dumnezeu a îngăduit să trec prin încercări şi teste greu de suportat, însă, pe măsură ce le-am depăşit, Dumnezeu mi-a dat putere peste putere, iar în final mi-a dat Puterea supremă a Creaţiei. Nu era nimic cu care duşmanul Satan mă putea acuza. Dumnezeu a permis să trec prin aceste teste pentru că ele reprezentau sfârşitul tuturor încercărilor.

Vindecată de cancer la nas printr-o strângere de mână făcută cu credință

În ianuarie 2002, am primit o scrisoare de la diaconița Hoim Choo. Scrisoarea suna astfel:

„În decembrie 2001, soacrei mele, care locuia în Mokpo, a început să-i curgă pe neașteptate sânge din nas. S-a dus la un spital din apropiere, de la care a fost trimisă la un spital mai mare din Seul. A venit la Seul și a fost diagnosticată la două spitale. Era vorba de cancer la nas.

Se întinsese deja destul de mult. Medicii au sugerat o intervenție chirurgicală prin care osul nazal să fie îndepărtat și înlocuit cu un os artificial. Soacra mea sângera de mai mult de 15 zile și avea tampoane de tifon în nas.

La două zile după stabilirea diagnosticului, am participat la serviciul de vineri noaptea. După terminarea serviciului, mi-am scris în palmă numele bolii soacrei mele. Apoi, când ați trecut pe lângă mine am dat mâna cu dumneavoastră, pastorul principal. Doream cu tot sufletul ca Dumnezeu să-şi arate puterea prin dumneavoastră. Sâmbătă dimineaţa devreme, când m-am întors acasă după serviciul divin de vineri noaptea, una dintre rudele mele de la ţară mă aştepta.

I-am spus: „Mi-am scris în palmă numele bolii de care suferă soacra mea şi am dat mâna cu pastorul principal pentru ca Dumnezeu să o vindece."

Mi-am mărturisit credinţa că Dumnezeu o va vindeca. Am sunat-o pe soacra mea sâmbătă, pe la 7:30 dimineaţa. Ştiam deja că avusese loc un miracol.

Soacra mea mi-a spus: „Hoim, m-am trezit dimineaţa şi nasul nu îmi mai sângera deloc."

În acel moment am crezut că doar sângerarea se oprise. Nu am ştiut că fusese complet vindecată de cancer. În data de 2 ianuarie 2002, am dus-o la spital pentru operaţie.

A fost supusă unui control final, chiar înainte de operaţie. „Este ciudat, dar nu mai aveţi cancer", a spus medicul. Cancerul dispăruse! A fost trimisă acasă imediat.

Am dat mâna în credinţă pentru soacra mea, care nu avea multă credinţă, iar Dumnezeu a vindecat-o. De asemenea, soţul meu a fost vindecat de diaree, de care suferea de două luni, când a primit rugăciunea pentru cei bolnavi, la serviciul de Anul Nou. A fost extrem de fericit, iar acum spune mărturia sa oamenilor din jurul lui."

Soacra diaconiţei Hoim Choo vine acum la biserică şi este perfect sănătoasă. Puterea supremă a Creaţiei nu doar vindecă boli, prin atingere şi rugăciune peste fotografia pacientului, dar poate chiar schimba condiţiile atmosferice.

Vindecat de cancer prin rugăciune cu batista

Soonchang Shim locuieşte în Hampyeong, provincia Cheonnam. În aprilie 2002 a avut ameţeli şi dificultăţi la mers. Simţea durere la urinare, iar urina îi era amestecată cu cheaguri de sânge.

A fost diagnosticat cu cancer al vezicii urinare, care se extinsese considerabil. Medicul i-a spus că era foarte posibil să se fi extins la plămâni şi i-a sugerat să se opereze la un spital important din Seul. A fost internat la Ehwa Women's University Hospital (Spitalul Universităţii pentru Femei Ehwa). La cererea diaconiţei Soollaz Shim, care frecventa biserica noastră, unul dintre pastorii noştri l-au vizitat la spital.

Pastorul i-a spus pacientului că poate fi vindecat prin credinţă, dacă se va pocăi că nu a trăit după Cuvântul lui Dumnezeu şi dacă va asculta de Cuvântul lui Dumnezeu. Pastorul s-a rugat pentru el cu o batistă.

Batista folosită de pastor era una peste care mă rugasem eu

înainte. Dumnezeu şi-a arătat lucrările care mistuie bolile, ori de câte ori oamenii s-au rugat cu credinţă cu aceste batiste.

După ce a primit rugăciunea, nu a putut să doarmă din cauza unor dureri puternice. La ora 4 dimineaţa a urinat şi a simţit ieşindu-i din organism ceva care îl presase cu putere pe abdomen.

Cancerul îi ieşise din trup. De atunci nu a mai avut dureri la urinare, iar urina îi era limpede. În ziua următoare a primit diagnosticul final dinainte de operaţie, din care reieşea că era sănătos. A fost externat imediat.

Pentru el ar fi fost dificil să-şi revină complet chiar şi după operaţie, deoarece cancerul se extinsese. Cu ajutorul rugăciunii prin intermediul batistei, a experimentat lucrarea lui Dumnezeu şi şi-a recăpătat sănătatea.

Primim în fiecare săptămână mărturii de la cei care au fost vindecaţi prin intermediul batistelor peste care m-am rugat, nu doar din Coreea, ci din toată lumea. Pot doar să Îi mulţumesc şi să Îi dau slavă lui Dumnezeu pentru toate acestea.

Un strigăt fierbinte

Întâlnirea anuală de trezire spirituală cu durata de două săptămâni a fost o masă festivă cerească la care oamenii au trăit lucrările pline de putere ale lui Dumnezeu. Întâlnirea de trezire spirituală care a avut loc între 6 şi 16 mai 2002 s-a desfăşurat sub titlul „Puterea."

Când m-am rugat pentru această întâlnire de trezire, Dumnezeu mi-a arătat că El îşi va îndrepta atenţia spre vindecarea celor cu probleme de vedere în lunea din a doua săptămână, iar marţi, spre vindecarea celor cu diferite invalidităţi şi care nu pot merge şi miercuri a celor care nu pot auzi şi nu pot vorbi. Mi-a spus, de asemenea, că vor fi vindecaţi mulţi oameni.

În 5 mai, duminică dimineaţa, un curcubeu circular strălucea deasupra bisericii. Văzând curcubeul, m-am aşteptat ca puterea lui Dumnezeu să se manifeste şi mai intens în timpul întâlnirii de trezire spirituală.

Dumnezeu a făcut lucrări de creație mult peste așteptările noastre. Orbii și-au recăpătat vederea, muții au vorbit și multe boli au fost vindecate. A fost la fel ca în Biblie.

Ce mare bucurie simt când oamenii sunt vindecați prin rugăciunea mea fierbinte! De câte ori am strigat cu voce tare către Dumnezeu, spunând „Doamne!", am strigat din toate puterile.

Prin lucrările puternice ale Duhului Sfânt care se succedau cu rapiditate, au fost vindecați sute de oameni, care au umplut zona din fața amvonului. Oamenii au venit în partea de jos a podiumului pentru a mărturisi miracolele care au avut loc în trupurile lor.

După cum a promis Dumnezeu, prin razele de lumină vindecătoare, mulți oameni au renunțat la ochelari, unii și-au aruncat cârjele iar alții s-au ridicat din cărucioarele cu rotile.

Unii dintre oameni, care aveau ochii spirituali deschiși, au văzut o minge de foc care a pornit de la pieptul meu, învârtindu-se cu repeziciune și a trecut de-a lungul brațelor mele cu puterea Duhului Sfânt. Alții au văzut îngeri care îi atingeau pe cei bolnavi și destindeau oasele înțepenite.

În special cei cu vederea slabă și-au recăpătat vederea la această întâlnire de trezire spirituală. Chiar și orbii și-au primit vederea. Cei care nu vedeau din cauza cataractei sau a diabetului și-au recăpătat și ei vederea. Mulți au fost și cei care s-au ridicat din cărucioare. Cei care sufereau datorită poliomielitei au fost vindecați. Credincioșii care erau de față și urmăreau cele întâmplate s au bucurat împreună cu ei și au dat slavă lui Dumnezeu.

Vânt puternic şi rapid de la Duhului Sfânt

Dumnezeu ne-a dat Evanghelia Sfinţeniei care include cele Cinci Elemente* şi Puterea Creaţiei, care împreună sunt o puternică armă spirituală, pentru a duce la îndeplinire misiunea mondială în această lume plină de păcate şi întuneric. Oriunde mergem, lucrările însufleţitoare ale Duhului Sfânt întorc mulţi oameni la Domnul.

Renunţând la candidatura pentru preşedinţie

Honduras este o ţară predominant catolică. Populaţia ei suferă din cauza sărăciei şi a numeroaselor maladii.

Înainte de plecarea mea în Honduras, personalul care a făcut

---

*Cele cinci elemente sunt: naşterea din nou, sfinţenia, vindecarea divină, învierea şi a doua venire a Domnului (n.tr)

pregătirile pentru campania de evenghelizare m-a informat că existau probleme de securitate. Mi s-a spus că până şi civilii erau înarmaţi şi că erau multe primejdii.

Mi-au spus de asemenea că, din cauza climei extrem de călduroase, unii oameni muriseră în urma înţepăturilor de ţânţar. Când m-am rugat pentru aceasta, Dumnezeu mi-a răspuns că El înconjurase deja cu lumina puterii Sale oraşul şi locul unde urma să se desfăşoare campania de evanghelizare şi că armata cerească şi îngerii păzeau zona aceea. Nu aveam de ce să mă îngrijorez.

În ziua de 23 iulie 2002 am ajuns la aeroportul internaţional San Pedrosula. Ne-au întâmpinat în jur de 1.700 de localnici. Printre ei se afla un parlamentar, domnul Esteban Handal. Acesta a jucat un rol major în organizarea campaniei de evanghelizare din această ţară.

Domnul Handal candidase funcţia de preşedinte. Era un foarte cunoscut membru al congresului, om de afaceri şi jurnalist de radio şi televiziune creştin.

După ce a participat la campania noastră de evanghelizare din Filipine, în 2001 şi a văzut la faţa locului puterea lui Dumnezeu în acţiune, viaţa lui s-a schimbat.

M-a întrebat:

- Frate pastor, să candidez pentru preşedinţie, sau este mai bine să îmi îndrept atenţia doar spre lucrarea lui Dumnezeu?

- Dacă ar fi alegerea mea, ţi-aş sugera să te ocupi doar de lucrarea lui Dumnezeu.

În urma sfatului meu, a întrerupt activitatea politică şi a decis să ducă Evanghelia Sfinţeniei în lume.

Nu putem accepta compromisuri cu alte religii

Când am ajuns la hotel, m-au întâmpinat reporteri şi oameni de presă de la şapte televiziuni şi cinci posturi de radio. Prima întrebare care mi s-a adresat a fost de ce am ales Honduras.

„Motivul pentru care Dumnezeu mi-a spus să vin în Honduras a fost pentru a binecuvânta această ţară. Veţi vedea la campania de evanghelizare cum mii de oameni vor fi vindecaţi."

Am adăugat:
„Spun mii de oameni pentru că nu doar cei care vor fi prezenţi la campania de evanghelizare vor fi vindecaţi, ci şi cei care o vor urmări la televizor sau o vor asculta la radio."

Am declarat acest lucru cu îndrăzneală, pentru că Dumnezeu ne-a arătat semne şi minuni uimitoare la fiecare campanie de evanghelizare. Odată ce am făcut publice astfel de declaraţii greu de crezut, aş fi devenit un mare mincinos dacă aceste semne nu ar fi avut loc.

Cuvintele mele s-au adeverit. Am aflat de la cei care au transmis campaniile de evanghelizare în direct, că s-au primit multe telefoane de la telespectatori. Am auzit că s-au primit mai mult de o mie de telefoane în care oamenii spuneau că au fost vindecaţi în timp ce urmăreau campania de evanghelizare la televizor.

Următoarea întrebare a reporterilor a fost:
- Biserica Romano-Catolică şi unele biserici protestante încearcă să unească şi să împace diferite religii. Ce părere aveţi despre aceasta? Răspunsul meu a fost tranşant:

- Există un singur Dumnezeu, care este Dumnezeu Creatorul. Creştinismul nu poate accepta niciodată compromisuri cu alte religii. Dumnezeu ne spune în mod clar, în cele zece porunci, că El este singurul Dumnezeu şi că nu sunt alţi dumnezei în afară de El. Prin urmare, nu mai poate exista nicio altă religie.

Reporterii păreau surprinşi că vorbeam atât de categoric, într-o ţară unde mai mult de 90% din populaţie este romano-catolică.

În ziua următoare, am văzut ziarul „*La Tiempo.*" Pe o pagină era publicată poza papei, care era asistat de alte persoane deoarece suferea de boala Parkinson.

Pe cealaltă pagină însă era un anunţ despre campania de evanghelizare organizată de noi, cu fotografia mea, având titlul: „Isus Cristos vindecă azi. Orbii văd, muţii vorbesc şi surzi aud", care contrasta cu cealaltă imagine.

Vremea caniculară s-a răcorit

În dimineţile de 26 şi 27 iulie, s-a ţinut conferinţa pastorilor la biserica Ebenezer, pe o vreme răcoroasă.

Am aflat că vremea se schimbase brusc din ziua în care echipa noastră de misiune a ajuns în Honduras. Erau mai mult de 40 de grade Celsius (104 grade Fahrenheit), dar din ziua în care am ajuns noi a început să adie o briză răcoroasă, iar în timpul zilei norii au acoperit soarele pentru a face vremea şi mai plăcută.

Înainte de ne îndrepta spre Honduras, Dumnezeu mi-a spus de mai multe ori că El va controla toate condiţiile atmosferice şi că nu e cazul să mă îngrijorez cu privire la acest lucru. Dat fiind că nu am avut niciodată vreo dificultate când am organizat activităţi în aer liber, nici nu mi-am făcut griji, dar, pentru că El mi-a spus de multe ori să nu mă îngrijorez de nimic, am simţit că se va întâmpla ceva.

În 26 iulie, la ora 7 seara, am început campania de evanghelizare. În seara respectivă însă începuse să plouă de pe la ora 6 şi cum ploaia se înteţea nu se puteau folosi aparatele pentru transmisiunile televizate şi nici microfoanele.

Stadionul, care avea o capacitate de 60.000 de oameni, era deja plin. Auzisem că localnicii intenţionau să meargă acasă dacă ploaia ar fi continuat.

Echipa noastră de interpretare artistică a intrat pe scenă când ploua cu găleata. Purtau frumoasele veşminte tradiţionale coreene numite „Hanbok" şi au prezentat minunatele dansuri coreene cu evantaiul.

Scena era alunecoasă din cauza ploii, aşa că şi-au scos pantofii pentru a interpreta impresionantele dansuri de închinare. În ciuda ploii, participanţii nu şi-au părăsit locurile. Localnicii au intrat şi ei pe terenul de joc şi cu toţii L-au lăudat pe Dumnezeu prin dansuri şi ridicându-şi mâinile spre cer.

Eu mă aflam într-o cameră de aşteptare şi am anunţat că aş vrea să merg pe scenă la ora 6, dar organizatorii mi-au sugerat să nu fac acest lucru. Eram sigur că dacă aş fi intrat pe scenă ploaia ar fi încetat. Organizatorii m-au oprit însă, spunându-mi că nu ar fi bine să mă ud.

La ora 7, nu am mai putut aştepta şi am ieşit pe scenă în ciuda sugestiilor organizatorilor de a rămâne unde eram.

În acel moment, ploaia abundentă s-a trasformat într-o ploicică. În curând, s-a oprit de tot. Cerul s-a limpezit iar vântul bătea uşor. Ca rezultat al ploii şi al adierii de vânt apărute chiar înaintea campaniei de evanghelizare, ţânţarii dăunători şi supărătorii fluturi de noapte au dispărut.

Mulți nu au putut intra pe stadion

După mesaj m-am rugat pentru bolnavi. Mărturiile celor care fuseseră vindecați au continuat până la 10 noaptea. SIDA, orbirea, muțenia și alte maladii au fost vindecate.

Lucrările mistuitoare și pline de putere ale Duhului Sfânt s-au manifestat prin Puterea supremă a Creației. De vreme ce se petreceau atât de multe semne vizibile, câți oameni trebuie să fi fost vindecați de boli interne care nu se vedeau cu ochiul liber?

A doua zi, înainte chiar de începerea campaniei de evanghelizare, mulțimea nu a ocupat doar locurile de pe scaune, ci a umplut întregul teren.

Adia o briză răcoroasă și nu erau nici fluturi de noapte, nici țânțari, nici măcar lângă reflectoare. Problema cu țânțarii era atât de serioasă încât viceprimarul din San Pedrosula mi-a cerut să mă rog pentru aceasta, dar pentru că Dumnezeu era cu noi nu am avut parte de insecte dăunătoare.

„Frate pastor, numărul participanților este mai mare de 100.000, incluzându-i pe cei nu au putut să intre pe stadion. Sunt zeci de mii de oameni rămași afară.”

Când s-au ocupat locurile, ca măsură de siguranță, nu i-au mai lăsat să intre pe cei care se grăbeau spre stadion. Mi-a părut rău pentru cei care au fost nevoiți să rămână afară.

În urma scurtei rugăciuni pentru bolnavi, mulți oameni s-au ridicat din cărucioarele cu rotile și au umblat și mult mai mulți au fost vindecați de bolile lor și și-au spus mărturia.

Nimic nu este imposibil prin focul Duhului Sfânt

Sub conducerea domnului dr. Jose Samara de la spitalul Bethesda din San Pedrosula, medicii au verificat şi au documentat cazurile de vindecare. Au făcut controale medicale amănunţite prin radiografii, rezonanţă magnetică nucleară şi teste de sânge.

Personalul medical a ajuns să aibă o credinţă puternică după ce a fost martor direct la lucrările puternice ale lui Dumnezeu. Unul dintre medici, dr. Cruz Marin a prezentat rezultatul consultaţiei unei fetiţe de 12 ani pe nume Maria Yesenia. Ea îşi pierduse vederea la vârsta de doi ani din cauza unei febre.

I s-a făcut un transplant de cornee, dar tot nu vedea. Când a primit rugăciunea la campania de evanghelizare i-a pătruns în ochi puţină lumină şi a început să distingă diferite obiecte.

Un băieţel de doisprezece ani, Esteban Zuninga, a fost infectat cu virusul HIV la 8 luni după naştere. El a participat la campania de evanghelizare după ce a văzut la televizor un anunţ despre aceasta. În timpul rugăciunii pentru bolnavi a simţit o căldură care i-a părăsit corpul.

Pentru că avea şi probleme digestive, nu mânca prea bine. Durerea i-a dispărut însă complet şi a început să mănânce normal. Mai târziu, a fost la un control medical şi s-a constatat că fusese vindecat complet.

Osman Guerra Miranda avea SIDA. Nu putea să meargă şi trebuia să stea mereu întinsă. Când a participat la campania de evanghelizare şi a primit rugăciune, a simţit cum ceva ca un foc i-a cuprins trupul şi, în acel moment, durerea i-a dispărut. A reuşit să se ridice şi să meargă imediat.

Arnaldo Batres era responsabil cu securitatea pentru campania de evanghelizare. Cu o lună înainte de campanie, s-a rănit la un picior. Avea dificultăţi la unele mişcări şi nici nu se punea vorba să alerge. A muncit din greu pentru campania de evanghelizare în pofida durerii de la picior. În timpul rugăciunii pentru bolnavi însă şi-a simţit tot corpul tremurând şi cuprins de răcoare şi a fost vindecat complet.

A fost vindecat pe deplin încât a doua zi a jucat fotbal. Fetiţa lui de 8 ani, care nu auzea bine de la naştere, a început să audă normal după ce a primit rugăciunea la campania de evanghelizare.

Suiafa Liera era mormonă. A urmărit campania de evanghelizare la televizor şi în timpul rugăciunii pentru bolnavi şi-a pus mâinile pe picioare. Nu îşi mai putea mişca picioarele de când fusese implicată într-un accident, cu 8 luni înainte. Când a primit rugăciunea, focul Duhului Sfânt a venit peste ea şi a reuşit să meargă şi chiar să alerge imediat. S-a convertit la protestantism.

Pastorii locali spuneau:

- Mă simt ca şi cum aş trăi în Biblie. Acum cred fără urmă de îndoială că Dumnezeu este atotputernic. M-am simţit răsplătit auzind asemenea remarci.

La fel ca şi pe timpul Domnului Isus, când oamenii bolnavi veneau cu credinţă, experimentau lucrările Duhului Sfânt şi erau vindecaţi.

Când m-am întors în Coreea după campania de evanghelizare, am primit o scrisoare de la vicepreşedintele Hondurasului. Îmi mulţumea în numele tuturor oamenilor din Honduras pentru vindecarea pe care au primit-o atât de mulţi şi pentru că i-am ajutat şi i-am călăuzit spiritual.

O nouă dimensiune a puterii

Lucrări mărețe ale puterii lui Dumnezeu s-au manifestat în fiecare campanie de peste hotare, dar nu eram pe deplin mulțumit. Nu era suficient să particip la împlinirea misiunii mondiale cu acel nivel de putere, pentru că lumea aceasta este plină de păcate.

După campania de evanghelizare din Honduras, Dumnezeu m-a condus la un nivel mai înalt de putere. Mi-a vorbit despre „Vocea originară a Creației", despre care nu auzisem până atunci. Mi-a dat un nou țel, acela de a găsi Vocea originară pentru a atinge desăvârșirea Puterii supreme a Creației.

„Cântați Celui ce călărește pe cerurile cerurilor vecinice! Iată că se aude glasul Lui, glasul Lui cel puternic!" (Psalmul 68:33)

Vocea originară este vocea lui Dumnezeu Creatorul, de la

începuturi. Este atât de grandioasă şi de desăvârşită încât răsună în tot universul. Dumnezeu a creat universul şi toate lucrurile cu această voce. Vocea originară a lui Dumnezeu este în esenţa tuturor lucrurilor aşa că toate ascultă imediat ce această voce se aude.

„Atunci Domnul a zis: «Duhul Meu nu va rămâne pururea în om, căci şi omul nu este decât carne păcătoasă: totuşi zilele lui vor fi de o sută douăzeci de ani»" (Geneza 6:3).

Există doar o singură fiinţă care nu poate auzi vocea aceasta originară. Este omul firesc care nu este născut din nou din apă şi din Duh. Pentru a-l trezi, avem nevoie de puterea lui Dumnezeu. În cele patru evanghelii vedem cum toate lucrurile ascultau de porunca lui Isus.

„Au venit la El, L-au deşteptat şi au zis: «Învăţătorule, Învăţătorule, pierim.» Isus S-a sculat, a certat vântul şi valurile înfuriate, care s-au potolit: şi s-a făcut linişte. Apoi a zis ucenicilor Săi: «Unde vă este credinţa?» Plini de spaimă şi de mirare, ei au zis unii către alţii: «Cine este acesta de porunceşte chiar şi vânturilor şi apei şi-L ascultă?»" (Luca 8:24-25)

Când Isus a poruncit, vântul şi marea s-au supus. Pentru că El le-a poruncit cu Vocea originară a Creaţiei, până şi lucrurile neînsufleţite au auzit-o şi i s-au supus şi asta pentru că Isus făcea să răsune aceeaşi Voce originară a lui Dumnezeu.

Este o diferenţă între puterea care se manifestă prin Vocea

originară şi cea care se manifestă prin rugăciunea în credinţă. Diferenţa constă în repeziciunea cu care se produce şi în amploarea manifestării acesteia. Vocea originară dă naştere la lucrări de creaţie fără nicio întârziere, dar rugăciunea în credinţă acţionează mai întâi în oastea cerească şi printre îngeri şi prin urmare durează mai mult.

În Coreea, au existat nişte oameni înţelepţi care au profeţit despre întâmplări viitoare cu zeci sau chiar sute de ani înainte ca ele să se producă.

Aceşti oameni şi-au dat la o parte natura păcătoasă printr-o perioadă lungă de disciplină spirituală şi au ajuns la o stare de „nonexistenţă." Ei nu au judecat şi nu au acuzat pe nimeni şi nimic şi au auzit vocea lui Dumnezeu. Nu întotdeauna, dar uneori au auzit şi au înţeles, iar ceea ce au profeţit s-a întâmplat.

De exemplu, iată cazul amiralului Soonshin Lee, care – având o inimă bună şi fără răutate - şi-a sacrificat viaţa pentru împărat şi pentru oameni. În jurnalele sale se poate observa că el a recunoscut existenţa lui Dumnezeu şi s-a rugat Lui cu inimă bună.

Pentru că ştia dinainte ceea ce avea să se întâmple, a ştiut şi de invazia Japoniei care urma să aibă loc. A construit aşa-numita corabie „Broasca ţestoasă" în pofida tuturor criticilor, şi a salvat ţara de la cădere.

Părinţi ai credinţei care au auzit Vocea originară

Pe măsură ce ne maturizăm în credinţă, putem să auzim vocea Duhului Sfânt şi să fim călăuziţi de acesta. Când trecem din acest stadiu de creştere spirituală în starea de nonexistenţă şi pătrundem într-o dimensiune şi mai profundă a duhului, putem auzi Vocea originară a lui Dumnezeu. Dumnezeu a spus că trebuie să ajung la nivelul duhului deplin pentru a atinge acest nivel de nonexistenţă (1 Tesaloniceni 5:23).

În Biblie sunt relatate întâmplări în care oamenii au auzit Vocea originară. Pentru a despărţi Marea Roşie, Moise a dat ascultare vocii lui Dumnezeu, iar cu toiagul său a poruncit Mării Roşii să se despartă. Ceea ce a urmat a fost o mare lucrare a lui Dumnezeu.

Când Iosua a poruncit soarelui şi lunii să se oprească, el a auzit Vocea originară şi a dat porunca. De aceea soarele şi luna au stat în loc şi nu pentru că el avea o credinţă deosebit de mare. Dacă a avut puterea să oprească soarele şi luna, orice ar fi poruncit s-ar fi întâmplat.

Nu era obligatoriu să poruncească soarelui şi lunii să stea în loc. Dacă ar fi spus „Toţi soldaţii amaleciţi să fie distruşi", atunci soldaţii ar fi pierit şi războiul s-ar fi terminat.

La fel s-a întâmplat şi în cazul Lazăr, care era mort de patru zile, iar Isus l-a înviat prin cuvântul rostit. Isus auzise deja vocea lui Dumnezeu; de fapt, El întotdeauna a auzit vocea Tatălui.

Pentru că a auzit vocea Tatălui spunându-i că Lazăr va învia şi Dumnezeu va fi glorificat, Isus nu s-a îngrijorat. I-a poruncit lui Lazăr cu Vocea originară şi acesta a ieşit viu din mormânt.

Rodul sângelui martirajului lui Toma

Localitatea Chennai din India este locul în care apostolul Toma a predicat Evanghelia şi a fost martirizat. Acolo se găseşte acum o catedrală comemorativă. Toma a fost unul dintre cei doisprezece apostoli ai lui Isus. Este cunoscut în special din cauza îndoielilor pe care le avea. După ce L-a întâlnit pe Isus, Cel Înviat, a avut credinţă adevărată şi a primit Duhul Sfânt. A fost martirizat în timp ce predica Evanghelia.

În octombrie 2002, Dumnezeu m-a condus în India, o ţară predominant hindusă. Mi-a spus că această campanie de evanghelizare a fost planificată dinainte de începerea lumii şi va fi prima campanie la care se vor manifesta lucrările Vocii Originare a Creaţiei. A reprezentat, de asemenea, un punct de pornire pentru ducerea Evangheliei în Orientul Mijlociu şi în Israel.

O secetă mare

Chennai se găseşte în sud-estul Indiei. Este al patrulea oraş ca mărime din India. Cu sprijinul celor de la Chennai Full Gospel Ministers' Fellowship (Părtăşia Lucrătorilor Evangheliei Depline din Chennai) a avut loc o campanie de evanghelizare la Marina Beach.

În 8 octombrie am decolat de pe aeroportul Incheon. În timpul zborului spre Singapore, curcubeiele apăreau şi dispăreau continu. Am amintit de mai multe ori că vedeam curcubeie ori de câte ori eram într-o călătorie de misiune, iar de data aceasta am văzut un curcubeu care a urmărit timp de vreo oră avionul în care ne aflam.

După cum se pare, faptul că ni s-a arătat un curcubeu cvadruplu a fost semnul că Dumnezeu urma să fie alături de noi pentru campania de evanghelizare de 4 zile. Au apărut şi alte curcubeie, inclusiv unul liniar. Membrii echipei noastre de misiune scoteau strigăte de bucurie şi surpriză în timp ce le imortalizau cu aparatele video sau foto.

În 8 octombrie, în jurul orei 10 seara, am ajuns la aeroportul din Chennai. Cădea o ploaie uşoară. Când am urcat în maşină şi am părăsit aeroportul, a început să plouă abundent.

Cei care au venit să ne întâmpine erau extrem de fericiţi în ciuda faptului că ploaia îi uda. Mi s-a spus că în ultimii trei ani fusese secetă şi nu mai plouase de nouă luni, ceea ce crease probleme sociale majore în zonă.

Întregul oraş Chennai a intrat în grevă împotriva guvernului central din cauza problemelor legate de rezervele de apă. Eu am ajuns în ţară în aceste împrejurări, iar apoi au început să cadă ploi în mod frecvent. Unii oameni m-au numit „Omul care aduce ploaie", spunând că am adus ploile cu mine.

Legea împotriva convertirilor

Dumnezeu dorea să primească slava prin această campanie de evanghelizare, dar erau şi lucrări ale lui Satan care puneau piedici. Pentru a opri campania, unii oameni au împrăştiat zvonuri false în Chennai. S-a întâmplat însă şi altceva, de o mult mai mare însemnătate. A fost promulgată o ordonanţă care interzicea convertirile prin constrângere.

Această ordonanţă spunea: „Nimeni nu are voie să convertească, sau să încerce să convertească, direct sau indirect, nicio persoană de la o religie la alta, prin constrîngere sau promisiuni false, sau prin orice alte mijloace frauduloase. Oricine va fi acuzat de încălcarea prezentei ordonanţe este pasibil de pedeapsa cu închisoarea până la trei ani şi de amendă de 50.000 de rupii. Dacă cel supus convertirii este «un minor, o femeie sau o persoană aparţinând triburilor sau castelor celor de neatins», perioada de închisoare poate fi de cinci ani şi amenda de 100.000 de rupii."

Cei care se convertesc prin voinţă proprie şi conducătorii religioşi care sunt implicaţi în orice act de convertire sunt obligaţi să raporteze convertirile administratorului local.

Această lege a intrat în vigoare în prima zi a campaniei de evanghelizare, 10 octombrie. Am riscat să fiu arestat pentru predicarea Evangheliei.

Nu am aflat despre această lege până când am ajuns în India. Membrii bisericii locale care pregătiseră campania nu mi-au spus nimic. Se temeau că îmi voi face griji.

Din cauza acestei situaţii, organizatorii m-au rugat să predic doar mesajul de pace şi binecuvântare.

Nu aveam însă niciun motiv să merg acolo dacă nu puteam predica despre Dumnezeu Creatorul şi Isus Cristos. Nu am renunţat. Aş fi predicat despre Dumnezeu Creatorul şi despre Isus Cristos chiar dacă ar fi dus la arestarea mea.

În fiecare sesiune am subliniat că pot fi iertaţi de păcate şi mântuiţi acceptându-L pe Isus Cristos. Am vorbit, de asemenea, despre raiul frumos şi despre iadul înspăimântător.

Conferinţa pastorilor

10 octombrie a fost prima zi a campaniei de evanghelizare. În acea zi, în Chennai, a apărut un imens curcubeu circular în jurul soarelui. Dimineaţa, am ţinut conferinţa pastorilor la Kamaraj Arangam.

Au participat în jur de 3.000 de pastori, de două ori mai mulţi decât s-au aşteptat organizatorii. Le-am vorbit despre motivul pentru care Dumnezeu a aşezat pomul cunoştinţei binelui şi răului.

Văzându-i atât de atenţi, aclamând cu entuziasm şi bătând din palme din când în când, am simţit cât erau de însetaţi spiritual la auzirea mesajului.

Interpretul angajat pentru conferinţă nu a ajuns la timp şi altcineva l-a înlocuit. Mai târziu, am aflat că acest interpret făcuse o înţelegere cu o persoană din comitetul de organizare, stabilind că dacă voi vorbi despre lumea spirituală el nu va traduce.

Vorbeam despre pomul cunoştinţei binelui şi răului, iar dacă n-aş fi pomenit despre Grădina Edenului s-ar fi pierdut esenţa mesajului.

Noul interpret nu a ştiut despre înţelegere şi a tradus tot. Nu se produsese niciun blocaj de circulaţie şi văzând că interpretul iniţial întârzia în continuare, am simţit că a fost mâna lui Dumnezeu care a intervenit.

Am ajuns la Marina Beach în jurul orei 6 după-amiaza cu aşteptări mari şi stăpânit de o uşoară emoţie. Este a doua plajă ca lungime din lume. Se afla cam la 15 minute depărtare de hotel. Puteam chiar să văd scena din camera de hotel.

Scena era o structură cu trei niveluri şi avea o lăţime de 45 de metri. Putea susţine 2.000 de oameni. Era suficient de mare încât să încapă toţi cei care s-ar fi urcat să îşi dea mărturia. Locul de desfăşurare era atât de întins încât fuseseră amplasate pe alocuri ecrane video mari, cu o diagonală de 25 de metri. Mai era o oră până la începerea campaniei şi se strânseseră deja mulţi oameni.

Începerea Marii Campanii de evanghelizare

În acea zi am predicat despre Dumnezeu Creatorul. Am anunţat mulţimea că le voi arăta dacă Dumnezeu este Dumnezeul adevărat sau nu, dacă El este atotputernic sau nu şi dacă El îşi arată într adevăr lucrările în vieţile noastre. După mesaj, m-am rugat pentru bolnavi cu toată puterea. Mulţi demoni au fost scoşi şi nenumăraţi suferinzi au fost vindecaţi. Totul s-a transmis în direct pe mai multe canale de televiziune.

Unul dintre bolnavi a fost un băiat de 16 ani, pe nume Ganesh, care fusese implicat într-un accident şi fusese internat în spital. Avusese o tumoare pe osul şoldului. I s-a îndepărtat

Campania de vindecare și miracole din India (la Marina Beach)

tumoarea și o parte din osul coxal și i-au fost implantate tije de metal pentru a-i lega coapsa de șold. A fost imobilizat la pat vreme de 6 luni.

Chiar și după aceea mai avea dificultăți la mers și la statul în șezut. A venit la campania de evanghelizare cu ajutor din partea altor oameni. Când a primit rugăciunea pentru bolnavi, a simțit un fel de șoc electric. De atunci înainte durerea i-a dispărut și nu a mai avut nevoie de cârje.

În a doua zi a campaniei a plouat foarte tare în primele ore ale dimineţii. S-au strâns şi mai mulţi oameni decât în prima zi şi au avut loc mai multe vindecări. Câteva sute de mii de oameni s-au adunat în fiecare zi. Mă aflam pe o scenă înaltă, dar chiar şi aşa era destul de greu să văd până unde se întindea mulţimea. După serviciile de vindecare, nenumăraţi oameni s-au înghesuit pe scenă, iar organizatorii au fost foarte surprinşi.

Mulţi evanghelişti de trezire spirituală au susţinut campanii de evanghelizare la Marina Beach, dar nu mai avuseseră ocazia să vadă atâtea lucrări de vindecare câte avuseseră loc de această dată şi au spus că nu se aşteptau la aşa ceva.

Grija arătată de Dumnezeu în timpul celei mai mari şi mai importante campanii de evanghelizare

Din cea de-a treia zi a campaniei au apărut pe cer curcubeie circulare şi liniare evidente. Şi de această dată s-au adunat câteva sute de mii de oameni şi campania de evanghelizare a început.

S-a întâmplat însă ceva neaşteptat. Dintr-odată, în timpul predicii, a început să bată un vânt puternic şi să plouă abundent. Tuna şi fulgera. Nici nu puteam să îmi ţin ochii deschişi din cauza ploii torenţiale.

Chiar şi scena trepida din cauza vântului puternic. Unii dintre participanţi începeau să se nelinişteacă. Mi se părea că se pregăteau să plece. I-am îndemnat să nu se lase intimidaţi de această ploaie, ci să o învingă prin credinţă şi să îi dea slavă lui Dumnezeu. În curând s-au liniştit şi au ascultat în continuare mesajul.

Mi-a fost greu să nu mă îngrijorez din diferite motive. Cea mai mare problemă era faptul că echipamentul de transmisie se uda şi se putea strica sau produce un scurt-circuit. Transmisia TV se putea întrerupe. În ciuda situaţiei, am alungat aceste gânduri din mintea mea, cu credinţa că Dumnezeu ne va proteja.

În mod surprinzător, vântul puternic şi aversa de ploaie au continuat mai mult de o oră, dar reflectoarele, ecranele video, echipamentul electric şi cel de transmisie nu s-au defectat. Cu atât de multă ploaie, vânt şi fulgere puteau să apară probleme majore.

Scena erau traversată de cabluri electrice iar apa de ploaie a pătruns în câteva fişe de curent, dar nu au fost scurgeri sau descărcări electrice. Nu am avut parte de niciun accident pentru că Dumnezeu ne-a protejat.

În timp ce predicam mesajul, m-am rugat în inima mea ca ploaia să se oprească. În loc să se oprească însă, aceasta s-a înteţit. În ultimii douăzeci de ani, Dumnezeu ne-a dat vreme bună la toate evenimentele în aer liber. Chiar şi ploaia torenţială se oprea prin rugăciune. Era pentru prima dată când eram udat până la piele de ploaie.

Eram atât de tulburat încât mi s-au înmuiat picioarele. Nu-mi doream decât să mă aşez şi să plâng. Dar nu puteam să arăt o asemenea slăbiciune. Am continuat să predic mesajul pe ploaia puternică, în timp ce eram udat până la piele. M-am rugat şi pentru bolnavi. Toate acestea fără să am nici măcar o umbrelă! Cred că oamenii au fost atinşi de acest lucru şi au rămas pe loc nemişcaţi.

Dumnezeu ne-a arătat lucrări de vindecare măreţe în acea zi şi mulţi oameni ne-au urmărit prin intermediul televiziunii şi al internetului.

Rugăciune pentru cei bolnavi pe o ploaie torenţială

După rugăciune au început mărturiile. Le-am urmărit. Unii dintre cei care au urcat pe partea de jos a scenei mă priveau arătându-mi mulţumirea prin lacrimile lor.

După ce m-am întors la hotel, l-am întrebat pe Dumnezeu în rugăciune de ce a plouat atât de puternic iar ploaia nu s-a oprit nici cu rugăciune. El mi-a răspuns că ploaia abundentă şi vântul puternic erau în planul Lui.

Din cauză că a plouat cu voia lui Dumnezeu, ploaia nu a putut fi oprită nici prin rugăciunea mea.

„Prin aceasta, Dumnezeu şi Isus sunt fixaţi profund şi rămân în mintea oamenilor din India iar tu rămâi de asemenea în mintea lor."

Mi-a explicat că motivul pentru care ne-a dat ploaia abundentă a fost ca pastorii locali şi mulţi dintre oameni să înţeleagă ce este credinţa adevărată şi să sădească astfel dragostea lui Dumnezeu adânc în inimile lor. De asemenea, pentru că am trecut testul cu credinţă, urma să primim o mare răsplată de binecuvântări.

Încă din 2001, Dumnezeu mi-a vorbit despre campania de evanghelizare din India, care fusese planificată chiar dinainte de începerea lumii şi despre faptul că din multe aspecte aceasta va fi cea mai mare şi mai importantă dintre campaniile de evanghelizare. Pentru că Dumnezeu cunoaşte inima oamenilor, a ştiut câţi oameni se vor strânge.

Această campanie a fost transmisă în direct pe patru canale de televiziune, dar şi prin internet. Acesta este un lucru rar pentru un eveniment creştin, în special într-o ţară precum India.

Nenumăraţi indieni au urmărit campania de evanghelizare la televizor, care a continuat pe ploaia torenţială şi au fost profund atinşi. Au văzut dragostea adevărată a lui Dumnezeu, iar această dragoste a lui Dumnezeu a fost întipărită adânc în inimile lor.

„Cine este acea persoană care iubeşte oamenii din India cu un devotament atât de mare?"

Cea mai numeroasă mulţime

A doua zi, pe data de 13 octombrie, la Marina Beach s-au adunat 1,5 milioane de persoane, un număr fără precedent. Mulţi oameni care au urmărit campania de evanghelizare la televizor au fost mişcaţi şi au venit la Marina Beach. Nu puteam să văd până unde se întindea mulţimea.

Unii au spus că a fost ca şi cum nisipul de pe plajă se transformase în oameni. Atunci când m am rugat pentru cei bolnavi în acea zi, am auzit ţipetele multor demoni.

Demonii ştiau că urma să le poruncesc să iasă afară şi ţipau. Mulţi indieni erau posedaţi de duhuri necurate, din cauză că se închinaseră la idoli multă vreme.

Atunci când am poruncit demonilor să iasă afară, ţipetele s-au stins şi s-a făcut linişte. Unii au văzut cu ochii spirituali cum demonii fugeau fără măcar să se uite înapoi.

Puterea Vocii originare a fost într-adevăr măreaţă. Cei posedaţi de demoni au fost eliberaţi, cei care nu auzeau şi-au primit auzul, iar cei care nu puteau vorbi au început să vorbească.

Unii oameni au fost aduşi pe targă, dar când au plecat meargeau pe picioarele lor. Multe boli incurabile au fost vindecate. În special ultima zi a campaniei a fost marcată de lucrările purificatoare ale Duhului Sfânt şi a stabilit multe recorduri.

Dar asta nu a fost tot. Unii hinduşi fac anumite vrăjitorii. Atârnă ouă sau nişte fructe în casă şi blestemă pe alţii. După ce m-am întors în Coreea, am primit multe scrisori despre asemenea acte de magie neagră.

Un om necredincios a atârnat ouă în mai multe locuri din casă, dar soţia sa era credincioasă. Ea urmărea campania de evanghelizare la televizor.

Atunci când m-am rugat pentru bolnavi, cuiele care susţineau ouăle s-au desprins, iar ouăle au căzut şi s-au spart. Suprins soţul femeii a spus că va începe să frecventeze biserica şi nu se va mai

Nenumăraţi oameni depun mărturie despre miracolele de vindecare

împotrivi creştinismului.

Pastorii locali au spus că această campanie de evanghelizare a fost cea mai mare şi mai însemnată din mai multe puncte de vedere. Au spus că Dumnezeu Creatorul şi Isus au fost predicaţi în armonie, iar Cuvântul a fost confirmat de semnele care au urmat, astfel că mesajul a fost unul perfect şi nu i se putea imputa nimic.

Organizatorii au spus că mai mult de 60% dintre participanţi erau hinduşi. Mulţi dintre ei l-au acceptat pe Isus Cristos şi s-au convertit.

Au fost amplasate ecrane video mari, nu doar la Marina Beach, dar şi în alte nouă oraşe diferite iar campaniile de evanghelizare au fost transmise concomitent în mai multe locuri. Zeci de mii de oameni s-au adunat şi în acele locuri. Au ascultat mesajul şi au fost vindecaţi. A fost o izbândă mare în istoria creştină a Indiei. A fost o campanie la care preţul sângelui martirajului lui Toma a adus roadă.

Legea împotriva convertirilor abrogată în cele din urmă

Încă din prima zi a campaniei de evanghelizare, mulţi ofiţeri de poliţie mă urmăreau cu feţe severe. Expresia de pe chipurile lor s-a schimbat însă pe măsură ce a trecut timpul. Fiind martori la atât de multe vindecări, au venit înaintea mea şi chiar au îngenuncheat pentru a primi rugăciune.

Poliţia a raportat guvernului statului Tamil Nadu şi guvernului central că, în total, mai mult de 3 milioane de oameni s-au adunat într-o perioadă de 4 zile şi au participat la un eveniment creştin netulburat de incidente. A fost o şansă ca societatea indiană să reconsidere creştinismul. Mulţi credincioşi care au trăit apăsaţi şi-au câştigat încrederea în sine.

Numeroşi oameni s-au convertit iar creştinismul a fost consolidat. Conducătorii creştini s-au unit şi au elaborat o petiţie prin care au cerut abrogarea legii anti-convertire. Şcolile şi spitalele creştine s-au închis şi numeroşi credincioşi au protestat împotriva guvernului de stat postind. Înainte, acest lucru ar fi fost de neimaginat.

În cele din urmă, la alegerile din 2004, partidul All-India Anna Dravida Munnetra Kazhagam (AIADMK) a pierdut cu o mare diferență de voturi.

Doamna Jayalalitha, guvernatoarea statului Tamil Nadu, aparținea partidului AIADMK. A obținut majoritatea partidul Democratic Progressive Alliance –DPA (Alianța Progresistă Democrată), care avea o poziție mai binevoitoare față de creștinism.

Guvernatoarea statului, doamna Jayalalitha, a elaborat diverse măsuri politice menite să câștige inimile oamenilor. Una dintre acestea a fost abrogarea legii anti-convertire, în 18 mai 2004.

Mulți pastori și oameni de presă au participat la această campanie de evanghelizare. Au venit din S.U.A., din Orientul Mijlociu, Rusia, Australia, Israel și din multe alte țări. Au fost martori la puterea lui Dumnezeu, despre care credeau că există doar în Biblie și ne-au cerut să organizăm campanii și în țările lor.

Mai mult de 30 de țări ne-au solicitat să organizăm campanii. Era cea de-a șaptea campanie după anul 2000, dar niciodată nu am decis eu singur locul în care urmau să aibă loc campaniile de evanghelizare. Am ascultat doar porunca lui Dumnezeu, fără să mă bazez pe propriile gânduri omenești.

Capitolul 7

Neamuri vor umbla în lumina ta

Ce s-a întâmplat în Dubai

După terminarea campaniei evanghelistice din Uganda, Dumnezeu m-a înştiinţat că voi merge în Dubai. Până atunci nu auzisem de numele Dubai.

Mai târziu, întorcându-mă de la campania din Kenia, a trebuit să schimbăm avioanele în Dubai. A fost pentru prima dată când am pus piciorul în acea ţară. În timp ce aşteptam la aeroport, m-am rugat:

-Doamne fii glorificat în acest ţinut.

Dubai este al doilea emirat ca mărime dintre Emiratele Arabe Unite. Este oraşul din care Coreea importă cea mai mare parte din petrol. Dumnezeu a spus că cele şapte campanii de evanghelizare anterioare au fost campanii caracterizate de numărul mare de participanţi, dar aceasta va fi o campanie caracterizată de o strategie diferită.

Dumnezeu ne-a arătat că va trebui să ne schimbăm tiparele de gândire, deoarece, scopul vizitei în Dubai nu era campania în sine, ci de a fi prezentat unor oficialități înalte, pentru a împlini planul lui Dumnezeu cu privire la construcția, în viitor, a Marelui Templu.

Am primit aprobările de la autorități pentru a organiza o întâlnire şi am început pregătirile pentru „Festivalul cultural creştin coreean", care urma să aibă loc în perioada 2-4 aprilie 2003, în sala de conferințe a hotelului Hyatt. Urma să prezint dansuri tradiționale şi muzică coreene pentru a promova relații de cooperare mai bune între cele două țări şi pentru a putea predica Evanghelia fără multe piedici.

Dacă acest eveniment ar fi avut loc într-o biserică, musulmanii nu ar fi putut participa, de aceea am ales un hotel. Încă de la început, am avut sentimentul că această întâlnire nu va avea loc, dar nu am spus nimic celor din personal. I-am lăsat să facă pregătirile cu credință.

Chiar dacă Dubai are o deschidere relativ mai mare în comparație cu alte regiuni din Orientul Mijlociu, totuşi, Dubai face parte dintr-o țară musulmană unde este strict interzisă predicarea la localnicii arabi.

Am ajuns în Dubai cu o zi înainte de începerea campaniei de evanghelizare. Mi s-a adus la cunoştință că întâlnirea fusese anulată din motive de securitate.

Era chiar după începerea războiului din Irak, iar situația mondială era instabilă. Acesta, însă, nu era motivul principal. Unul din membrii personalului nostru s-a întâlnit din întâmplare cu prințul moştenitor al Dubaiu-lui, care venise să inspecteze hotelul, şi l-a invitat să ia parte la festival. Ştiind că este un eveniment creştin, prințul moştenitor a dat un ordin direct ca acesta să fie anulat.

Sub supravegherea atentă a poliției

Pe 2 aprilie, peste 100 de ofițeri de poliție au efectuat controale în jurul hotelului. Au trimis înapoi pe toți cei care veniseră să participe la întâlnire. Ne-au supravegheat și pe noi, echipa de misiune.

Dușmanul, diavolul, a crezut că totul s-a sfârșit pentru noi, dacă întâlnirea a fost contramandată de către autoritățile supreme ale țării, dar voia lui Dumnezeu se împlinea în tăcere.

A doua zi, am primit o invitație de la Clubul persoanelor cu dizabilități din Dubai. Ne-am dus acolo în grupuri de câte trei până la cinci persoane. Din cauză că totul a fost organizat în ultima clipă, numai cam o sută de oameni erau acolo.

Majoritatea dintre ei aveau handicapuri grave și mulți nu puteau umbla fără asistență. Multe femei purtau abaya (vestimentația femeilor musulmane) neagră. Am predicat timp de 15 minute și m-am rugat în numele lui Isus. Dumnezeu a lucrat cu putere în mijlocul nostru. Unii, care înainte nu putuseră merge o puteau face acum, iar alții și-au recăpătat auzul. Cei cu trupuri înțepenite și rigide cauzate de paralizie cerebrală puteau acum să se aplece, să se întindă și să se miște.

Această întâlnire și campaniile de evanghelizare anterioare au fost televizate în Dubai de către ZEE TV, rețea care transmitea în 16 țări din regiune.

În timp ce eram la hotel, cei care au tânjit după puterea lui Dumnezeu au venit la mine, strecurându-se cumva pe lângă polițiști. Dacă am fi ținut campania, nu m-aș fi putut întâlni cu nimeni, dar acum putem să mă întâlnesc cu oamenii pe care Dumnezeu mi-i trimitea.

O doamnă pe nume Sheila Diwakar fusese multă vreme imobilizată într-un cărucior cu rotile ca urmare a leziunilor cauzate de un accident de circulație. Nu se putea mișca aproape deloc. După ce m-am rugat pentru ea, s-a ridicat pe loc și a început să meargă puțin câte puțin. Nu mai putea de bucurie.

Câțiva oameni de presă ne-au ajutat și ei. dr. Omer Yassin a venit împreună cu soția și fiica sa. De 30 de ani încoace, fiica sa avea tulburări de vorbire în urma unei meningoencefalite.

Dar, după ce m-am rugat pentru ea, mi-a spus: „Mulțumesc!" Părinții și-au văzut fiica vorbind pentru prima dată. Au fost atinși profund.

Dr. Omer a spus că va scrie despre vindecarea fiicei sale. Deși timpul a fost scurt, am întâlnit mulți oameni care urmau să fie de ajutor misiunii din Orientul Mijlociu. Aceștia au devenit oameni de legătură meniți să împlinească planurile lui Dumnezeu.

Campania de evanghelizare din Rusia, un eveniment oficial ocazionat de aniversarea a trei sute de ani de la înființarea Sankt Petersburgului

În 27 mai 2003, președintele Rusiei, Vladimir Putin, a invitat conducătorii a mai mult de 50 de țări pentru a sărbători aniversarea a trei sute de ani de la întemeierea orașului Sankt Petersburg. Întrucât conducătorii mai multor state s-au reunit într-un singur loc, Sankt Petersburg a captat atenția întregii lumi.

Campania noastră evanghelistică din Rusia a avut loc în același an și a fost desemnată ca unul dintre evenimentele oficiale care țineau de celebrare, ceea ce însemna că aveam concursul autorităților guvernamentale. Încă din prima zi a campaniei, pe data de 12 noiembrie 2003, stadionul olimpic din Sankt Petersburg a fost plin de oameni.

În noiembrie este foarte rece și ninge mult acolo, dar, pe tot parcursul campaniei, am avut parte de o vreme neobișnuit de călduroasă, cu temperaturi peste zero grade. Am predicat despre Dumnezeu, Creatorul, de ce Isus Cristos este singurul Mântuitor și despre puterea Duhului Sfânt.

Campania de vindecare şi minuni din Rusia (Stadionul Olimpic din St. Petersburg)

Cu fiecare rugăciune pentru bolnavi, stadionul se încărca de prezenţa Duhului Sfânt.

Unii strigau că îşi recăpătaseră auzul; alţii care nu putuseră umbla acum o puteau face; mulţi care se foloseau de cârje din cauză că aveau picioarele răsucite sau deformate, puteau merge acum fără ajutor; unii îşi aruncau ochelarii după ce vederea li se îmbunătăţea, iar alţii au fost vindecaţi de tulburări de vorbire. Aceste imagini au fost transmise, în direct, întregii lumi.

În afara amplasamentului din Sankt Petesburg, s-au ţinut simultan cinci campanii de evanghelizare în Penza, Izhevsk şi Ucraina prin intermediul transmisiei în direct.

La masa de rămas bun, după terminarea campaniei, un pastor care urmărise transmisiunea directă în Izhevsk s-a apropiat să-mi vorbească. În pofida faptului că vremea era foarte rece, sub 20 de grade Celsius, s-au strâns mai mult de o mie de oameni şi mulţi au fost vindecaţi.

Un pastor care se ocupa de clubul persoanelor cu dizabilităţi şi-a exprimat bucuria, spunând că mulţi oameni cu tulburări de auz şi de văz au fost vindecaţi.

Această campanie a fost transmisă în direct, nu doar în Rusia, ci în peste 150 de ţări prin intermediul a 27 de canale de televiziune, a diferitelor reţele de televiziune prin cablu, folosind 12 sateliţi. Oamenii din ţările vecine, cum ar fi Estonia, au experimentat vindecare divină în timp ce urmăreau campania la televizor şi apoi au trimis mărturiile lor celor de la televiziune.

La campanii au participat şi medicii locali pentru a documenta şi consemna cazurile de vindecare. Un medic şi-a exprimat surprinderea spunând:

- Am fost foarte uimit să văd atât de mulţi oameni vindecaţi doar prin rugăciune.

Preşedintele Asociaţiei Bisericilor Penticostale din Moscova a spus că a simţit focul Duhului Sfânt şi prezenţa lui Dumnezeu şi că a fost un punct de cotitură semnificativ pentru trezirea bisericilor din Rusia.

În continuare a spus că pastorii au fost treziţi din aţipirea lor spirituală; au ajuns să creadă că puterea lui Dumnezeu nu este prezentă doar pe paginile Bibliei ci şi în realitate şi se manifestă chiar şi în zilele noastre. Astfel, au ajuns să tânjească după puterea lui Dumnezeu, iar bisericile s-au unit în Duhul.

Începutul pregătirii spirituale

Dumnezeu este duh şi, pe măsură ce suntem transformaţi în duh şi adevăr, vom putea călători în dimensiunea „spaţiului spiritual." Pe măsură ce creştem spiritual, adâncindu-ne umblarea în duhul, vom deveni una cu Dumnezeu în spaţiul Lui şi vom primi puterea Lui. În acest fel, vom predica de la un alt nivel de autoritate.

Uneori nu este foarte greu să ne impresionăm ascultătorii când predicăm, dar, pentru a produce o schimbare profundă în ei, până acolo că desparte sufletul de duh, încheieturile de măduvă, avem nevoie de autoritate de la Dumnezeu.

Profunzimea lumii spirituale este nemărginită. Pentru a mă conduce la dimensiuni mai înalte ale puterii Lui, Dumnezeu m-a îndemnat să încep pregătirea spirituală începând din ianuarie 2003.

A fost un proces necesar ca să pot auzi Vocea originară a lui

Dumnezeu care venea sută la sută din inima lui şi să primesc revelaţie despre Puterea supremă a Creaţiei.

Dumnezeu mi-a făcut cunoscute legile spirituale de la începutul vremurilor. Mi-a descoperit legile dreptăţii şi mi-a dat detalii despre profeţii lui Dumnezeu – Avraam, Moise, Ilie şi apostolul Pavel – care au ajuns la un nivel spiritual cunoscut sub numele de „nivelul duhului deplin."

Mi-a vorbit, de asemenea, despre Dumnezeu Creatorul, Domnul Isus şi despre alţi profeţi şi apostoli care au umblat în puterea lui Dumnezeu. Apoi m-a învăţat despre nivelurile de lumină.

Călăuzirea pastorilor în slujirea spirituală

Bazându-mă pe ceea ce am învăţat de la Dumnezeu despre profunzimea lumii spirituale, am organizat două conferinţe pentru pastori pe an.

Pentru a-i călăuzi pe pastorii din biserica noastră şi pe misionarii din străinătate în creşterea lor spirituală, ca să devină slujitori ai lui Dumnezeu preaiubiţi şi înzestraţi cu putere de sus, i-am învăţat cu toată puterea şi m-am rugat pentru ei cu lacrimi, mijlocind cu toată puterea înaintea lui Dumnezeu pentru ei.

După cum a spus apostolul Pavel: „*De aceea vegheaţi, şi aduceţi-vă aminte că, timp de trei ani, zi şi noapte, n-am încetat să sfătuiesc cu lacrimi pe fiecare din voi*" (Faptele Apostolilor 20:31), tot aşa le-am spus şi eu tot ceea ce învăţasem de la Dumnezeu, ca să poată atinge nivelurile credinţei mature şi nivelul duhului deplin.

Ce minunat ar fi dacă mulţi alţi păstori ar primi o putere şi mai mare decât cea primită de mine, astfel încât Împărăţia lui

Dumnezeu să se extindă şi multe alte suflete să fie mântuite! În iulie 2003, am vorbit la cea de-a 21-a conferinţă a pastorilor intitulată „Curgerea Duhului Sfânt."

Aici le-am vorbit pastorilor despre „spaţiul" pe care mi l-a descoperit Dumnezeu. Le-am împărtăşit despre cum putem avea o inimă plină de Duhul şi despre cum putem opera în acest „spaţiu." Le-am spus şi despre cei 24 de bătrâni din Noul Ierusalim. I-am îndemnat să tindă spre o putere mai mare în lucrarea spirituală şi să aibă mai multă nădejde pentru Cer.

Multe versete din Biblie, cum ar fi cel din 1 Împăraţi 8:27 şi din Ieremia 10:12 ne spun că există nu doar un singur cer, ci mai multe. Chiar şi în Noul Testament, în Efeseni 4:10, se foloseşte forma de plural: „mai presus de toate cerurile."

Cerul nu este unul singur, ci mai multe. În general, poate fi clasificat în spaţiul fizic şi cel spiritual, adică lumea spirituală. Spaţiul fizic este mult mai redus ca mărime în comparaţie cu cel spiritual.

Spaţiul fizic reprezintă primul cer, iar începând cu al doilea cer, vorbim de lumea spirituală.

Grădina Edenului şi duhurile rele sunt în al doilea cer. Împărăţia Cerurilor este în al treilea cer, iar al patrulea cer găzduieşte tronul originar al lui Dumnezeu. Tronul lui Dumnezeu din Noul Ierusalim se află într-o altă dimensiune.

Spaţiul

În inima lui Dumnezeu se adăpostesc toate spaţiile universului. A stăpâni peste un spaţiu înseamnă a-l cultiva în întregime în inimă. Cu alte cuvinte, înseamnă să îl cunoşti în amănunt, să îl dezvolţi ca pe o cunoştinţă spirituală şi să îl faci să devină desăvârşit în inimă.

Psalmul 68:33 spune: *„Cîntaţi Celui ce călăreşte pe cerurile cerurilor vecinice! Iată că se aude glasul Lui, glasul Lui cel puternic!"* Glasul puternic de aici se referă la Vocea originară a Creaţiei.

Acesta este nivelul la care vorbim de stăpânire şi autoritate chiar şi asupra spaţiului celui de-al patrulea Cer. Doar la acest nivel poate cineva să facă să răsune Vocea originară. La acest răsunet se referă „glasul Lui cel puternic." Dar noi nu putem auzi aceast glas.

Când răsună această voce a creaţiei, toate lucrurile din toate spaţiile se supun. Autoritatea şi măreţia acesteia zguduie toate cerurile.

Dacă o persoană ar auzi acest glas, i-ar perfora timpanele. Noi putem auzi această voce puternică doar atunci când Domnul ne deschide urechile spirituale.

La început, Dumnezeu mi-a dat noţiuni spirituale despre spaţiul celui de-al patrulea cer. Este posibil ca un om să treacă dincolo de nivelul obişnuit al „duhului", să ajungă la nivelul pur al Duhului lui Dumnezeu şi să stăpânească pe deplin spaţiul celui de-al patrulea cer. Prin urmare, acea persoană va avea autoritate în duhul peste al doilea şi al treilea cer.

Cei care au atins nivelul duhului deplin ca Ilie, Moise şi apostolul Pavel, au ajuns să aibă autoritate peste duhurile rele prezente în cel de-al doilea Cer. Duhurile rele tremură înaintea celor care au ajuns la nivelul duhului deplin; de fapt, nici nu se pot apropia de aceşti oameni.

Dar, cât timp aceşti oameni cu duhul deplin trăiesc pe pământ, duşmanul diavolul va întărâta împotriva lor oameni răi ca să îi prigonească şi să pună piedici în calea lor. Această autoritate este dată de Dumnezeu duhurilor rele şi va dura până la sfârşitul cultivării relaţiei lui Dumnezeu cu omul pe pământ. Duşmanul diavolul îşi foloseşte această autoritate şi încearcă să persecute şi să perturbe lucrările pentru lărgirea împărăţiei lui Dumnezeu.

Din acest motiv, după ce ajungem la nivelul duhului deplin, trebuie să ne luptăm în continuare împotriva puterilor întunericului până când sfârşim lucrarea noastră pe pământ. Dar, dacă cineva primeşte autoritatea în spaţiul celui de-al patrulea Cer, lucrurile vor avea loc după cum porunceşte Vocea originară, aşa că duşmanul diavolul nu poate tulbura aceste lucrări.

Unii se întreabă: „Dacă Dumnezeu a dat autoritate duhurilor rele, pot şi ele să facă lucrări pline de putere?" Din cele spuse până acum putem trage concluzia că duşmanul diavolul nu poate face lucrări de o asemenea putere prin propria-i autoritate.

Duşmanul diavolul aduce necazuri şi încercări în calea celor care se depărtează de Cuvântul lui Dumnezeu şi păcătuiesc, iar acest lucru se întâmplă în conformitate cu legile lumii spirituale. Dumnezeu a poruncit şarpelui să mănânce ţărână toate zilele vieţii lui (Geneza 3:14), cu toate acestea, şerpii nu mănâncă ţărână. Ei se hrănesc cu organisme vii, cum ar fi broaşte sau şoareci.

În acest context, ţărâna are o semnificaţie spirituală. Se referă la omul creat din ţărână. Dumnezeu permite diavolului să devoreze pe aceşti „oameni fireşti" care nu ascultă de Cuvântul lui Dumnezeu şi păcătuiesc.

Puterea creaţiei care poate învia morţii, poate face un şchiop să umble şi poate deschide ochii orbilor, aparţine exclusiv lui Dumnezeu. Diavolul nu are o asemenea putere şi nu găsim nicăieri în Biblie vreun pasaj care să ne arate că duhurile rele pot face asemenea lucrări.

În procesul de pregătire pentru a ajunge în spațiul celui de-al patrulea Cer, Dumnezeu a înlocuit energia fizică din trupul meu cu o energie spirituală. Pe durata procesului, am suferit niște anomalii fizice din cauză că trupul meu exista într-o stare tridimensională, iar acum treceam într-o stare cvadridimensională ca să pot dobândi autoritate asupra spațiului celui de-al patrulea Cer.

Spațiul spiritual din a patra dimensiune este dimensiunea în care Dumnezeu a existat singur ca voce și lumină originară. La acest nivel, lucrările au loc prin simplu fapt că sunt cultivate în inimă.

Binecuvântări primite prin trei încercări permise prin voia divină

Să presupunem că puterea lui Isus a fost de sută la sută. Atunci, puterea pe care un om cu un duh deplin o poate manifesta este de maximum cincizeci la sută. Apostolul Pavel a fost unul dintre personajele biblice care a făcut cele mai mari lucrări. A comunicat în mod activ cu Dumnezeu și a scris 14 dintre cărțile Bibliei. Chiar dacă a făcut lucrări așa de mari, totuși, puterea lui a fost doar cincizeci la sută din puterea lui Isus.

Din această cauză nu a putut face orbii să vadă și muții să vorbească. Nu putea face lucrări care transcend limitele de timp și spațiu.

Unii cred că puterea lucrărilor lui Moise a fost mai mare decât cea a apostolului Pavel. Moise, însă, a făcut acele semne și minuni, cum ar fi despărțirea Mării Roșii, ascultând cuvântul lui Dumnezeu.

În cazul apostolului Pavel, chiar fără poruncă de la Domnul, doar prin propria sa credinţă, a făcut aceste semne şi minuni. Pentru a duce la îndeplinire mandatul misionar în vremurile de azi, când lumea este plină de păcat, Dumnezeu a spus că nici nivelul puterii apostolului Pavel, de cincizeci la sută, nu este suficient.

Dacă puterea pe care am avut-o la momentul deschiderii bisericii a fost de 1%, Dumnezeu a completat restul de 99% şi a făcut semne şi minuni măreţe. Prin diverse încercări ale credinţei de atunci încoace, puterea pe care am avut-o a crescut încetul cu încetul şi a ajuns la un nivel de cincizeci la sută înainte de cele trei încercări care au început în 1998.

Nu a fost însă suficient să împlinesc voia lui Dumnezeu doar cu cincizeci la sută. De aceea, Dumnezeu m-a călăuzit prin aceste încercări ca să primesc mai multă putere. A trebuit să fiu trădat de mulţi oameni şi am fost prigonit fără motiv, dar am ieşit biruitor pentru că am răspuns cu bucurie, mulţumire, rugăciuni, dragoste şi bunătate.

Duşmanul diavolul a încercat să mă distrugă pe parcursul celor trei încercări şi prin alte uneltiri, dar nu a reuşit. Legile lumii spirituale declară că plata păcatului este moartea. Prin urmare, diavolul nu poate omorî sau distruge pe cine nu păcătuieşte. Diavolul a aţâţat oameni răi şi l-a crucificat pe Isus, dar fiindcă Isus era fără păcat, El a înfrânt autoritatea morţii şi a înviat.

Din acel moment, duşmanul diavolul nu a mai putut face nimic pentru a mi se împotrivi şi pentru a împiedica misiunea. După ce am trecut prin cele trei încercări, Dumnezeu mi-a dat lumina celor patru niveluri de putere. Înainte de aceasta, când mă rugam, puterea venea din cer şi curgea prin mine, dar de atunci încolo lumina puterii lui Dumnezeu a început să curgă din lăuntrul meu.

Pentru a aduce la bun sfârşit cultivarea umană în această lume plină de păcate, avem nevoie de puterea creaţiei. Din acest motiv, Dumnezeu m-a călăuzit la acest nivel, îngăduind să trec prin diferite încercări, pentru ca diavolul să nu mai poată aduce acuzaţii sau să aibă obiecţii.

Pentru că am trecut încercările cu bine, diavolul nu a putut obiecta la faptul că Dumnezeu mi-a dat puterea Lui. Dacă nu aş fi ieşit victorios în acest proces, Satan ar fi obiectat, spunându-I lui Dumnezeu:

- Ai dat slujitorului Tău o putere atât de mare încât mulţi oameni ajung la credinţă datorită ei. Este aceasta adevărata cultivare umană?

Dreptatea lui Dumnezeu este desăvârşită şi fără prihană. El a cultivat omenirea timp îndelungat şi nu a făcut nimic care să nu fi fost în concordanţă cu dreptatea Sa. Dumnezeu mi-a dat cele patru niveluri de putere şi m-a pregătit să intru în niveluri şi mai perfecte.

Trebuie să ducem la îndeplinire misiunea mondială şi să-L proclamăm pe Dumnezeul cel viu în toată lumea. Procesul prin care am trecut m-a făcut să înţeleg în profunzime atât umanitatea lui Dumnezeu care, în bunătatea Sa, îi înţelege şi le acordă credit şi celor răi, cât şi divinitatea Sa care discerne răul din om. Începeam să înţeleg în inima mea această dualitate a dragostei şi dreptăţii lui Dumnezeu.

În anul 2000, nivelul de putere a crescut considerabil. Începând cu campania evanghelistică din Uganda, uşa pentru lucrarea misionară de peste hotare s-a deschis larg, iar puterea creaţiei s-a manifestat din plin. Nu a fost uşor pentru cineva cu un trup omenesc să intre în spaţiul celei de-a patra dimensiuni.

Gândiţi-vă cât de mult se pregătesc astronauţii pentru a se adapta la mediul din afara spaţiului terestru. Aşa cum aceştia întâmpină rezistenţă mare atunci când părăsesc atmosfera terestră, tot astfel, am avut şi eu convulsii severe atunci când încercam să pătrund în spaţiul celei de-a patra dimensiuni.

În noiembrie 2003, pregătirea a ajuns la un la un moment de vârf în preajma campaniei din Rusia. Convulsiile au culminat şi ele tot atunci. Nici nu puteam dormi pentru că a trebuit să mă lupt cu acele convulsii zi şi noapte. Însă, în 2004, convulsiile s-au diminuat în mare măsură.

Chiar şi acum povara misiunii mondiale, a construcţiei templului şi a chestiunilor financiare implicite continuă să mă apese. Când toate aceste griji vor dispărea, voi avea odihnă, iar convulsiile vor dispărea şi ele tot atunci.

În 15 aprilie 2004 am terminat pregătirea spirituală. De atunci, a urmat punerea în practică a ceea ce am învăţat. Mă aflam în casa mea de rugăciune în acea zi şi am văzut un curcubeu circular distinct în jurul soarelui.

Am simţit cum a crescut puterea din momentul în care am terminat pregătirea spirituală. Lucrările de vindecare aveau loc mult mai rapid decât înainte. Chiar şi eu eram uimit. O persoană cu arsuri severe a fost vindecată, iar cicatricile i-au dispărut în numai o săptămână.

Membrii bisericii primeau binecuvântări foarte repede. Totul se desfăşura cu repeziciune. Când voi finaliza această pregătire spirituală, voi putea face lucrările pline de putere ale lui Dumnezeu în cadrul legii dragostei şi dreptăţii Lui, fără nicio piedică, depăşind limitările atât ale spaţiului fizic cât şi ale celui spiritual. În octombrie 2004, am început pregătirea spirituală practică fiind călăuzit de mâna lui Dumnezeu care mă conducea spre niveluri mai înalte ale puterii Sale.

Vindecarea depresiei în timpul participării la serviciul divin prin intermediul internetului

Wei Iran, care locuia în Taiwan, suferea de depresie şi insomnie din mai 2004 din cauza stresului excesiv de la serviciu. Zilnic, pe la 4-5 după masa, avea dificultăți de respirație atât de severe încât trebuia dusă la spital unde i se dădea o mască de oxigen. Medicamentele nu aveau niciun efect.

Cauza principală a depresiei este stresul şi, doar prin voința proprie, este dificil de depăşit. În cazuri severe, pacienții ajung la sinucidere. Acest lucru a devenit un fenomen global.

Starea ei s-a înrăutățit şi în iulie a trebuit să intre în concediu medical. Pe lângă depresie, mai suferea şi de boala Meniere, ceea ce însemna că avea amețeli şi îşi pierdea echilibrul. Nu-şi putea focaliza vederea, iar corpul îi era atât de înțepenit că nu se putea mişca decât cu ajutorul altora.

Fiind în această situație, a primit Evanghelia prin prietenii ei şi a vizitat biserica Manmin din Taiwan. A început să participe la serviciul divin de duminică prin intermediul internetului şi a primit harul lui Dumnezeu. La recomandarea pastorului de acolo, a ascultat şi predicile anterioare şi a strigat către Domnul în rugăciune. Ascultând mesajele, şi-a dat seama de păcatele ei şi s-a pocăit cu lacrimi. Credința i s-a întărit încetul cu încetul.

Pastorul bisericii Manmin din Taiwan ne-a trimis o cerere de rugăciune pentru ea, însoțită de o fotografie. Pe data de 17 septembrie, în timpul serviciului de vineri noaptea, mi-am pus mâinile peste fotografia ei şi m-am rugat cu multă ardoare. Dumnezeu a răspuns rugăciunii, iar depresia şi boala Meniere au fost vindecate.

De atunci încolo a putut dormi confortabil şi a putut respira normal. La scurt timp, a început să meargă din nou la serviciu şi a vizitat de câteva ori biserica principală din Coreea. A devenit o creştină plină de credinţă.

Pelerinajul

În martie 2004, am plecat într-un pelerinaj. Fusesem plecat în pelerinaje de mai multe ori, dar de data aceasta era foarte diferit şi eram plin de sentimente deosebite. Galilea a fost scena principală unde s-a desfăşurat lucrarea publică a lui Isus. A fost locul de unde a chemat pe mulţi dintre ucenici să îl urmeze şi a făcut multe semne şi minuni. Echipa noastră a avut un timp memorabil de laudă, rugăciune şi meditaţie la bordul unei ambarcaţiuni pe Marea Galileii.

Reflectând la Domnul Isus

Multe cuvinte pe care le-a rostit Isus au devenit asemenea pietrelor preţioase şi sclipeau din apa lacului. A trecut Isus pe acest drum? Isus predica Evanghelia şi făcea minuni, dar nu avea mult timp să mănânce şi să se odihnească confortabil.

Nu puteam să trec aşa, în grabă, nici măcar pe lângă un copac, o piatră, sau o plantă din Galilea. Privind în jur în Galilea, mi s-a făcut aşa de dor de Domnul încât simţeam că mi se frângea inima numai când mă gândeam la El. La revărsatul zorilor, m-am rugat cu multă ardoare privind spre Marea Galileii şi am meditat la lucrurile pe care le-a făcut Isus.

Dorul după Domnul s-a transformat curând în lacrimi, care mi-au umplut ochii. În timp ce mă rugam în Galilea, Dumnezeu mi-a revelat o scenă din Biblie.

Isus vizita multe locuri, învăţând şi vindecând bolnavii, neavând mult timp pentru odihnă. Isus şi ucenicii mergeau pe drum, apoi s-au aşezat puţin. Petru, care părea a fi conducătorul celor doisprezece, era insuflat de dorinţa de a sta în preajma lui Isus şi de a-L sluji. Petru mergea mereu în faţă. Şi-a dat jos haina şi a şters o piatră pe care să se aşeze Isus.

Picioarele lui Isus se murdăriseră după mersul prin atâtea străzi prăfuite. Când Isus s-a aşezat, Ioan i-a şters picioarele şi sandalele cu hainele lui. Ucenicii au mers la casele din apropiere şi au făcut rost de mâncare, nişte pâini subţiri şi turtite.

Petru a ales-o pe cea mai bună şi i-a dat-o lui Isus. Am văzut cum ucenicii s-au aşezat pe marginea drumului şi au împărţit bucăţile de pâine. Isus a primit jertfa ucenicilor, oferită din toată inima, şi a mâncat o bucată întreagă de pâine.

Cuvintele rostite de Isus s-au transformat în ceva ca nişte picături de apă din Marea Galileii. Nu putem auzi din nou vocea lui Isus nici măcar cu tehnologia modernă, dar, dacă Dumnezeu ne deschide ochii şi urechile spirituale, vom putea vedea şi auzi aceste lucruri. Cu ochii spirituali se pot vedea şi urmele unor lumini puternice care indicau locurile unde Isus s-a oprit sau pe

La Marea Galileii

unde a trecut.

Muntele schimbării la față

Muntele Schimbării la Față este locul unde Isus a mers împreună cu Petru, Iacov și Ioan să se roage. Aici, cei trei ucenici au văzut cum Isus a fost schimbat într-un trup spiritual, cum s-a întâlnit cu Moise și Ilie și a avut o conversație spirituală profundă cu aceștia. Petru a spus că vrea să facă trei corturi.

Când m-am dus acolo, am observat că locul era mai mult decât suficient pentru trei corturi. Nu le-a fost greu Domnului Isus și ucenicilor să urce acest munte? Am putut percepe lumina spirituală, sunetele și energia din acel loc.

Cu ochii spirituali, se poate recunoaște locul unde Isus S-a întâlnit cu Moise și Ilie pentru că era acoperit cu lumini puternice. Biserica construită acolo ca aducere aminte a Schimbării la față era cam la 50-60 de metri de la acel loc.

De asemenea, am vizitat Ghetsimani și Biserica Tuturor Națiunilor (All Nations Church - care se traduce „Manmin" în limba coreeană) construită pe locul unde Isus, înainte să poarte crucea, s-a rugat până când picăturile de sudoare I s-au transformat în sânge.

Via Dolorosa

Ierusalimul este un oraș mohorât din cauză că oamenii nu L-au recunoscut pe Isus ca mântuitorul lor și L-au crucificat. Am putut să simt durerea și lacrimile lui Isus pentru Ierusalim. Lângă Zidul Plângerii se găsește cupola aurie care este o moschee.

A doua zi după sosirea noastră la Ierusalim, am auzit niște știri neașteptate la CNN. Guvernul israelian l-a asasinat pe liderul palestinian Sheik Ahmed Yassin. Era o stare de tensiune în Ierusalim.

Palestinienii și-au închis magazinele în semn de protest. De obicei, Via Dolorosa este un loc aglomerat și gălăgios, cu multe magazine și negustori arabi care invită clienții în magazinele lor. De regulă, nu este ușor pentru pelerini să mediteze în liniște la Domnul Isus purtând crucea în timp ce se strecoară prin mulțimea de oameni, de-a lungul străzii și apoi sus pe deal.

În acea zi însă, Via Dolorosa era o stradă liniștită din cauză că negustorii arabi își închiseră magazinele în semn de protest. Mulți pelerini și-au schimbat itinerarul din motive de securitate şi nu am văzut nici prea mulţi localnici. Am putut să ne continuăm pelerinajul într-o atmosferă calmă şi solemnă. Dumnezeu mi-a dat harul Lui să pot simţi, printr-o inspiraţie divină, evenimentele din vremea lui Isus.

Am simţit cum Isus comunica continuu cu Dumnezeu în duhul Său, în timp ce purta crucea. Isus a depăşit durerile în fiecare moment comunicând cu Dumnezeu. Când Isus mergea pe acest drum, Tatăl Ceresc simţea aceleaşi dureri.

Petru abia se putea distinge în mulţime, cu mult în urma lui Isus. Plângea încărcat de regret şi căinţă. Nu îndrăznea să se apropie de Isus pentru că se întreba: „Cum am putut să mă leapăd de Domnul de trei ori?"

După ce s-a lepădat de trei ori, Petru s-a dus imediat şi s-a pocăit cu mâhnire. S-ar părea firesc ca Petru să-L urmeze pe Isus ducând crucea. Motivul pentru care nu apare consemnat în Biblie este că Petru îl urma pe Isus de la distanţă şi ucenicii nu-l puteau vedea.

Femeile care au fost cu Isus până la sfârşit

Maria care L-a născut pe Isus mergea după El. Avea inima frântă şi era atât de epuizată fizic şi emoţional încât nu se prea putea ţine pe picioare. Maria Magdalena o susţinea şi o mângâia, dar era şi ea tristă. În acel moment, femeia care fusese vindecată de scurgerea de sânge a venit cu îndrăzneală înaintea lui Isus, pentru a-i şterge broboanele de sudoare.

Un soldat roman a încercat să o dea la o parte, dar ea s-a strecurat repede printre oameni şi a şters sudoarea lui Isus. Pe neaşteptate, a venit o lovitură de bici şi a lovit-o rău. A căzut la pământ. Soldaţii foloseau suliţe şi scuturi pentru a ţine oamenii la distanţă.

Aceste femei puteau fi prinse şi ucise de soldaţii romani, însă lor nu le era teamă şi L-au urmat până la locul unde a fost crucificat.

Tot aceste femei au fost primele care au mers la mormântul lui Isus. Golgota este cam la 800 de metri deasupra nivelului mării. Pe vremea aceea nu aveau drumuri pavate ca şi astăzi, iar acesta era un drum accidentat.

Chiar în zorii zilei dintâi a săptămânii, după Sabat, Maria Magdalena şi Maria care L-a născut pe Isus au urcat pe Golgota. Şi-au vătămat picioarele şi şi-au sfârtecat hainele pe pietrele ascuţite, dar nu le-a păsat. Dragostea lor desăvârşită a alungat teama (1 Ioan 4:18).

Focul Duhului Sfânt în Germania

Mâna călăuzitoare a lui Dumnezeu ne-a condus în Germania pentru a împlini mandatul misiunii mondiale. Era voia lui Dumnezeu să reînceapă trezirea spirituală în Germania şi Europa, locul unde aceasta se oprise.

Germania este locul de baştină al Reformei, dar acum multe biserici sunt goale şi, asemenea situaţiei din alte ţări europene, este greu să găseşti tineri în biserici. Aceasta se datorează în parte filozofiei şi teologiei liberale care promovează ideea că oamenii pot face compromisuri cu lumea şi că nu trebuie să trăiască o viaţă în conformitate cu adevărurile Bibliei.

Spiritual vorbind, multe biserici din Europa zilelor noastre nu se deosebesc de biserica din Sardes, care a fost mustrată de Domnul: *„...îţi merge numele că trăieşti, dar eşti mort"* (Apocalipsa 3:1).

Cei care îşi însuşesc Cuvântul lui Dumnezeu doar la nivel intelectual, sub formă de cunoştinţe nu îl aplică în viaţa lor. Cu alte cuvinte, credința lor este moartă și nu pot fi mântuiți (Iacov 2:26).

În Germania, generația tânără a plecat de multă vreme din biserică. Mulți oameni și-au pierdut credința pură. Dacă aud că minunile despre care se vorbește în Biblie se întâmplă în zilele noastre, aruncă priviri ciudate și pe fețele lor se citește îndoiala. Pentru a trezi Germania din această adormire spirituală, am organizat o campanie între 1-3 octombrie 2004, în Arena Oberhausen, de lângă Düsseldorf.

Pastorul Alexander Yepp și alți pastori care pregăteau campania de evanghelizare au spus că nu este ușor să strângă două sau trei mii de oameni nici măcar pentru cei mai renumiți evangheliști de trezire spirituală. Au mai adăugat că va fi mare lucru dacă se vor strânge o mie de oameni în total. În consecință, doreau să închirieze un spațiu cu o capacitate de maximum 1.500 de persoane.

Am insistat spunându-le că noi umblăm prin credință și în final am obținut Arena Oberhausen, cu o capacitate de 12.000 de locuri. La întâlnirile de rugăciune organizate în fiecare seară pentru susținerea campaniei din Germania, membrii bisericii noastre s-au rugat cu miile.

Probabil că Dumnezeu a fost mișcat de rugăciunile, postul și colectele misionare ale bisericii noastre pentru trezirea bisericilor din Europa și făcut lucrări mărețe prin Duhul Sfânt.

În pofida preconizărilor pastorilor locali, arena a fost plină încă din prima zi, iar participanții au ascultat mesajul cu o deosebită atenție. Prin acest mesaj oamenii au fost întăriți în credința lor, iar când m-am rugat pentru cei bolnavi lucrările de vindecare s-au dezlănțuit în toată arena.

Festivalul de vindecare şi minuni din Germania, în Arena Oberhausen

Cei care depun mărturie despre vindecările pe care le-au primit prin rugăciune

Încă din prima zi, mulţi oameni care veniseră în cărucioare cu rotile s-au ridicat în picioare şi au umblat, iar urechile surde au fost vindecate. Multora li s-a restaurat vederea şi şi-au aruncat ochelarii. Mulţi alţii au fost vindecaţi de boli incurabile şi au depus mărturie pe scenă. La faţa locului, medicii au strâns dovezi şi au verificat prin examinări medicale vindecările care au avut loc.

Dr. Geoffrey este licenţiat în medicină sportivă. După ce a suferit de meningo-encefalită, a avut diabet. Datorită unui atac de cord, tensiunea i-a urcat până la 180 şi nu i s-a dat prea mult timp de trăit.

Cu toate acestea, a participat la campanie încă din prima zi. În a treia zi, a fost atins de focul Duhului Sfânt la rugăciunea pentru cei bolnavi. A fost vindecat de insuficienţa cardiacă, tensiunea i-a revenit la normal şi celelalte boli de care suferea s-au îmbunătăţit considerabil. Dr. Geoffrey ne-a trimis o scrisoare în care îşi exprima mulţumirea pentru că fusese vindecat de boli incurabile, împreună cu documentele medicale doveditoare.

Mulţi au participat la campanie după ce văzuseră panourile şi afişele de pe stradă. Alţii au venit după ce au văzut la televizor ştirile despre campanie. Au experimentat lucrări de vindecare. Această campanie a fost transmisă în direct în 75 ţări prin intermediul a 4 sateliţi şi am primit multe mărturii de la telespectatori care spuneau că au fost vindecaţi în timp ce urmăreau campania la televizor.

Pastorii din zonă foarte surprinşi să fie martori la vindecările membrilor din biserica sau familia lor. Văzând amploarea lucrărilor Duhului Sfânt, au mărturisit că au ajuns să creadă cu adevărat că Dumnezeu continuă şi azi să lucreze cu putere ca pe vremea lui Isus. Au devenit mai încrezători în lucrarea lor şi au primit idei noi pentru slujire.

În Peru, fostul Imperiu Incaş

Peru mai păstrează reminiscenţe ale Imperiului Incaş, civilizaţie impunătoare care a înflorit în antichitate. Machu Picchu este un vestigiu incaş, aflat în valea râului Urubamba, la 2.280 de metri deasupra nivelului mării.

Este înconjurat de piscuri muntoase abrupte şi nu poate fi văzut de jos, de la poalele muntelui, de aceea poartă denumirea de „oraşul suspendat."

Oraşul include palatul, temple şi locuinţe ridicate de incaşi în secolul al XV-lea, pentru construcţia cărora au fost şlefuite fin imense blocuri de piatră care măsoară mai bine de şase metri înălţime şi un metru şi jumătate grosime.

Doar unul din blocurile de piatră cântăreşte câteva tone. Este o enigmă modul în care a fost construit, de la căratul bucăţilor de piatră până pe vârful muntelui, la cioplirea lor cu atâta uşurinţă ca şi cum ai tăia brânza de soia, până la îmbinarea lor perfectă fără a lăsa niciun spaţiu cât de mic. Machu Pichu, care înseamnă „vechiul pisc", a fost făcut cunoscut lumii la începutul secolului al XX-lea, după ce istoricul american Hiram Bingham îl descoperise în 1911.

În decembrie 2004, când am ajuns în Peru, am înțeles de ce Dumnezeu a ales Peru pentru a organiza o campanie de evanghelizare. Peruanii au avut privilegiul de a fi descendenții incașilor, însă au trebuit să treacă prin multe greutăți din cauză că au fost colonizați timp îndelungat. Aveau inimi sincere și curate și am putut să văd cum tânjeau după puterea lui Dumnezeu mai mult decât oamenii din alte țări pe care le-am vizitat.

Întâlnirea cu președintele Toledo la palatul prezidențial din Peru

Întâlnirea cu preşedintele Toledo

Pe data de 1 decembrie 2004, chiar înainte de începerea Campaniei unite din Peru, am fost invitat la palatul prezidenţial de către preşedintele Toledo. La prima vedere, am văzut un om încărcat de griji şi durere, probabil datorită stresului asociat cu responsabilitatea conducerii ţării.

Discutând despre mai multe lucruri mi-a spus:

- În viaţa de zi cu zi, nu este uşor să împlineşti nevoile spirituale. Am mare respect pentru cei care duc o viaţă dedicată lui Dumnezeu şi care îi călăuzesc şi pe alţii.

Mi-a cerut să mă rog pentru el spunând:

- Rugaţi-vă pentru mine pentru ca să primesc înţelepciune şi putere divină pentru a conduce şi dezvolta această ţară cu succes, dar şi pentru ca peruanii să trăiască în armonie unii cu alţii.

M-am rugat pentru mai multe lucruri, inclusiv pentru dezvoltarea economică şi pentru stabilitatea politică din Peru.

Chiar dacă am petrecut puţin timp împreună preşedintele mi-a mulţumit, poate din cauză că a primit pace în urma rugăciunii. La plecarea din ţară, după încheierea campaniei, a trimis-o pe preşedinta partidului majoritar să-mi transmită mulţumiri din partea lui.

O mulţime fără număr

Între 2-4 decembrie, am ţinut campania de evanghelizare în „Campo de Marte" din Lima. Această campanie a avut loc cu sprijinul politicienilor, al oamenilor de afaceri şi al presei. Pe parcursul celor trei zile, s-au adunat mai mult de 500.000 de oameni.

Campania unită din Peru

Lucrările pline de putere ale Duhului Sfânt au adus vindecare
nu doar în rândul celor prezenţi, ci şi al celor care urmăreau
campania prin intermediul televiziunii. Unii dintre aceştia au
fost vindecaţi şi au venit la locul în care se desfăşura campania.
Cei care înainte nu putuseră merge au dat la o parte scaunele cu
rotile, şi-au aruncat cârjele şi au mers fără acestea.

Unii au fost vindecaţi de cancer, iar alţii şi-au recăpătat
vederea. Scena era plină de oameni care depuneau mărturie
despre vindecarea pe care o trăiseră. Împreună cu aceştia membrii
familiilor lor şi vecinii se bucurau şi plângeau de bucurie.

Nenumărați oameni depun mărturie despre vindecările lor

Campania a fost transmisă în direct în toată țara pe trei canale și în întreaga lume prin intermediul a 20 de stații de transmisie, prin diferite rețele de cablu și pe internet.

Pe scenă se găseau mulți dintre conducătorii politici și religioși ai țării, precum și persoane importante din lumea afacerilor și a presei. Printre ei era fostul vicepreședinte Maximo San Roman și doamna Rosa Graciela Yanarico, președinta partidului majoritar. Erau prezenți și mulți parlamentari, pastori și oameni de presă din mai multe țări.

Într-un colţ am amenajat o masă destinată înregistrării mărturiilor. Cel puţin 20 de medici şi asistente medicale documentau şi înregistrau cazurile de vindecare şi consemnau mărturiile. Victor Callo Yerena (profesor la Colegiul de Medicină San Hernando) a declarat:

- Niciodată nu am crezut cu adevărat în Dumnezeu. Prin această campanie, însă, văzând vindecările care au avut loc aici, am ajuns să cred că Dumnezeu face minuni.

Povestea unui om de afaceri, dl. Arce

Un om de afaceri, domnul Vicente Diaz Arce, a fost un participant activ la această campanie de evanghelizare. Este un om de afaceri influent şi cunoscut pentru acţiunile sale de binefacere. După ce a auzit vocea Duhui Sfânt spunându-i să îi ajute pe cei din personalul nostru care pregăteau campania din Peru, dl. Vicente s-a întânit cu aceştia. Apoi, ne-a prezentat preşedintei partidului majoritar şi ne-a ajutat să avem o campanie reuşită.

Din cauza unor probleme legale, însă, era pe lista persoanelor căutate de poliţie. A fost acuzat pe nedrept de către fostul său partener de afaceri şi a fost condamnat de un judecător. Dacă ar fi fost prins, ar fi fost închis pentru trei ani, aşa că stătea mai mult acasă pentru a nu se întâlni cu poliţia. S a întâlnit cu personalul nostru doar o singură dată în afara locuinţei lui, dar nu a fost reperat de poliţie.

În 30 noiembrie, ziua în care am ajuns în Peru, a venit la hotel să mă întâlnească. După ce m-am rugat pentru problema lui, a decis să participe la campania de evanghelizare în fiecare din cele trei zile. Decizia lui implica o încredere totală în Dumnezeu.

În ziua următoare s-a arătat lucrarea lui Dumnezeu. Spre deosebire de alte ţări, în Peru există un consiliu al judecătorilor care pot redeschide un caz. În afară de aceasta alţi judecători pot face rectificări şi modificări. Din întâmplare, un alt judecător a revizuit documentele cazului domnului Arce. Acest judecător a hotărât că domnul Arce nu era vinovat şi i-a trimis o înştiinţare.

În 2 decembrie, când a primit înştiinţarea de la judecător, domnul Arce a fost profund mişcat când a văzut ce putere are rugăciunea. Problema fiind rezolvată, acum era liber să participe la campanie. Prin urmare, ne-a ajutat să avem o campanie reuşită, ocupându-se, pe lângă alte chestiuni, de multe probleme administrative.

După încheierea campaniei, mulţi dintre cei care au fost vindecaţi ne-au trimis mărturiile lor. Ca urmare a faptului că multe persoane experimentaseră minuni, am auzit că în multe biserici aveau loc treziri spirituale.

Campania, la care au participat mai bine de 500.000 de oameni timp de trei zile, s-a încheiat cu bine. Impactul pe care l-a avut a dus la diplomaţie neguvernamentală; prin urmare politicieni, oameni de afaceri şi reprezentanţi ai presei continuă să viziteze Coreea.

În 15 mai 2005, vicepreşedintele David Waisman şi fostul vicepreşedinte Maximo San Roman au participat la serviciul de duminică al bisericii noastre din Seul. La momentul respectiv, vicepreşedintele Waisman încerca să restabilească influenţa Peru-ului, spijinindu-l pe preşedintele Toledo, iar fostul vicepreşedinte

Maximo San Roman se implicase din plin în problemele sociale în folosul publicului larg.

În anul următor, vicepreşedintele David Waisman cu soţia sa, împreună cu domnul Vicente Arce şi preşedinta partidului majoritar din Peru, au vizitat biserica noastră. Au fost mişcaţi de lucrarea de la biserica Manmin şi ne-au oferit sprijinul. După campania din Peru, pastorul Lazarus Jaeho Lee a fost trimis ca misionar în America Latină, iar ca rezultat, a fost înfiinţată o biserică în Lima. El este implicat activ în lucrarea misionară prin transmisiuni audio-vizuale şi campanii de evanghelizare cu batiste.

Desemnată una din cele şapte noi minuni ale lumii

Ca preşedintă a Seminarului Internaţional Manmin (Manmin International Seminary-M.I.S.), dr. Esther Kooyoung Chung influenţează vieţile multor pastori din întreaga lume, contribuind la trezirea lor spirituală. Totodată este directoarea Biroului de Traduceri unde poartă pe umeri responsabilitatea conducerii şi coordonării lucrărilor de traducere ale bisericii noastre. Este fosta preşedintă a Universităţii pentru femei din Seul (Seoul Women's University), fiind cea mai tânără persoană care a deţinut funcţia de preşedinte al unei universităţi din Coreea. În mai 2007, a plecat într-o misiune în America Latină, susţinând conferinţe pentru pastori în mai multe ţări. Una dintre conferinţe a fost programată să aibă loc în Cuzco, Peru.

Cu toate acestea, unii pastori locali auziseră nişte zvonuri false de la alţi misionari coreeni şi, ca urmare, conferinţa era pe punctul de a fi anulată. Lucrarea lui Dumnezeu s-a arătat însă cu mai multă putere în acel moment.

Preşedintele Universităţii Naţionale San Antonio din Cuzco îi înmânează doamnei dr. Ester Koozoung Chung titlul de profesor onorific

Preşedintele Universităţii Naţionale San Antonio din Cuzco a auzit vestea şi a invitat-o pe dr. Chung să ţină conferinţa la universitatea sa. Participase şi el la campania din Peru şi era în temă cu lucrarea bisericii Manmin.

Dr. Chung a ajuns în Cuzco după ce a susţinut o conferinţă în Miami. Mesajele pe care le-a prezentat se intitulau „Legile spirituale: Creaţie şi ştiinţă." Evenimentul a debutat cu o conferinţă de presă şi a durat două zile. Conferinţa a fost transmisă în direct la CTC care acoperea întreaga regiune Cuzco. Ca urmare a popularităţii de care s-a bucurat conferinţa

Conferinţele Seminarului Internaţional Manmin produc trezirea spirituală a pastorilor din toată lumea (în Honduras)

multe persoane au solicitat înregistrări video ale acesteia.

După încheierea conferinţei, preşedintele Universităţii Naţionale San Antonio din Cuzco i-a înmânat doamnei dr. Chung titlul de profesor onorific, conferit cu aprobarea guvernului peruan.

În acelaşi timp, oraşul Cuzco făcea eforturi susţinute ca Machu Picchu să fie selecţionat ca una dintre cele şapte noi minuni ale lumii. Decizia a fost luată prin diferite mijloace, printre care votul telefonic şi cel prin intermediul internetului. Peru avea dezavantajul că multe persoane nu au acces la internet. Primarul oraşului Cuzco a cerut bisericii noastre să se roage pentru această problemă atunci când dr. Chung era acolo.

A doua zi, conferința s-a desfășurat în sala de ședințe a primăriei orașului Cuzco și, din fericire, serviciul de închinare de vineri noaptea de la biserica principală din Coreea avea loc concomitent cu conferința. La cererea celor din Peru, m-am rugat ca Machu Picchu să fie selecționat ca una din cele șapte noi minuni ale lumii. Autoritățile orașului Cuzco au primit rugăciunea pe loc, prin transmisia în direct de pe internet.

În 7 iulie 2007, a fost făcut public rezultatul votului. Machu Picchu fusese ales ca una din cele șapte noi minuni ale lumii, lucru care a atras din nou atenția lumii asupra Peru-ului.

„Prin rugăciunea și suportul membrilor bisericii Manmin Central Church, Machu Picchu a fost ales să fie una din cele șapte noi minuni ale lumii. Vă mulțumim foarte mult.”

Acesta a fost mesajul transmis de către primarul din Cuzco, Marina Zequeiros, bisericii noastre, însoțit de urări și de o placă onorifică.

O luptă aprigă împotriva sărăciei şi a bolii în Republica Democrată Congo

Republica Democrată Congo este a treia ţară ca suprafaţă din Africa. Deşi deţine numeroase resurse naturale, totuşi, este sărăcită din cauza războaielor civile şi a bolilor endemice. Oamenii aveau mare nevoie de Cuvântul Vieţii şi de puterea lui Dumnezeu. Ani la rând am primit cereri de la pastorii de acolo să organizăm campanii de evanghelizare în R.D. Congo.

Vestea despre puterea lui Dumnezeu se răspândea prin transmisiuni radio şi de televiziune, prin intermediul internetului şi a publicaţiilor. Primim multe cereri pentru campanii de evanghelizare, dar niciodată nu aleg locul de unul singur. Am mers doar în ţările în care m-a trimis Dumnezeu. Când m-am rugat pentru R.D. Congo, Dumnezeu mi-a spus că voi organiza o campanie de evanghelizare în 2006 şi că aceasta va fi ultima campanie din Africa.

În ciuda împotrivirilor diavolului

În perioada premergătoare campaniei, i se făcea zilnic publicitate pe postul național de televiziune. Diavolului îi era teamă de ceea ce urma să se întâmple prin această campanie în R.D. Congo și încerca să ne împiedice. Bisericile din R.D. Congo erau împărțite în două grupuri.

Bisericile evanghelice ne-au susținut în organizarea campaniei, dar nu erau în relații bune cu bisericile din celălalt grup. Și aici erau pastori care nu doreau să colaboreze deoarece fuseseră influențați de misionari coreeni care împrăștiau zvonuri false.

Pe lângă asta, printre persoanele din anturajul președintelui Republicii Democrate Congo erau vrăjitori care nu doreau o campanie creștină. Președintelui i s-au prezentat niște lucruri absurde și i s-au trimis din Coreea niște documente falsificate.

- Pastorul Jaerock Lee vine aici să-și mărească influența.

- Nu va fi bine pentru președinte. Trebuie să interziceți desfășurarea campaniei.

Alegerile generale și prezidențiale erau programate în lunile aprilie și iunie. Multe persoane spuneau tot felul de lucruri negative, așa că era de așteptat ca președintele să aibă o părere care nu ne favoriza.

Din bunătatea inimii

Cu o zi înainte de plecarea mea din Coreea, am primit o înștiințare din partea ministrului sportului prin care ne cerea ca în ultima zi de evanghelizare să ne mutăm în alt loc decât cel desemnat. Urma să aibă loc un meci de fotbal foarte important în acea duminică de aceea trebuiau să înceapă pregătirile de

Campania unită din Republica Democrată Congo

sâmbătă.

Ne era foarte greu să mutăm totul în ultima zi. Trebuia să mutăm scena imensă, luminile, ecranele video, sistemul de sunet și restul lucrurilor, iar apoi trebuia să le montam din nou în altă parte, în aceeași zi.

Contractul pe care îl aveam ne permitea să folosim „Stade des Martyrs", care înseamnă „Stadionul martirilor", timp de trei zile, dar cuvântul lui Dumnezeu ne spune să dăm atunci când alții ne cer. Desigur, nu întotdeauna este potrivit să dăm orice ni se cere, dar când dăm din bunătatea inimii, Dumnezeu se bucură. Așadar, am sfătuit personalul să le accepte cererea.

- Faceți tot ce vi se cere. Dacă vom insista să se respecte

contractul în totalitate, cât de multă suferință vom cauza oare persoanei responsabile de planificare pentru că a uitat de acest eveniment așa de important și a semnat contractul cu noi? Trebuie să fie voia lui Dumnezeu să schimbăm locul în care se va ține campania în ultima zi.

Am acceptat cererea lor și am decis ca, în ultima zi, să ținem campania în altă parte. Am vrut să folosim străzile și alte spații deschise din zona „Bulevardului Triumfal" (Boulevard Triomphal), dar nu a fost ușor să obținem autorizația de care aveam nevoie.

Străzile fuseseră închise doar o singură dată, cu ocazia unui eveniment național pentru președinte. În a treia zi a campaniei urma să aibă loc un eveniment politic național foarte important. Era aproape imposibil să se închidă străzile din imediata vecinătate a parlamentului.

O întâlnire memorabilă cu președintele

În 15 februarie 2006, după ce am ajuns în Republica Democrată Congo, am înțeles de ce politicienii acordau atât de mare atenție vizitei mele.

În ultima zi a campaniei, guvernul urma să aibă o ceremonie de schimbare a constituției. Au schimbat organizarea guvernamentală și chiar și drapelul național. Era, de asemenea, o perioadă delicată, chiar în preajma alegerilor prezidențiale. Astfel, erau foarte precauți din cauză că nu știau cum i-ar fi putut afecta campania.

În 16 februarie, prima zi a campaniei de evanghelizare, am fost invitat de către președintele Joseph Kabila la palatul prezidențial.

Întâlnirea cu preşedintele Joseph Kabila al Republicii Democrate Congo

Unele persoane au încercat să împiedice întîlnirea cu preşedintele dar, pentru că Dumnezeu a fost cel care a atins inima preşedintelui, întâlnirea a fost programată în mod miraculos. În timpul unei conversaţii foarte amiabile, preşedintele Kabila şi-a dat seama că realitatea nu era aşa cum i-a fost prezentată.

A înţeles că nu aveam o agendă politică, ci doar doream să promovez pacea şi să aduc vindecare în Republica Democrată Congo. Atitudinea sa a devenit prietenoasă.

- Rugaţi-vă pentru ca alegerile generale să fie paşnice. Întâmpinaţi probleme cu campania de evanghelizare? Vă ofer sprijinul necesar, a spus preşedintele.

- În a treia zi a campaniei, va trebui să ne mutăm în altă parte şi încă nu am reuşit să găsim un loc adecvat, a răspuns episcopul Kienza, preşedintele comitetului de organizare a campaniei.

- De ce nu luaţi în considerare cealaltă sală a sporturilor?

- Cealaltă sală a sporturilor este în reparaţii. Vă rog să ne daţi voie să închidem drumurile de lângă parlament.

Preşedintele a acceptat cererea noastră. După ce am plecat de la palatul prezidenţial, a semnat documentele care ne permiteau să închidem acele străzi. Acest lucru era posibil doar cu permisiunea preşedintelui.

În prima şi a doua zi, s-a strâns o mulţime de aproximativ 100.000 de oameni pe stadion. Preşedintele a fost ocupat şi nu a putut veni dar a trimis-o pe sora lui geamănă, dr. Janet Kabila, în calitate de primă doamnă. Domnul vicepreşedinte Bemba a participat la campanie împreună cu soţia sa, alături de mulţi oameni din alte ţări.

Domnul Werasson, un cântăreţ celebru şi îndrăgit din Africa a participat la campanie şi a cântat spre slava lui Dumnezeu. După terminarea campaniei, a venit la mine împreună cu familia sa ca să mă rog pentru ei. Avea două fete, dar soţia sa nu avusese niciun copilaş în ultimii şapte ani. La cererea lui, m-am rugat să aibă un băiat.

Campania a fost transmisă în direct pe canalul naţional de televiziune din R.D. Congo, pe alte canale seculare şi în mai bine de 150 de ţări prin intermediul a mai mult de 10 sateliţi. Dumnezeu şi-a revărsat puterea şi a vindecat pe mulţi dintre cei care sufereau din cauza sărăciei şi a bolilor. Mulţi au mărturisit că au fost vindecaţi de incurabila boală SIDA. Atât de mulţi oameni au venit să îşi spună mărturia încât ne-am îngrijorat să nu cumva să cedeze scena sub greutatea lor.

O mulțime nenumărată

În a treia zi, s-a strâns o mulțime așa de numeroasă încât era greu să-i vezi capătul. Am estimat în jur de 500.000 de oameni. Dacă nu am fi schimbat locul campaniei, nu am fi putut găzdui pe toată lumea pe stadion.

Pe stadion, s-ar fi putut întâmpla accidente din cauza numărului mare de oameni, dar Dumnezeu, care știa deja acest lucru, ne-a călăuzit spre un loc mai spațios.

Cei care erau orbi și muți, sau cei care se foloseau de cârje și cărucioare cu rotile, precum și cei care sufereau de boli incurabile, cum ar fi cancer sau SIDA, au fost vindecați foarte repede. Dumnezeu i-a vindecat prin puterea Duhului Sfânt, în numele lui Isus Cristos.

Un om mai în vârstă, pe nume Masudi Lisongi Bosongo, era pescar de meserie. Avea 64 de ani și trăia de pe-o zi pe alta, prinzând câțiva pești. Purta ochelari deoarece nu putea vedea prea bine din cauza cataractelor. Singura lui bucurie era să asculte emisiunile de la radio. A auzit știrile despre campanie la radio, dar nu își putea permite să plătească costul de transport.

Asemenea văduvei care a dat tot ce avea, adică doi bănuți de aramă, el și-a vândut cu 9 dolari radioul, singura lui avere, și a venit la campania de evanghelizare. Dumnezeu i-a acceptat cu plăcere fapta plină de credință și l-a vindecat.

A mărturisit că a simțit un foc venind din spatele gâtului spre cap și apoi în jos spre ochi. Vederea i s-a îmbunătățit așa încât nu mai trebuia să poarte ochelari.

Transmisiuni prin satelit în Africa şi în toată lumea

L-am trimis pe pastorul Peter Kim ca misionar în Republica Democrată Congo. În mai puţin de un an de la deschiderea bisericii de acolo, mai mult de o mie de membri participă la serviciile de duminică.

De asemenea, episcopul Paul Musafiri, fost ministru, a fost atins şi impresionat în timpul campaniei şi ne-a vizitat biserica. Acum ne ajută şi este foarte activ în lucrarea din Republica Democrată Congo. Aş vrea să vă prezint scrisoarea pe care ne-a adresat-o:

„Vă trimit salutări călduroase din Republica Democrată Congo. Împărtăşim aceeaşi credinţă în Dumnezeul a cărui prezenţă este cu pastorul Jaerock Lee şi vreau să vă mărturisesc despre lucrările minunate ale lui Dumnezeu care au loc aici, ca răspuns al rugăciunilor dumneavoastră pentru ţara aceasta.

În ianuarie 2008, după multe lupte, a fost semnat tratatul de pace din estul ţării. Am fost trimis la Goma, în partea de est a ţării, şi am rămas acolo o lună de zile pentru acest tratat de pace. Am participat la conferinţa pastorului Myong-ho Cheong, arhiepiscopul pentru Africa, şi am fost foarte atins de mesaj.

Chiar şi după ce a fost semnat tratatul de pace, cei care sunt împotrivă încearcă să destabilizeze ţara prin zvonuri false, de la estul la vestul Republicii Democrate Congo, dar eu cred că dumneavoastră continuaţi să susţineţi în rugăciune Republica Democrată Congo.

Vă scriu în special cu dorinţa să nu încetaţi să vă rugaţi pentru noi. Vă solicit să vă rugaţi cu dragoste pentru preşedintele Joseph Kabila, pentru politicieni şi întregul anturaj al preşedintelui. Colegul meu, pastorul Peter Kim este foarte bine. Avem o părtăşie mai strânsă decât cea a fraţilor sau rudelor de sânge şi împărtăşim viziunea şi visul bisericii Manmin.

A avut de suferit din cauza ofiţerilor de poliţie pentru că este misionar străin, dar a ieşit biruitor întotdeauna în numele Domnului. A primit un loc pentru construcţia bisericii şi membrii au multe mărturii. Aş dori să transmiteţi salutările mele şi membrilor bisericii Manmin."

Episcopul Paul Musafiri,
fiul dumneavoastră credincios în Isus Cristos.

A apărut o cruce în timpul primei transmisiuni publice

Când am început biserica, Dumnezeu ne-a dat viziunea din Isaia 60:1 *,,Scoală-te, luminează-te! Căci lumina ta vine, și slava DOMNULUI răsare peste tine."* De atunci, lucrările mărețe ale Duhului Sfânt au început să se reverse peste întreaga lume.

Prin planul Lui, Dumnezeu ne-a ajutat să înființăm rețeaua de televiziune GCN (Global Christian Network - Rețeaua Creștină Globală), pentru ca lumina mântuirii să strălucească înaintea tuturor oamenilor din lume. Transmisia Evangheliei Sfințeniei cu cele Cinci Elemente a început în orașul New York, în Statele Unite. Prin intermediul GCN, multe posturi de transmisiune din lume pot să-și facă lucrarea cu o viziune inspirată de Dumnezeu.

Forma unei cruci apare deasupra clădirii „Empire State Building"

Transmisia prin rețeaua de televiziune GCN începe în New York

În mai 2004, producători creștini din 8 țări, inclusiv Statele Unite, Marea Britanie, Rusia și Australia s-au întrunit și au întemeiat rețeaua de televiziune GCN. Nu aveam niciun specialist în domeniu, nici tehnicieni și nici resurse financiare.

Singura investiție pe care am putut-o face a fost să credem și să ne rugăm. După o serie de lucrări pregătitoare, am început transmisiunea de probă pe calea undelor în 1 septembrie 2005, pe canalul 17, în orașul New York.

Regia de emisie a postului GCN este amplasată în Empire State Building, chiar în centrul orașului New York. Pentru a sărbători prima transmisie, mai mult de 20 de producători din toată lumea s-au adunat acolo.

Au urcat până la observatorul de pe Empire State Building și admirau panorama nocturnă. În acel moment, cineva a văzut cum, dintr-odată, a apărut pe cer forma unei cruci mari, care strălucea puternic.

Cei prezenți au fost convinși că Dumnezeu era mulțumit cu GCN TV și le-a arătat un semn. Domnul Dan Wooding, care fusese de față, a scris un articol în care a inclus o fotografie și apoi l-a publicat pe pagina sa de internet.

GCN transmite programe creștine zi și noapte, în colaborare cu Manmin TV. În scurt timp, a devenit un post cunoscut pe plan internațional. Prin diferite programe televizate, această rețea își propune să producă o trezire spirituală în viețile telespectatorilor arătându-le cum să Îl întâlnească pe Dumnezeu și să găsească soluții la problemele lor.

Vindecări prin intermediul rețelei GCN

Primim multe scrisori, nu doar din Coreea, ci și din alte țări, în care telespectatorii ne spun că au fost vindecați de diverse boli și că viețile lor au fost transformate în urma vizionării programelor transmise la GCN TV. Dumnezeu își face lucrarea și ea transcede limitările de timp și spațiu. Lucrarea aceasta conduce multe suflete din toată lumea la mântuire.

Elizabeth Goodall este o telespectatoare din New York. Ea ne-a scris că Dumnezeu îl folosește pe pastorul Jaerock Lee să vindece bolnavii, să le arate mântuirea și să-i călăuzească spre Împărăția Cerească. Urmărește postul GCN TV din New York și ne-a împărtășit mărturia ei. O parte din ea este redată mai jos:

„Elizabeth Goodall vagyok. A hasam és a lábaim „Mă numesc Elizabeth Goodall. Abdomenul şi picioarele mi-au fost umflate din 2005 şi, de asemenea, am avut un nodul sub limbă. Mi-am pus batista pe care mi-aţi trimis-o pe faţă şi pe abdomen. A doua zi dimineaţa, am observat că nodulul de sub limbă îmi dispăruse. Când m-am uitam la abdomen şi picioare, umflăturile dispăruseră şi ele. Îi mulţumesc lui Dumnezeu pentru ceea ce a făcut şi vă mulţumesc şi dumneavoastră.”

9 noiembrie, 2007
Elizabeth Goodall

În cele ce urmează, am selectat o mărturie din Canada:

„Urmăream la televizor programul domnului dr. Jaerock Lee şi vroiam să ştiu dacă intenţionează să vină în Canada. Eu locuiesc lângă Ottawa, dar îmi vizitez soţul care locuieşte în New York. Aseară, mă uitam din nou la GCN iar când dr. Lee s-a rugat pentru bolnavi, am fost vindecată. Sunt asistentă medicală şi mi-am vătămat umerii în timp ce ajutam pacienţii. Durerea revenea mereu însă, după ce v-aţi rugat pentru mine aseară, nu am mai simţit nicio durere! Acum pot să îmi ridic braţele şi să-mi mişc umerii. Slavă Domnului! Trebuia să plec spre Canada azi dimineaţă la ora 4, dar sunt încă aici. Poate că Dumnezeu a dorit ca eu să discut cu dumneavostră azi.”

29 noiembrie, 2007
Marie Lenie Saint Loth

Ceremonia de înfiinţare a reţelei GCN

Serviciul de lansare al reţelei GCN

WCDN, o reţea mondială a medicilor

Pentru a clarifica cazurile de vindecare divină s-a constituit o organizaţie. În mai 2004 a luat fiinţă World Christian Doctors Network (Reţeaua Mondială a Medicilor Creştini), WCDN. Prima lor conferinţă s-a desfăşurat în Seul, iar a doua a avut loc în Chennai, India, în mai 2005. Mai mult de 500 de specialişti din lumea medicală au participat şi au prezentat multe cazuri de vindecare divină din perspectivă medicală.

Următoarele conferinţe au avut loc în Cebu (Filipine) în 2006, în Miami (SUA) în 2007 şi în Trondheim (Norvegia) în 2008. În cadrul acestor conferinţe, cadrele medicale specializate au prezentat studii pe cazuri de vindecare divină. După conferinţa din Miami, a apărut un articol despre acest eveniment într-unul din cotidienele coreene.

Cea de-a patra Conferinţă Medicală Creştină Internaţională s-a desfăşurat la hotelul Hyatt în data de 13 şi 14 iulie, 2007 în Miami, statul Florida, din SUA. Tema conferinţei a fost:

A 3a Conferință Internațională Creștină Medicală din Cebu, Filipine

„Spiritualitate și medicină" și a reunit mai mult de 150 de medici din 40 de țări. În prima zi, pe data de 13 iulie, conferința a debutat cu un mesaj de bun venit din partea președintelui consiliului de conducere al organizației WCDN, dr. Jaerock Lee, care a apărut pe ecran. În mesajul său, pastorul dr. Jaerock Lee i-a încurajat pe cei prezenți să nu își îndrepte atenția doar la vindecarea bolilor fizice, ci și să ducă o viață de apostol al Domnului care dăruiește oamenilor viață spirituală.

Dr. Alvin Hwang, președintele organizației WCDN și dr. Armando Pineda, directorul organizației WCDN pentru Statele

A 4a Conferință Internațională Creștină Medicală din Miami, SUA

Unite, au urat bun venit medicilor, pastorilor și distinșilor invitați. După aceea, medicii au prezentat cazuri de vindecare divină însoțite de informații doveditoare care au inclus: Melanom malign (prezentată de dr. Mark Miller), Spina bifida (prezentată de dr. Brian Sanghoon Yeo), Pneumotorax spontan (prezentată de dr. Gilbert Yoonseok Chae), Pneumonie (prezentată de dr. Junseong Kim) precum și două cazuri de vindecare de cancer la sân (prezentate de dr. Pancheta Wilson).

Judecătorul Robert E. Newsom din Sulphur Springs, în nord-estul Texasului, a fost diagnosticat cu melanom la spitalul oncologic din Houston, statul Texas. Medicii spun că rata mortalității în cazul acestui tip de melanom este foarte ridicată dar, în loc să urmeze tratamentul cu radiații, judecătorul Newsom a lăsat problema în mîna Domnului și a ales să nu se supună tratamentului. I-a cerut cu ardoare lui Dumnezeu să îl vindece și mulți membri ai bisericii de tip Southern Baptist, pe care o frecventează, s-au rugat pentru vindecarea lui. Când a fost reevaluat două luni mai târziu, s-a constatat că avusese loc un miracol. Fusese complet vindecat de melanom. Dr. William Mark Miller, care l-a supravegheat, a vorbit audienței despre această vindecare și a prezentat documente medicale care să confirme cazul.

Dr. Chauncey W. Crandall IV, care lucrează la clinica Palm Beach Cardiovascular Clinic, în Palm Beach Gardens, din Florida, a prezentat vineri, 13 iulie, un caz impresionant. A relatat următoarele:

- Un domn de cincizeci și trei de ani a venit la urgență cu un infarct miocardic masiv iar, după ce l-am operat mai mult de patruzeci de minute, l-am declarat mort. În acel moment, Duhul Sfânt mi-a spus: „Întoarce-te și roagă-te pentru acest om." Așadar, m-am așezat lângă trupul lui și m-am rugat: „Doamne Tată, strig către Tine pentru sufletul acestui om, pentru că nu te cunoaște ca Domn și mântuitor, te rog să-l înviezi acum în numele Domnului Isus." Uimitor, câteva minute mai târziu, ne-am uitat la monitorul cardiac și, dintr-odată, inima a început să bată. După încă câteva minute, a început să se miște, apoi și-a mișcat degetele de la mâini și de la picioare și a început să vorbească nedeslușit.

Dr. Crandall a prezentat acest caz însoțit de fișele medicale.

Dr. John Youl Chun, fostul decan al Colegiului de Medicină din cadrul universității Kyunghee, a prezentat mărturia unui pastor, o doamnă din Taiwan, pe nume Chen Tsen Man, care fusese vindecată la serviciul divin de vineri noaptea, de la Biserica Centrală Manmin. Suferise de polimielită, de la vârsta de 2 ani, iar de când fusese implicată într-un accident rutier, cu 14 ani în urmă, trebuia să folosească un baston pentru a se deplasa. De curând, începuse să folosească un scaun cu rotile din cauza durerilor îngrozitoare de la picioare. În timpul vizitei făcute la Biserica Centrală Manmin, a fost vindecată prin rugăciunea pastorului Jaerock Lee și a putut să meargă fără ajutorul bastonului sau a scaunului pe rotile.

În această lume modernă, în care este greu să crezi în Dumnezeu din cauza răspândirii păcatelor și a progreselor științei, organizația WCDN caută ca prin lucrarea ei să examineze din punct de vedere medical cazurile de vindecare divină pentru a dovedi că Biblia este adevărată și că Dumnezeu este viu.

Focul Duhului Sfânt în inima Statelor Unite

După ce Dumnezeu ne-a dat posibilitatea să începem transmisiunea prin GCN, ne-a călăuzit să organizăm o campanie în New York. Madison Square Garden este o zonă în care mulți artiști internaționali își doresc să dea spectacole.

În planul lui Dumnezeu de a aduce trezire în Statele Unite și de a începe misiunea noastră în Israel, am ajuns să organizăm campania din New York, în Madison Square Garden, în iulie 2006. Programările se fac cu cel puțin un an sau doi înainte, așa că este foarte greu să obții acest spațiu dacă încerci să programezi ceva doar cu puțin timp înainte de evenimentul respectiv.

Cel mai important factor în organizarea unei campanii de evanghelizare în New York este găsirea unui loc adecvat, care este foarte greu de obținut doar cu câteva luni înainte.

În timp ce încercam să găsim un loc cât mai potrivit, un anume grup și-a anulat programarea pentru Madison Square Garden, așa că am depus actele necesare și am primit aprobarea.

A fost doar harul lui Dumnezeu.

Statele Unite au fost întemeiate pe baza credinței puritanilor. Ei au trimis cel mai mare număr de misionari în toată lumea. Astăzi însă, prin promovarea darwinismului și chiar legalizarea homosexualității, par a se distanța de Dumnezeu.

Cei care s-au strâns la Madison Square Garden au ascultat cu atenție mesajele timp de trei zile și au experimentat lucrările purificatoare ale Duhului Sfânt. Cei care fuseseră oprimați de duhuri necurate au fost eliberați. Mulți alții au fost vindecați de boli incurabile și au mărturisit aceasta public.

Lucrări de vindecare în Madison Square Garden

Maria Andrea Morang a fost vindecată de SIDA. Fusese internată în spital de multe ori din cauza febrei mari, a durerilor de cap și a vomatului, iar corpul îi era paralizat și nu putea merge. Abia putea să își miște mâinile.

La o lună după terminarea campaniei, am vizitat-o din nou, putea merge liber și ducea o viață normală.

O altă persónă a fost vindecată de cancer la coloană. Avusese fracturi în șase locuri și a spus că simțea ca și cum oasele i se topeau. Nu putuse să stea pe scaun pentru o perioadă îndelungată și nu putea nici să se aplece. A fost complet vindecat la campanie; problemele de la nervi au dispărut și acum putea merge nestingherit.

Medicul său a spus că era de neconceput ca el să poată merge, dar puterea lui Dumnezeu l-a vindecat complet.

Campania din New York (Madison Square Garden)

Mikhail a fost vindecat de schizofrenia de care suferise 12 ani. A fost apăsat de duhuri necurate şi era mereu deprimat. Avea antropofobie, teamă de oameni şi nu putea ieşi afară. Suferea şi de dureri de cap şi nu putea duce o viaţă normală. Nu putea vorbi prea bine din cauza medicamentelor puternice dar, fără acestea, apărea riscul accidentelor vasculare.

În timpul campaniei, a fost vindecat complet şi se bucura spunând că, acum, putea să îşi continue studiile şi să ducă o viaţă nouă.

Cei care au experimentat vindecare au fost examinaţi de

medici din cadrul organizaţiei WCDN. Dr. Vitaliy Fishberg a declarat:

- Această campanie de evanghelizare a schimbat întreg cursul vieţii mele. Mesajele predicate timp de trei zile oferă soluţia pentru rezolvarea multor probleme. Am participat la multe campanii susţinute de evanghelişti renumiţi, dar nu am văzut niciodată atâţia oameni vindecaţi doar printr-o rugăciune de la amvon.

La sfârşitul celor trei zile, am primit o declaraţie oficială de apreciere şi mi-a fost înmânată o placă onorifică din partea Senatului şi Adunarii Generale a statului New York şi a consiliului oraşului New York. Pot doar să îi mulţumesc lui Dumnezeu care mi-a dat oportunitatea să predic Evanghelia în ţara care ne-a adus nouă mai întâi Evanghelia.

Nişte pastori au încercat însă să tulbure campania şi în această ţară. Au răspândit documente false în multe biserici, au atras de partea lor nişte reprezentanţi ai presei şi au încercat să boicoteze şi campania de la Madison Square Gardens.

Un pastor al unei anumite biserici din New York s-a opus cu vehemenţă acestei campanii. Ulterior a trebuit să demisioneze din funcţia de la biserică, din cauza unui incident nefavorabil şi nu a mai putut face niciun fel de lucrare în zona respectivă. M-am întristat la auzul acestor veşti.

Când cineva acţionează în opoziţie cu lucrarea Duhului Sfânt, va culege ceea ce a semănat pe acest pământ, dar judecata pe care o va primi în viaţa de apoi este mult mai de temut.

Nişte misionari coreeni au încercat să perturbe şi să intervină în lucrarea bisericii noastre. Când încercam să organizăm campanii în alte ţări, răspândeau zvonuri false şi distribuiau documente falsificate.

Cum adevărul se apără singur, cu cât încercau mai mult să împiedice activitățile, cu atât mai mult campania devenea din ce în ce mai cunoscută. În final, eforturile lor s-au întors în favoarea noastră. Am constatat că pastorii care au colaborat cu noi în diferitele campanii din lume au fost binecuvântați din plin. Bisericile lor au experimentat treziri spirituale și fost întărite în credință, iar poziția și statutul lor ca pastori au fost consolidate.

Începutul misiunii din Israel

Din anul 2000 încoace, Dumnezeu ne-a dat ocazia să predicăm Evanghelia în 12 campanii de proporții. După campania din New York, din iulie 2006, El ne-a călăuzit să întrerupem organizarea unor astfel de evenimente pentru o vreme. Chiar și în prezent primim cereri din multe țări să organizăm campanii. Îmi pare rău, dar nu pot da curs acum acestor cereri pentru că trebuie să duc la îndeplinire misiunea din Israel.

„Evanghelia aceasta a Împărăției va fi propovăduită în toată lumea, ca să slujească de mărturie tuturor neamurilor. Atunci va veni sfârșitul. De aceea, când veți vedea, urâciunea pustiirii', despre care a vorbit proorocul Daniel, ,așezată în locul sfânt' – cine citește să înțeleagă! – atunci, cei ce vor fi în Iudea, să fugă la munți;" (Matei 24:14-16).

Dr. Mikhail Morgulis – preşedintele Mişcării de Diplomaţie Spirituală (Spiritual Diplomacy Movement) vorbeşte cu un rabin la Zidul Plângerii

Imediat după deschiderea bisericii, Dumnezeu mi-a arătat că, la apropierea celei de-a doua veniri a Domnului, va fi construit Marele Templu iar lucrările misionare se vor îndrepta spre Coreea de Nord şi Israel. De asemenea, mi-a arătat cum Coreea de Nord se va deschie pentru o vreme. Astăzi simt că ziua aceea este foarte aproape.

În iulie 2007, am început misiunea din Israel. Pentru a predica Evanghelia evreilor avem nevoie de puterea lui Dumnezeu. Evanghelia a pornit din Israel, dar ei au pierdut-o. Dumnezeu le-a promis lui Avraam, David şi altor oameni dedicaţi Lui că nu va lepăda pe poporul Său, Israel.

Promisiunea lui Dumnezeu trebuie dusă la îndeplinire şi cine va predica Evanghelia în Israel? Când a predicat Evanghelia, Isus a făcut multe minuni care nu erau posibile prin putere omenească dar, cu toate acestea, ei tot nu au crezut. Putem predica Evanghelia, dar fără puterea lui Dumnezeu este foarte greu ca oamenii să creadă.

Iată ce mi-a spus Dumnezeu: „Trezeşte-i cu puterea Mea. Predică Evanghelia în numele lui Isus Cristos, iar când orbii vor vedea, surzii vor auzi şi muţii vor vorbi, cei cu inimă bună vor crede şi vor accepta cuvintele tale. Însă nu toţi vor face aşa."

Domnul a spus că acei evrei care încă îl aşteaptă pe Mesia, care îl caută pe Dumnezeu cu toată sinceritatea şi care sunt pregătiţi de Dumnezeu sunt cei care îşi vor deschide inima şi se vor pocăi când vor vedea manifestarea puterii lui Dumnezeu.

Biblia ne spune despre cum va veni Domnul pe nori şi cum vom fi ridicaţi în văzduh (1 Tesaloniceni 4:16-17). Vom fi răpiţi în nori şi îl vom întâmpina pe Domnul. Aici, „văzduhul" nu se referă la cerul pe care îl vedem cu ochii fizici, ci la lumea spirituală. Dumnezeu a împărţit lumea spirituală în mai multe spaţii.

Unul din ele, şi anume cel de-al doilea cer, este împărţit în două zone, o porţiune de lumină unde se află Grădina Edenului şi una de întuneric, unde locuiesc duhurile necurate. Un colţ din Eden este pregătit pentru Ospăţul nunţii cereşti de şapte ani. Când Dumnezeu ne va chema, la sfârşitul perioadei de cultivare umană, vom fi ridicaţi la cer într-o clipă.

Aşa cum un magnet mare ridică piesele metalice, tot astfel, credincioşii care sunt „grâu" şi care vor primi trupuri spirituale, vor fi ridicaţi într-o clipită în văzduh şi-L vor întâmpina pe Domnul. În timp ce ei se vor bucura la Ospăţul nunţii cereşti de şapte ani, oamenii de pe pământ vor trece prin Necazul cel Mare, care va dura 7 ani.

Necazul cel Mare de după Răpire

Poporul Israel este poporul ales de Dumnezeu şi el va continua să fie în planul lui Dumnezeu până la sfârşitul veacurilor. În Biblie, ori de câte ori paharul păcatelor lumii se umplea, venea pedeapsa; focul peste Sodoma şi Gomora şi potopul în vremea lui Noe.

Tot astfel, când lumea este atât de plină de păcate încât nu mai poate fi iertare, va veni judecata. Credincioşii buni vor fi ridicaţi în văzduh, iar pământul va intra în perioada Necazului cel Mare de şapte ani, în care vor fi războaie şi dezastre naturale. Este începutul Celui de-al Treilea Război Mondial şi „sfârşitul" despre care vorbeşte Biblia.

Când ucenicii l-au întrebat pe Isus despre venirea Domnului şi despre semnele sfârşitului, Isus le-a răspuns: „*Veţi auzi de războaie şi veşti de războaie: vedeţi să nu vă spăimântaţi, căci toate aceste lucruri trebuie să se întâmple. Dar sfârşitul tot nu va fi atunci*" (Matei 24:6).

Aici „războaie" nu se referă strict la un loc anume, ci la ceva care implică întreaga lume. „Războaie" şi „veşti de războaie" se referă la Primul şi al Doilea Război Mondial. Acesta nu este însă sfârşitul, pentru că va urma şi cel de-al Treilea Război Mondial.

Apocalipsa capitolul 6 vorbeşte despre Necazul cel Mare de şapte ani, care va urma după ce vom fi ridicaţi în văzduh la venirea Domnului. În timpul celor şapte ani ai Necazului cel Mare, lumea va intra în cel de-al Treilea Război Mondial.

„M-am uitat, şi iată că s-a arătat un cal alb. Cel ce sta pe el, avea un arc; i s-a dat o cunună, şi a pornit biruitor, şi ca să biruiască" (Apocalipsa 6:2).

În textul de faţă, „calul alb" se referă la evrei şi „Cel care sta pe el" la conducătorii care au control asupra destinului acestora. În acest context, termenul „cal" simbolizează autoritate, demnitate, dar şi război. Poporul Israel are sentimentul că este „poporul ales de Dumnezeu."

Acest sentiment însă se transformă în aronganţă şi încăpăţânare, iar Israel este mereu în război cu ţările vecine. Din acest motiv continuă să fie tensiune în Orientul Mijlociu. De când Israel a fost reînfiinţat, multe ţări arabe s-au luptat împotriva lui dar, după cum scrie că „a pornit biruitor, şi ca să biruiască", Israel a continuat să învingă.

Nu a învins însă complet, ceea ce înseamnă că lupta continuă. Apoi va urma cel de-al Treilea Război Mondial. Asemenea primelor două războaie mondiale, şi cel de-al treilea va avea o strânsă legătură cu Israelul.

Cel de-al Treilea Război Mondial

*„Când a rupt Mielul a doua pecete, am auzit pe a doua
făptură vie zicând: ‚Vino şi vezi.' Şi s-a arătat un alt cal,
un cal roşu. Cel ce sta pe el a primit puterea să ia pacea
de pe pământ, pentru ca oamenii să se junghie unii pe
alţii, şi i s-a dat o sabie mare"* (Apocalipsa 6:3-4).

În acest text, „calul roşu" se referă la Rusia şi sugerează că va fi
multă vărsare de sânge. De la căderea Uniunii Sovietice în 1991,
Rusia pare să-şi fi pierdut puterea, dar va redeveni una dintre
cele mai puternice naţiuni din lume. În viitor, Rusia se va alia cu
China şi vor deveni una din puterile majore.

Pe măsură ce Rusia va deveni tot mai puternică, va exercita
o influenţă mai mare asupra ţărilor vecine şi acest lucru va da
naştere la conflicte. În timpul celor şapte ani ai Necazului cel
Mare, aceste conflicte se vor înteţi şi vor duce la războaie între
etnii. Aceste războaie nu se vor sfârşi cu uşurinţă ci vor lua

amploare, de aceea scrie că „i s-a dat o sabie mare."

Vor fi războaie între Rusia şi ţările vecine dar şi între grupurile etnice, însă Rusia va fi implicată şi în războiul Orientului Mijlociu cu Israelul. Pe urmă, aşa cum este profeţit în Ezechiel 38, se va ajunge la cel de-al Treilea Război Mondial.

Semnificaţia untdelemnului şi vinului

Apocalipsa 6:6 spune: *„să nu vatămi untdelemnul şi vinul"* Untdelemnul în acest text se referă la evrei, iar vinul la cei care au crezut în Domnul, dar care nu au dus o viaţă dedicată de creştin şi ca urmare au fost lăsaţi pe pământ în timpul celor şapte ani ai Necazului cel Mare.

„Untdelemnul" reprezintă pe cei din poporul evreu, care pot primi mântuirea mai târziu. Aceasta înseamnă că vor fi evrei care, după ce vor vedea cum se desfăşoară lucrurile după a doua venire a Domnului, îşi vor da seama că Isus este adevăratul Mesia şi se vor pocăi.

„Vinul" reprezintă sufletele care cad la pământ ca asemenea mustului de struguri după ce au fost culeşi. Aceşti oameni mergeau la biserică şi erau credincioşi, dar aveau o credinţă moartă, fără fapte. Cei care nu au o credinţă adevărată, nu pot fi ridicaţi în văzduh la întoarcerea Domnului.

Mare le va fi uimirea când vor rămâne pe pământ! Unii din ei vor încerca să primească „mântuirea celor rămaşi după seceriş", prin martiraj şi vor refuza să primească semnul 666 al fiarei.

Dumnezeu îi va păzi până când cea de-a treia pecete va fi ruptă (Apocalipsa 6:5) şi, la timpul potrivit, le va da şansa de a primi mântuirea prin martiraj. De aceea scrie „să nu vatămi untdelemnul şi vinul până la venirea vremii." Dar aceasta nu înseamnă că toți vor fi mântuiți în timpul Necazului cel Mare. Mai degrabă, înseamnă că durerile și suferințele vor fi diminuate până când persecuțiile și martirajul vor avea loc pe scară mare.

„Calul gălbui": Uniunea Europeană

Apocalipsa 6:8 scrie despre Uniunea Europeană că va juca un rol major în cel de-al Treilea Război Mondial.

> *„M-am uitat, și iată că s-a arătat un cal gălbui. Cel ce sta pe el, se numea Moartea, și împreună cu el venea după el Locuința morților. Li s-a dat putere peste a patra parte a pământului, ca să ucidă cu sabia, cu foamete, cu molimă și cu fiarele pământului."*

Aici „calul gălbui" se referă la lucrurile care vor fi făcute prin intermediul Uniunii Europene, UE. *„Cel ce sta pe el, se numea Moartea, și împreună cu el venea după el Locuința morților."* Acest pasaj se referă la Anticrist, cel care are control asupra întunericului. În viitorul apropiat, vor exista trei puteri majore în lume. Statele Unite, fiind cea mai puternică națiune, a purtat războaie în care și a urmărit propriile interese pe scena internațională.

Pentru a exercita control asupra Statelor Unite, se vor forma alte puteri: China și UE. Prima putere este cea a Statelor Unite, care s-au bucurat această poziție o perioadă lungă, dar își vor pierde puterea puțin câte puțin.

Cea de-a doua putere aparține fostelor țări comuniste din jurul Chinei și Rusiei, iar cea de-a treia putere este UE. Țările Orientului Mijlociu vor încerca să folosească petrolul ca și armă pentru a prelua controlul, dar ele sunt mai slabe decât celelalte trei.

După ce credincioşii sunt ridicaţi în văzduh, se va produce un haos mare în lume. Chiar dacă nu sunt credincioşi, cei rămaşi vor şti că Domnul a venit din nou. Le va fi teamă şi îşi vor zice: „A fost adevărat, ce ne vom face acum?" Pe măsură ce haosul se instalează în lume, vor fi apărea dezastre ale naturii, boli şi o inflaţie puternică.

Între timp, fiecare din marile puteri va încerca să-şi menţină controlul, în special UE, care se va impune ca putere supremă şi va fi controlată de Anticrist.

Pe măsură ce confuzia se va intensifica, oamenii vor dori o conducere mai fermă, pentru a menţine ordinea în societate. Astfel dar, va fi relativ uşor pentru UE să câştige mai multă putere. La începutul celor şapte ani ai Necazului cel Mare, resursele militare ale Uniunii Europene vor creşte considerabil. Puterea lor va fi bazată pe un sistem sofisticat pe care îl deţin şi pe bogăţia lor.

Astfel, acest sistem va îngloba nu numai ţările europene ci şi celelalte naţiuni ale lumii. Pe faţă, vor spune: „Dacă vă alăturaţi sistemului nostru, veţi avea stabilitate şi ne vom bucura împreună de beneficii." Dacă însă vreo ţară nu dă ascultare vorbelor lor viclene, o vor ataca şi o vor distruge. Vor menţine stocul de alimente şi resursele necesare sub controlul lor impecabil.

Computerul, fiara pământului

Ce vor să spună cuvintele: „Li s-a dat putere peste a patra parte a pământului, ca să ucidă cu sabia, cu foamete, cu molimă şi cu fiarele pământului"?

„Sabia" se referă la puterea militară, iar „foamete" înseamnă că va fi lipsă de alimente şi inflaţie ridicată, dar UE va exploata situaţia şi va acumula mari bogăţii.

„Cu molimă şi cu fiarele pământului" înseamnă că vor aplica restricţii celor care nu intră în sistemul lor şi îi vor persecuta, chiar până la moarte. „Fiarele pământului" se referă la „computere." UE îşi va perfecţiona sistemul cu ajutorul unor computere performante care conţin informaţii despre fiecare om de pe pământ. Oamenii vor fi controlaţi şi supravegheaţi prin intermediul calculatoarelor.

Pentru a exercita control asupra întregii lumi, vor forţa oamenii să primească semnul fiarei pe mâna dreaptă sau pe frunte, care este un cod de bare. Semnul fiarei este modalitatea de a controla toţi oamenii atunci când Anticristul va prelua puterea. Vor înregistra datele personale ale fiecăruia pe câte un cod de bare şi vor aplica acest cod pe mâna dreaptă sau pe frunte pentru a-i putea supraveghea. Astfel, vor putea urmări unde merg şi ce fac.

La început, va fi doar o recomandare, dar pe la mijlocul perioadei de şapte ani ai Necazului cel Mare, vor forţa pe toţi să accepte semnul. Cei care refuză vor fi condamnaţi ca „elemente periculoase pentru stabilitatea societăţii." Din acel moment, cei care vor refuza semnul, vor fi martirizaţi.

A primi semnul fiarei în timpul Necazului cel Mare înseamnă a coopera cu puterea Anticristului şi a se închina la idoli acestuia. Este acelaşi lucru cu lepădarea de Domnul.

Cei care doresc să păstreze credinţa vor încerca să nu primească semnul, dar Anticristul nu va permite acest lucru. Ca să îi silească să primească semnul, îi vor urmări pe fiecare, îi vor tortura în diferite feluri şi îi vor ameninţa. După ce vor fi biruit astfel de torturi nemiloase şi pline de cruzime şi vor deveni martiri, numai atunci vor primi „mântuirea celor rămaşi după seceriş."

După seceriş, fermierul caută spicele care au căzut pe pământ. Tot aşa, Dumnezeu dă oamenilor o a doua şansă, deşi cultivarea umană a luat sfârşit. Dar, de data aceasta, nu va fi uşor să dovedească că au credinţă.

Trebuie să nu se lase învinşi de torturile înspăimântătoare, foamete şi ameninţări. După ce profeţiile biblice se vor fi împlinit, credinţa oamenilor va trebui validată prin ceva mai măreţ.

Diavolul îl va incita pe Anticrist să mai ducă încă o persoană în iad. Ca să se lepede de Domnul, credincioşii vor fi supuşi unor torturi pe care un om nu le poate îndura. Când un credincios nu se va lepăda de Domnul, vor aduce membrii familiei sau copii mici şi îi vor tortura sub ochii lor.

Dacă un creştin cedează, trebuie să primească semnul. Ştie că va trebui să sufere în focul iadului o veşnicie dacă se leapădă de Isus, dar durerea va fi mult prea mare ca să o poată îndura.

În acea vreme, Duhul Sfânt va fi fost luat deja. Doar prin puterea voinţei, nu va fi uşor de învins durerile şi suferinţele chiar până la moarte. Trăim într-o vreme în care a doua venire a Domnului este mai aprope ca oricând şi ar trebui să putem discerne care este adevărata credinţă şi apoi să ne împodobim ca mireasă a Domnului.

Marele Templu, un simbol al victoriei în cultivarea umană

Imediat după deschiderea bisericii, Domnul mi-a dat o viziune despre misiunea mondială şi construcţia Marelui Templu. În iulie 1984, mă rugam şi posteam cu membrii din biserică pentru un nou locaş de închinare iar Domnul ne-a dat detalii despre misiunea noastră de la sfârşitul vremurilor şi despre construcţia Marelui Templu.

„Dragul meu slujitor, înainte să vin îţi voi permite să construieşti Marele Templu cu ajutorul oamenilor din toate naţiunile de pe faţa pământului. Când vei spune că vei construi un templu, cei care nu înţeleg inima lui Dumnezeu şi nu au credinţă vor spune:

- De ce să cheltuieşti atâţia bani pe construcţia unei clădiri şi nu pe lucrări misionare?

Templul va fi construit cu cele mai frumoase şi mai de preţ lucruri care se găsesc pe pământ. Nu îl vei construi prin puterea ta proprie; vei fi cunoscut în întreaga lume și împărații popoarelor vor sta înaintea ta.

Cei îndemânatici îți vor oferi talentul lor, cei înțelepți înțelepciunea și cei darnici darurile. Nu va fi lipsă, numai abundență. Oamenii construiesc clădiri minunate pentru ei înșiși sau pentru diavol, dar încă nu au construit nimic pentru Domnul."

Când oamenii dintr-o biserică încearcă să construiască un locaș somptuos, unii obiectează:

- Nu e mai bine să cheltuim banii pe lucrări misionare sau de caritate? De ce să cheltuim așa de mulți bani pe o clădire?

În această lume, s-au construit multe clădiri cu scopul de a oferi oamenilor amuzament și plăceri lumești, edificii în care s-au investit mulți bani. De când Solomon a ridicat Templul lui Dumnezeu, nu s-a mai construit nimic care să fie un adevărat Templu al lui Dumnezeu.

Când Solomon a construit Templul, Dumnezeu i-a vorbit în detaliu despre dimensiunile, structura și chiar obiectele care urmau să fie folosite în templu. Solomon a cumpărat lemn de calitate, aur, argint și alte materiale prețioase din țările vecine. Au poleit cu aur clădirea, chiar și articolele mici, pentru a face totul cât mai frumos și fastuos.

În formă de coroană împărătească

Dumnezeu i-a dat lui Moise viziuni și revelații când a construit cortul întâlnirii. Tot așa, Dumnezeu ne-a descoperit detalii despre Marele Templu. Per ansamblu, are formă circulară, care înseamnă că universul este fără sfârșit.

Pentru a zugrăvi slava şi demnitatea lui Dumnezeu, Marele Templu va fi cea mai minunată şi mai aleasă construcţie din istoria omenirii. Înălţimea lui va fi de 70 de metri de la fundaţie până la turnul cu crucea, iar diametrul de 600 de metri. Doar un singur ornament va oglindi frumuseţea şi puterea lui Dumnezeu. Templul va fi umplut cu slava Noului Ierusalim şi va reflecta lucrările creaţiei lui Dumnezeu.

În exteriorul templului vor fi doisprezece coloane mari de marmură, care simbolizează cele doisprezece pietre de temelie ale Noului Ierusalim. Fiecare coloană va fi înconjurată de flori sculptate. În centrul fiecărei flori va fi aşezată câte o piatră prețioasă de la cele doisprezece pietre de temelie.

Între fiecare pereche de coloane va fi așezată câte o poartă mare, ca poarta de mărgăritar a Noului Ierusalim. Fiecare poartă va avea două sculpturi mari cu îngeri. De asemenea, între cele doisprezece coloane, vor fi alte șapte coloane mai mici și fiecare coloană va avea sculpturi care înfățișează lucrarea făcută în fiecare zi a Creației.

De exemplu, pentru a reda crearea luminii, prima coloană va fi decorată în așa fel încât să reflecte culorile curcubeului în lumina zilei. Pe cea de-a șasea coloană vor fi sculptate vaci, oi sau alte animale precum și siluetele lui Adam și a Evei.

Amvonul Marelui Templu se va roti. Acoperișul se va deschide și se va închide în formă de cruce. Scaunele din sală vor avea monitoare video individuale și, per ansamblu, Marele Templu va fi dotat cu echipament ultramodern și cu o tehnologie de ultimă oră.

Privit de sus, Marele Templu arată ca o coroană împărătească. Așa cum câștigătorul primește cununa de lauri, templul în formă de coroană simbolizează apogeul cultivării umane, când Dumnezeu va ieși biruitor.

Dumnezeu vrea să construiască Marele Templu cu ajutorul copiilor Săi care au cultivat sfințenia inimii, adică au făcut din inima lor un templu sfânt. El ne-a dat Evanghelia Sfințeniei cu cele Cinci Elemente și ne-a învățat cum să ne lepădăm de orice formă de răutate și să ne curățim inimile în această lume plină de păcate.

Deoarece biserica noastră încearcă să se lepede de păcat și să se sfințească până la sânge, mulți membri din biserică cresc în credință și devin oameni ai duhului deplin prin harul Domnului. Dumnezeu a planificat astfel lucrurile încât, cei care se pregătesc în acest fel ca mireasă a Domnului, îl vor întâmpina pe Domnul, la venirea Sa, în Marele Templu.

Dumnezeu ne-a arătat curcubeie circulare ca semn că El este cu noi şi că vom construi Marele Templu. În mod frecvent vedem curcubeie deasupra bisericii Manmin sau în locurile de misiune ale bisericii noastre din toată lumea.

Vizavi de construcţia Marelui Templu, Dumnezeu mi-a dat posibilitatea să vizitez de mai multe ori Dubai-ul şi alte ţări din Orientul Mijlociu. Astfel dar, am avut ocazia să leg prietenii cu oameni de afaceri însemnaţi de acolo. Pe lângă asta, mai mult de 8.000 de biserici din lume participă la lucrarea bisericii Manmin ca rod al lucrării misionare pe care am desfăşurat-o până acum.

Lucrarea şi rugăciunile mele vor continua fără încetare până când Evanghelia va ajunge la marginile pământului, Marele Templu va fi construit şi noi Îl vom întâmpina pe Domnul Isus la a doua Lui venire.

Epilog

Sunt asemeni unui copac ce se înalţă spre cer,

Răsfirându-şi rădăcinile adânc în pământ,

Nu doar sub lumina strălucitoare a soarelui,

Ci şi în furtuni, în bătaia vântului şi sub picăturile reci de rouă.

În curgerea ultimilor două zeci şi şase de ani,

De câte ori am îngenunchiat rugându-mă spre cer,

Dragostea lui Dumnezeu m-a călăuzit

spre tărâmul necuprins al Duhului;

El mi-a deschis poarta

Lumii spirituale spre o nouă dimensiune.

Provindenţa pentru vremurile din urmă a continuat.

Puteam înainta triumfător

Graţie dragostei pline de credincioşie a lui Dumnezeu,

Care este mereu prezent

Şi nu are urmă de schimbare.

S-au găsit oameni

Care nu au înţeles lucrările lui Dumnezeu,

Ori au fost cuprinşi de invidie pentru acestea,

Şi apoi au răspândit neadevăruri

Mă rog Domnului în cămăruţă,

Căci adevărul iese întotdeauna la iveală.

Am împărtăşit câteva lucruri din inima mea

Despre care nu am putut vorbi înainte.

Mărturisesc că această carte

Este pe de-a-ntregul adevărată

Şi nu mă ruşinez de nimic din ceea ce cuprinde.

Date biografice şi istoricul bisericii

1943. 04. Ultimul născut dintre cele trei fiice și cei trei fii ai tatălui
Chabeom Lee și ai mamei Gamjang Cho (Shinkil Ri, Heje
Myeon, Muan Goon, provincia Cheonnam)

1956. 02. A absolvit Școala Elementară Boonhyang, din provincia
Cheonnam

1959. 02. A absolvit Gimnaziul Songjung, din provincia Cheonnam

1962. 02. A absolvit Liceul Industrial Dan-guk, din Seul

1964. 09. S-a retras de la colegiul de inginerie din cadrul
Universității Hanyang

1967. 04. A încheiat serviciul militar

1968. 01. S-a căsătorit cu Boknim Lee; s-a îmbolnăvit din cauza
excesului de alcool consumat la petrecerea de casă nouă

1970. 11. I s-a născut prima fiică, Miyoung Lee. Și-a dat demisia de
la firma de ziare datorită pierderii auzului

1972. 10. I s-a născut a doua fiică, Mikyung Lee.

1974. 04. L-a întâlnit cu Dumnezeul cel viu la biserica Hyun Shin
Ae's Altar și l-a primit pe Domnul

1974. 11. A participat la Întâlnirea de trezire spirituală din biserica
Sungdong din Oksu Dong și a început să ducă o viață
creștină dedicată

1975. 08. I se naște cea de-a treia și ultima fiică, Soojin Lee

1979. 03. Admis la seminarul teologic Holiness Theological
Seminary

1982. 07. Deschide biserica Manmin

1983. 02. Absolvește seminarul Holiness Theological Seminary

1986. 05. Ordinat ca pastor

1987. 06. Mărturia sa a fost pusă în scenă și transmisă timp de o lună
pe canalul creștin Christian Broadcasting Station (CBS)

1990.   Predicile lui au fost transmise regulat la FEBC, Asia
Broadcasting și Washington Christian Radio System

1990. 05. Invitat să vorbească la Holy Spirit Crusade, campanie organizată de misiunea Yeongnam Area Mission

1991. 03. Invitat să vorbescă la campania de evanghelizare Daegu Evangelism Blessing Crusade

1991. 07. Înființarea bisericii Jesus United Holiness din Coreea

1992. 03. Serviciul de inaugurare al orchestrei Nissi, care l-a avut ca invitat pe pastorul HyeonKyoon Shin

Conferința cu tema „Dimensiuni" prezentată tuturor membrilor bisericii sub titlul: „Să auzim, să vedem și să înțelegem cu inima".

Apar articole în cotidianul *Hankook Ilbo Daily* (în Coreea și Statele Unite)

1992. 05. A participat la Micul Dejun de Rugăciune Națională (National Prayer Breakfast)

1992. 08. Este ales copreședinte al campaniei de evanghelizare mondială '92 World Holy Spirit Evangelization Crusade

1993. 02. „Christian World" din S.U.A include Biserica Centrală Manmin între primele 50 de biserici din lume

1993. 05. Prima Întâlnire specială de trezire spirituală cu durata de două săptămâni cu pastorul Jaerock Lee

1993. 08. Invitat ca predicator la Campania de evanghelizare a orașului Washington (Washington Evangelization Crusade)

1993. 09. Invitat ca predicator la Campania de evanghelizare a orașului Los Angeles (LA Evangelization Crusade)

Președinte de onoare la cea de-a douăzecea celebrare a Zilei Coreei din districtul corean din Los Angeles (LA Korea Town)

Binecuvântare la primăria orașului Los Angeles

I-a fost înmânată distincția de Cetățean de onoare din partea districtului Los Angeles

1993. 10. Predicile sale apar în ziarul *Christian Newspaper*

1994. 02. Mesaj de încurajare prezentat diviziei a şasea din Armata Coreeană, la serviciul de inaugurare a bisericii Siloam

1994. 05. Invitat ca predicator la Campania unită din Baltimore şi Washington

Ales preşedinte al radioului creştin Washington Christian Radio System

1994. 06. A vorbit la conferinţa liderilor bisericii din Tanzania şi la un serviciu divin în biserica penticostală

1994. 07. A rostit binecuvântarea la campania '94 Seoul Holy Spirit Evangelization Crusade

Numit în funcţia de vicepreşedinte al asociaţiei International Bible Supply Mission Association

1994. 09. A iniţiat rugăciunea pentru bolnavi pe sistemul telefonic de răspuns automat al bisericii

1994. 11. Invitat ca predicator la Campania unită Ida din Japonia

1994. 12. Prelegere la Centrul de pregătire a evangheliştilor de treziri spirituale (Revivalists' Training Center), centru afiliat cu Mişcarea de evanghelizare naţională (Nation Evangelization Movement)

1994. 12. Program special cu titlul „Reînnoieşte-ne", ocazionat de cea de-a patruzecea aniversare a postului de televiziune CBN, este înregistrat în Biserica Centrală Manmin

1995. 02. A găzduit ediția 149-a a Conferinței pastorilor din Coreea (All-Korea Pastors' Conference) organizată de grupul de rugăciune al pastorilor din Coreea (Korea Pastors' Prayer Group)

1995. 03. A găzduit Campania unită pentru Seul (Seoul Area United Crusade) organizată de Mișcarea de evanghelizare națională (Nation Evangelization Movement)

Predicile sale sunt transmise săptămânal de CSB

1995. 04. Vorbitor la convenția '95 LA World Mission Convention din Los Angeles organizată de Asociația pentru Evanghelizarea Mondială (World Evangelization Association)

1995. 05. Predicile sale sunt transmise de către CBS Chooncheon

1995. 07. În calitate de președinte permanent, a rostit o rugăciune specială la campania de rugăciune „Special Prayer Crusade for the Nation", organizată de Mișcarea de evanghelizare pentru reunificarea națiunii (Nation's Re-Unification Evangelization Movement)

1995. 08. Vizitează locuința prezidențială, Chungwadae, în calitate de membru executiv al Convenției jubileului reunificării pașnice (Peaceful Re-unification Jubilee Convention), cu ocazia aniversării a 50 de ani de la independența Coreei

A întocmit darea de seamă ca președinte administrativ al

Convenţiei jubileului reunificării paşnice (Peaceful Re-
unification Jubilee Convention) cu ocazia aniversării a 50
de ani de la independenţa Coreei
Predicile sale sunt transmise la postul Radio Korea din
New York, SUA

1995. 09.   Participă la cea de-a 22 sărbătorire a Zilei Coreei din
districtul coreean din Los Angeles (LA Korea Town), în
calitate de preşedinte onorific

1995. 10.   Predicile sale sunt transmise prin Daejeon FEBC
Înfiinţarea Centrului de Misiune pentru Africa al Bisericii
Manmin (Africa Manmin Mission Center)
Biserica Centrală Manmin a participat la mişcare de
colectare a sângelui organizată de mişcarea „Trăiţi în
dragoste" (Practice Love Movement).

1995. 11.   Campania de trezire Mizpah pentru o viaţă trăită în
pocăinţă şi dragoste
Sunt publicate articole cu regularitate în revista
săptămânală *Christian Herald* din SUA

1995. 12.   Programul „Our Good Church" difuzat de FEBC este
înregistrat la Biserica Centrală Manmin

1996. 02.   Invitat ca predicator la Campania de evanghelizare unită a
bisericilor din Hawaii-'96 Hawaii Korean Churches
United Crusade şi la Conferinţa pastorilor

1996. 03.   Ales în funcţia de copreşedinte al Asociaţiei pentru
Evanghelizarea Procurorilor

1996. 04.   Predicile sale sunt transmise de către postul CBS Daegu
Ales în funcţia de vicepreşedinte al grupului 2002 World
Cup Mission Group

1996. 06.   Deschiderea Centrului de Asistenţă Socială Manmin

1996. 07.   Campania Argentina Korean Blessing Crusade şi
Conferinţa pentru pastorii locali

Cea de-a 14-a Conferință a Pastorilor
Desemnat ca unul dintre „Oamenii care inspiră Coreea"
(People Who Move Korea) de către cotidianul Joong-ang
Daily

1996. 08. Inaugurarea lăcașului de închinare Guro Dong
Predicile sale sunt transmise de către postul creștin
Christian Broadcasting din Vancouver, Canada
Participă la Campania unită de rugăciune Coreea-Japonia
organizată de către grupul 2002 World Cup Mission
Group

1996. 09. Campania unită din Shinshu, Japonia

1996. 11. A doua ediție a concertului de laudă pentru beneficiul
familiilor întreținute și conduse de minori, organizată de
către centrul Nation Evangelization Movement Center

1996. 12. Începerea simultană a serviciilor de închinare ale tuturor
filialelor bisericii din Coreea
Predicile sale sunt transmise săptămânal de către postul
Christian Broadcasting din Philadelphia, SUA

1997. 03. Predicile sale sunt transmise de către postul Korean
Broadcasting din New York
Predicile sale sunt transmise săptămânal de postul Korean
Broadcasting din Auckland, Noua Zealandă

1997. 07. Numit în funcția de președinte permanent al campaniei
'98 Nation Evangelization United Crusade

1997. 08. Pastorul Dan Marino, directorul instituției Parkway
Christian Academy din SUA a făcut o vizită bisericii
noastre pentru a face un studiu de caz pentru trezirea
spirituală

1997. 09. Marea Campanie de Evanghelizare și Conferința pentru
pastori organizate de Washington Christian Radio Station
Invitat ca predicator la Campania unită Coreea-SUA

organizată de Asociația Bisericilor din Statul Maryland

1997. 10.   Cea de-a doua conferință pentru pastori organizată de Argentina Love Mission

1998. 01.   Campania de mărturii de la Programul special de Anul Nou „Reînnoiește-ne" al postului CBS

1998. 02.   Întâlnire specială de trezire spirituală pentru cei bolnavi
Invitat ca predicator la campania pentru mântuirea națiunii „Holy Spirit Crusade for Saving the Nation" organizată de Asociația Misiunii Mondiale de Trezire Creștină (World Christian Revival Mission Association)
Numit în funcția de președinte executiv al Campaniei unite pentru evanghelizarea națiunii (Nation Evangelization United Crusade)

1998. 03.   Numit în funcția de președinte administrativ al Asociației pentru Evanghelizarea Procurorilor
Vorbitor la campania coreeană de pregătire pentru campania internațională „Tokyo International Mission Crusade"

1998. 05.   I s-a înmânat o placă apreciativă de la misiunea Hosanna, pentru contribuția sa la dezvoltarea misiunii respective și la evanghelizarea națiunii
Rugăciune reprezentativă în cadrul campaniei „Fără violență în școli", susținută de Asociația pentru Evanghelizarea Procurorilor

1998. 06.   Cel de-al șaselea concert caritabil pentru evanghelizarea celor din închisoare, organizat de misiunea Onesimus
Campanie de rugăciune pentru mântuirea țării organizată de Asociația pentru Evanghelizarea Mondială (World Evangelization Association)

1998. 10.   Serviciul de inaugurare pentru Asociația Misionară a Avocaților din Coreea și Întâlnirea de rugăciune pentru națiune

1998. 12. Concert caritabil pentru persoane cu handicap organizat de asociația „Practical Love for Nation Association" Mișcarea CBS Viziunea pentru secolul 21 (Vision of the 21st Century Movement) sărbătorește cea de-a 44-a aniversare a postului CBS

1999. 04. Concert de laudă pentru beneficiul familiilor întreținute și conduse de minori în sala de concerte Masan MBC Campania „Fără violență în școli" organizată de biroul procurorilor de la Curtea Districtuală Seul

1999. 07. Numit în funcția de președinte permanent al Asociației Creștine pentru Trezirea Mondială (Christian World Revival Mission Association)

2000. 02. Predicile sale sunt transmise pe postul de radio „International Gospel Radio Station" (AM 1503), din Vladivostok

2000. 06. Predicile sale în limba engleză sunt transmise de către postul de radio Mabuhai Radio Station (AM 1350) din Manila, Filipine

2000. 07. Vorbește la Campania unită și la Conferința pastorilor din Uganda, anul 2000 Lucrările mărețe ale lui Dumnezeu din Uganda sunt transmise prin rețeaua CNN

2000. 09. Vorbește la Campania unită Nayoga din Japonia

2000. 10. Vorbește la Conferința pastorilor și Campania unită din Pakistan S. K. Tressler, Ministrul tineretului, culturii, sportului și turismului a participat la serviciul de vineri noaptea de la Biserica Centrală Manmin

2001. 01. Înființarea postului de televiziune Manmin TV

2001. 06. Lucrările făcute prin puterea Dumnezeu sunt transmise prin intermediul postului RPN TV din Filipine

Vorbeşte la Conferinţa pentru pastori şi Campania unită din Kenya

2001. 09. Invitat să vorbească la Conferinţa pentru pastori şi Campania unită din Filipine

2002. 07. Invitat să vorbească la Conferinţa pentru pastori şi Campania unită din Honduras

2002. 10. Vorbeşte la Conferinţa pentru pastori şi Întâlnirea de vindecare şi minuni din India

2003. 02. Asociaţia bisericilor din Los Angeles şi Asociaţia ecumenică din sudul Californiei îi înmânează o placă de apreciere pentru dezvoltarea relaţiilor dintre bisericile coreene şi americane şi pentru lucrările sale evenghelice pline de devotament

2003. 11. Vorbeşte la Conferinţa pentru pastori şi Întâlnirea de vindecare şi minuni din Rusia

2004. 05. Vorbeşte la cea de-a 12-a ediţie a Întâlnirii speciale de trezire spirituală de două săptămâni

2004. 10. Vorbeşte la Întâlnirea de vindecare şi minuni din Germania

2004. 12. Predică la Întâlnirea de vindecare din Peru

Este invitat la palatul prezidenţial din Peru pentru întâlnirea cu preşedintele Toledo

2005. 05. Dr. David Waisman, vicepreşedintele peruan şi dl. Maximo San Roman, fostul vicepreşedinte au vizitat Biserica Centrală Manmin

2005. 09. Reţeaua GCN (Global Christian Network) începe să transmită

2005. 10. Cea de-a 23-a aniversare a bisericii şi festivitatea de inaugurare a reţelei GNC

2006. 02. Predică la Întâlnirea de vindecare din R.D. Congo

Se întâlneşte cu preşedintele Jospeh Kabila

2006. 05. Dr. Mikhail Morgulis, preşedintele comitetului de organizare al Campaniei de evanghelizare pentru minoritatea slavonă din New York şi responsabilul administrativ, pastorul Mark Bazalev au vizitat Biserica Centrală Manmin

2006. 06. A treia conferinţa creştină internaţională a WCDN (World Christian Doctors Network-Reţeaua medicilor creştini) a avut loc în Filipine

2006. 07. Predică la campania de evanghelizare „2006 New York Crusade"
Campania a fost transmisă în direct şi apoi retransmisă în peste 200 de ţări
Primeşte declaraţii şi plăci onorifice din partea Senatului şi Adunarii Generale a statului New York şi a consiliului oraşului New York.

2007. 02. Participă la cea de-a 64-a convenţie şi expoziţie organizată de NRB

2007. 04. Conferinţele pentru pastori din America Latină din cadrul Seminarului Internaţional Manmin (Manmin International Seminary-MIS)

2007. 07. Cea de-a patra Conferinţă medicală creştină internaţională

2007. 10. Cea de-a 25-a aniversare a bisericii şi cea de-a doua aniversare a reţelei GCN

2007. 11. Conferinţa medicilor creştini din sud-estul Asiei organizată de WCDN

2008. 03. A participat la cea de-a 65-a convenţie şi expoziţie NRB şi la cea de-a 9-a convenţie şi expoziţie FICAP

2008. 04. Urim Books a participat la cel de-al 14-lea Târg internaţional de carte din Seul

2008. 05. Cea de-a cincea conferinţă a reţelei internaţionale a

medicilor creştini WCDN a avut loc în Trondheim,
Norvegia

2008. 10. Cea de-a 26-a aniversare a bisericii şi a treia aniversare a
reţelei GCN

2008. 11. Seminarul pentru pastori şi campania de vindecare cu
batiste au avut loc în Chennai, India, şi au fost conduse de
pastorul Mikyung Lee

2009. 01. Cea de-a patra aniversare a misiunii North Korean
Refugee Mission

2009. 02. A participat la cea de-a 66-a convenţie şi expoziţie NRB
Seminarul pentru pastori şi campania de vindecare cu
batiste au avut loc în Insulele Filipine şi au fost conduse de
pastorul Mikyung Lee

2009. 03. A participat la cea de-a 10-a convenţie şi expoziţie FICAP

2009. 04. Seminarul pentru pastori şi campania de vindecare cu
batiste au avut loc în Pakistan şi au fost conduse de
pastorul Taesik Gil

2009. 06. Seminarul pentru pastori şi campania de vindecare cu
batiste au avut loc în Vietnam şi au fost conduse de
pastorul Rainbow Lee

2009. 07. Serviciul de inaugurare a plajei din Muan şi a bazinului de
înot cu apa dulce de Muan

2009. 09. Predică la Campania unită din Israel din 2009 având tema
„Dumnezeu este mare"

2009. 10. Cea de-a 27-a aniversare a bisericii şi cea de-a 4-a
aniversare a GCN

2009. 11. Cea de-a 6-a conferinţă a reţelei internaţionale a medicilor
creştini WCDN a avut loc în Kiev, Ucraina

2010. 02. A participat la cea de-a 67-a convenţie şi expoziţie NRB

2010. 03. A participat la cea de-a 11-a convenţie şi expoziţie FICAP

2010. 05. Cea de-a 7-a conferinţă a reţelei internaţionale a medicilor creştini WCDN a avut loc în Roma, Italia

2010. 07. Cea de-a patra tabără „Mesajul Crucii" a fost ținută în Finlanda

2010. 09. Conferința „Aceasta este ziua pentru minunea ta" cu episcopul Dr. Myongho Cheong pentru comemorarea Campaniei Unite de Evanghelizare din Israel 2009

2010. 10. A fost invitat să vorbească la Campania de vindecări miraculoase din Estonia 2010

2011. 01. A fost desemnat unul dintre cei mai influenți lideri creştini ai anului 2010 de către revista In Victory şi de către www.christiantelegraph.com

2011. 02. A participat la a 68-a Convenție şi Expoziție NRB

2011. 02. A răspândit Evanghelia Sfințeniei prin cărți traduse în multe limbi la Târgul Internațional de Carte din Ierusalim, ediția a 25-a.

2011. 06. A avut loc la Brisbane, Australia, a opta Conferință Internațională Medicală WCDN

2011. 06. A condus trei serii speciale de Întâlniri de Vindecare la Biserica Centrală Manmin, la care mai mult de o mie de oameni au mărturisit vindecarea şi recăpătarea vederii

2011. 10. A doua conferință comemorativă a Campaniei Unite de Evanghelizare Israel 2009 cu Dr. Morris Cerullo ca invitat principal

Autorul:
Dr. Jaerock Lee

Dr. Jaerock Lee s-a născut în Muan, provincia Jeonnam din Republica Coreea, în anul 1943. Pe la douăzeci şi ceva de ani s-a îmbolnăvit de nenumărate boli incurabile, din cauza cărora a suferit timp de şapte ani şi îşi aştepta moartea fără şanse de însănătoşire. Într-o zi din primăvara anului 1974, sora sa l-a condus la o biserică, iar când a îngenunchiat acolo pentru a se ruga, Dumnezeul cel viu l-a vindecat imediat de toate bolile.

Din momentul în care dr. Lee L-a întâlnit pe Dumnzeul cel viu prin acea experienţă minunată, l-a iubit din toată inima şi cu toată sinceritatea, iar în anul 1978 a fost chemat să fie un slujitor al lui Dumnezeu. S-a rugat cu multă ardoare pentru a înţelege voia lui Dumnezeu cu claritate, pentru a o împlini în totalitate şi pentru a asculta de Cuvântul lui Dumnezeu. În anul 1982 a deschis Biserica Centrală Manmin în Seul, Coreea de Sud, biserică în care au avut loc nenumărate lucrări ale lui Dumnezeu, cum ar fi vindecări miraculoase şi minuni.

În anul 1986 dr. Lee a fost ordinat ca pastor în cadrul adunării anuale a bisericii „Jesus' Sungkyul Church of Korea", iar patru ani mai târziu, predicile sale încep să fie transmise în Australia, Rusia, Filipine şi multe alte ţări de către Far East Broadcasting Company, Asia Broadcasting Station şi de către Washington Christian Radio System.

Trei ani mai târziu, în 1993, Biserica Centrală Manmin a fost inclusă între primele 50 de biserici din lume de către revista *Christian World* din S.U.A, iar pastorul Jaerock Lee a primit titlul de doctor onorific în teologie de la Christian Faith College, Florida, USA. În 1996 termină doctoratul în domeniul slujirii creştine la Kingsway Theological Seminary, statul Iowa, din S.U.A.

Din 1993 încoace, dr. Lee a preluat un loc de conducere în misiunea mondială prin nenumărate campanii de evanghelizare ţinute peste hotare, în

Tanzania, Argentina, în S.U.A în orașele: Los Angeles, Baltimore, New York, în statul Hawaii, în Uganda, Japonia, Pakistan, Kenya, Insulele Filipine, Honduras, India, Rusia, Germania, Peru, Republica Democrată Congo, Israel și în Estonia. În 2002 a fost numit un „pastor internațional" de către publicații creștine foarte cunoscute din Coreea pentru lucrarea sa din însemnate campanii unite de evanghelizare internaționale.

În iulie 2014, numărul membrilor Bisericii Centrale Manim era de peste 120.000. Biserica are 10.000 de filiale în țară și peste hotare, iar până în prezent, peste 123 de misionari au fost trimiși în 23 de țări, inclusiv S.U.A, Rusia, Germania, Canada, Japonia, China, Franța, India, Kenya și în multe alte țări.

Până la data publicării acestei cărți, dr. Lee a scris 93 de cărți, inclusiv cărțile de mare succes *Gustând viața înainte de moarte, Viața mea, credința mea volumele I și II, Mesajul crucii, Măsura credinței, Cerul volumele I și II, Iadul* și *Puterea lui Dumnezeu.* Scrierile sale au fost traduse în peste 76 de limbi.

Articolele sale creștine apar în publicațiile *Hankook Ilbo, JoongAng Daily,Dong-A Ilbo, Munhwa Ilbo, Seoul Shinmun, Kyunghyang Shinmun, Korea Economic Daily, Korea Herald, Shisa News* și *Christian Press.*

Dr. Lee deține în prezent funcții de conducere în cadrul mai multor organizații și asociații misionare printre care: președintele consiliului bisericii United Holiness Church of Jesus Christ, președinte al Misiunii Mondiale Manmin (Manmin World Mission), președinte permanent al asociației World Christianity Revival Mission Association, fondatorul și președintele consiliului de conducere al rețelei Global Christian Network (GCN), fondatorul și președintele consiliului director al rețelei World Christian Doctors Network (WCDN) și al Seminarului Internațional Manmin (Manmin International Seminary-MIS).

Cerul I & II

O prezentare detaliată a ambianței strălucitoare de care se vor bucura cetățenii cerului şi o frumoasă descriere a diferitelor niveluri ale împărățiilor cereşti

Mesajul Crucii

Un mesaj răsunător de trezire spirituală pentru toți cei adormiți spiritual! În această carte este prezentat motivul pentru care Isus este singurul mântuitor şi expresia dragostei adevărate a lui Dumnezeu.

Iadul

Un mesaj convingător pentru toată omenirea din partea lui Dumnezeu care doreşte ca niciun suflet să nu piară în abisul iadului! Veți citi relatarea nedezvăluită până acum despre realitatea cruntă din locuința morților şi din iad.

Viața Mea,Ccredința Mea I

Oferă cititorilor săi cea mai înmiresmată aromă spirituală a unei vieți care a înflorit cu o dragoste fără egal pentru Dumnezeu, în mijlocul valurilor întunecate ale vieții, a jugului rece şi în culmea disperării.

Măsura Credinței

Ce fel de locaş, cunună şi răsplată vă sunt pregătite în cer? Această carte vă oferă călăuzire şi înțelepciune pentru a determina unde vă este nivelul de credință şi pentru a cultiva o credință de cel mai înalt grad de maturitate.

www.ingramcontent.com/pod-product-compliance
Lightning Source LLC
Chambersburg PA
CBHW061553120626
46550CB00004B/1470

* 9 7 8 8 9 7 5 5 7 9 3 1 8 *